**Proust:
A Violência Sutil do Riso**

Coleção Estudos
Dirigida por J. Guinsburg

Equipe de realização – Edição de texto: Iracema A. de Oliveira; Revisão de provas: Bárbara Borges; Sobrecapa: Sergio Kon; Produção: Ricardo Neves e Raquel Fernandes Abranches.

Sobrecapa: Intervenção sobre *A Mona Lisa*, de Leonardo da Vinci, 1503-1506.

Leda Tenório da Motta

**PROUST:
A VIOLÊNCIA SUTIL DO RISO**

Dados Internacionais de Catalogação na Publicação (CIP)
(Câmara Brasileira do Livro, SP, Brasil)

Motta, Leda Tenório da
   Proust : a violência sutil do riso / Leda
Tenório da Motta -- São Paulo : Perspectiva : Fapesp,
2007. -- (Estudos ; 245 / dirigida por J. Guinsburg)

   Bibliografia
   ISBN 978-85-273-0798-7

   1. Literatura francesa - História e crítica
2. Proust, Marcel, 1871-1922 I. Guinsburg, J.
II. Título. III. Série.

07-5373   CDD-840.9

           Índices para catálogo sistemático:
1. Literatura francesa : História e crítica   840.9

Direitos reservados à

EDITORA PERSPECTIVA S.A.

Av. Brigadeiro Luís Antônio, 3025
01401-000 São Paulo SP Brasil
Telefax: (11) 3885-8388
www.editoraperspectiva.com.br

2007

Quem sabe aquela ausência de gênio, aquele buraco negro que se abria em meu espírito quando eu buscava o assunto de meus futuros escritos, não era mais que uma ilusão sem consistência, e cessaria pela intervenção de meu pai, que devia ter combinado com o Governo e a Providência que eu seria o primeiro escritor da época.

PROUST, *Du côté de chez Swann.*

Sumário

NOTA PRÉVIA XIII

ABREVIAÇÕES XV

INTRODUÇÃO XVII
   O Clichê da *Madeleine* XXII

1. ÂNGULOS DE ATAQUE PARA UM ROMANCE POR VIR 1

   A Literatura Francesa à Época de Proust: Breve
   Histórico em Forma de Vinhetas 1
      Os Estrangeiros 1
   As Glórias Nacionais 6
   Todo Mundo Escreve Mal 13
   Renan e os Goncourt 19
      Ernest Renan 19
      Edmond e Jules Goncourt 21
   Os Bergotte 27
      Anatole France 27
      Maurice Barrès 31
      Pierre Loti 36

A Vanguarda da Gallimard 41
    Jean Cocteau 46
    Valéry Larbaud 48
    Paul Claudel 50
    Francis Jammes 51
    Paul Valéry 52
    André Gide 56
Heranças dos Historicismos e Cientismos 60
    Sainte-Beuve 61
    Hippolyte Taine 65
    Émile Zola 67
O Vício como Doença do Corpo 70
Desorganizando o Dossiê Realista 72
Homossexuais & Judeus 78
O Nariz Hebreu 80
Médicos, Filólogos, Grafólogos, Carteiros 85
Sinfonia Interpretativa 93

2. A COMÉDIA PROUSTIANA DA CONSCIÊNCIA DIVIDIDA 97

A Escola do *Boulevard* 97
Ridículos Menores e Maiores 102
O Mundo é um Palco 107
Molière em Proust 109
A Cozinha Proustiana 110
Riso entre Lágrimas 116
Passado 116
Futuro 118
Presente 120
Psicanálise da Piada 121
Baudelaire em Proust 125
Cortando as Asas da Eloqüência 127
Baudelaire e a Memória Afetiva Proustiana 133
A Violência Sutil do Riso 135
Os Sensatos Tremem de Medo de Rir 138

3. SER JUDEU FRANCÊS À ÉPOCA DO CASO DREYFUS 145
  Faits Divers, Escândalos e Casos de uma Jovem
  República 145
  O Caso Dreyfus contado por Balzac 150
  O Affaire 152
  A História é o que se Propaga à Roda das Mesas 155
  A França do Caso Dreyfus 161
  O Mundo Meio Judeu de Proust 166
  Cenas da Vida de Salão sob Dreyfus 170
    1. Facécias 170
    2. Qüiproquós 171
    3. Viradas de Casaca 173
    4. Desconversas 174
    5. Denegações 175
    6. Pantomima 176
  Invertidos e Não Convertidos 177
    1. Lapso 184
    2. Denegação 184
    3. Exagero 185
    4. Duplo Sentido 185

4. O ROMANCE DENTRO DO ROMANCE 187
  Uma Regressão ao Passado do Passado 187
  Ser Outra Pessoa 190
  Swann é Legião 193
  O Amor Tira Pedaço 196
  Close Reading 201
    1. O Sujeito Vê o que não Há 203
    2. O Sujeito não Vê o que Há 204

ARREMATE 207
  Saint-Simon de Saias 208

BIBLIOGRAFIA 213
    Obras de Proust 213
    Obras sobre Proust 214
    Bibliografia Geral 217

ÍNDICE ONOMÁSTICO 223

Nota Prévia

Bastante modificado, este trabalho tem origem numa tese de doutorado, defendida na Universidade de Paris VII, sob a orientação de Julia Kristeva, e argüida por Gérard Genette e Serge Doubrovski, autores de estudos proustianos clássicos. Ele é assim a continuação de um projeto de longo prazo, que já resultou em livros, indicados na bibliografia em apêndice, bem como em ensaios, artigos, cursos e conferências.

Como o conjunto das notas de rodapé da tese remetia à edição de *À la recherche du temps perdu* da Gallimard-Pléiade de 1954, organizada por Pierre Clarac e André Ferré, as citações são feitas a partir dela, por uma questão de ordem prática. De fato, seria uma tarefa quase impossível recuperar todas as citações tiradas dessa edição crítica, que, por tanto tempo, amparou os pesquisadores. Mas isso não significa desconsiderar os aportes da nova Pléiade atualizada por Jean-Yves Tadié em 1987, notadamente aqueles trazidos com a descoberta, em 1986, entre os guardados dos herdeiros de Proust, de um manuscrito inédito de grande importância. Trata-se de um longo acréscimo que veio, entre outros aperfeiçoamentos, pôr fim às dúvidas acerca do título do penúltimo ciclo do romance, como mostro em meu livro *Catedral em Obras* (1995). Intitulado *Albertine disparue* na edição original de 1925, e *La Fugitive* na edição dirigida pela dupla Ferré-Clarac – que acreditava estar assim corrigindo um equívoco –, é o primeiro título que volta a impor-se, desde 1986. Deve-se a isso, principalmente, a nova edição de Tadié, que passou a jogar com *Albertine disparue*, o que também procuro fazer.

No mais das vezes, cito a *Recherche* e as demais obras proustianas em tradução minha. Mas cotejo, por vezes, essas traduções com as excelentes versões dos escritores convocados, nos anos de 1940, à Sala de Tradução da Editora Globo de Porto Alegre – Mário Quintana, Manuel Bandeira, Carlos Drummond de Andrade, Lúcia Miguel Pereira e Lourdes Sousa de Alencar –, e com o trabalho igualmente obrigatório de Fernando Py, publicado em 2000, que incorpora novas variantes.

Seguindo a praxe nos estudos de linha francesa contemporâneos, indico a personagem principal do romance proustiano como o Narrador, que grafo com maiúscula, reservando a minúscula para adjetivar esse herói que é sem nome, salvo lapso de Proust.

Os sete ciclos da *Recherche* são aqui referidos por indicação, tanto no corpo do texto como no rodapé, da sigla que resume as iniciais do título em português, seguida da indicação do volume da edição Pléiade em que se encontram. As demais obras proustianas são referidas por menção da sigla indicativa do título e das edições Pléiade em que são encontradas, de acordo com o sistema de abreviação indicado na lista da página XV. Permito-me ainda abreviar o título *Em Busca do Tempo Perdido* através da sigla BTP, acompanhando o *Dictionnaire Marcel Proust*, que grafa RTP.

À releitura, me dou conta de que, muitas vezes, em última instância, recorro a hipóteses barthesianas sobre Proust. Eu estava entre os ouvintes dos seminários de Roland Barthes no Collège de France que, no início do ano de 1980, acompanhavam sua última incursão a Proust, por um exame das fotos do *monde* proustiano saídas do ateliê Nadar. Pelas infinitas nuanças poéticas do Proust de Barthes, essa é uma dívida que eu assumo sem temer que represente qualquer fechamento dogmático.

Abreviações

Em Busca do Tempo Perdido	BTP
No Caminho de Swann	SW
À Sombra das Raparigas em Flor	RF
No Caminho de Guermantes	CG
Sodoma e Gomorra	SG
A Prisioneira	PR
A Fugitiva / Albertine Desaparecida	AD
O Tempo Redescoberto	TR
Os Prazeres e os Dias	PD
Jean Santeuil	JS
Contra Sainte-Beuve	CSB

Introdução

Os loucos por Proust – os "marcelistas", como os chamou Roland Barthes, referindo-se aos cultores do homem Marcel por trás da obra *Em Busca do Tempo Perdido* e incluindo-se entre eles[1] – conhecem as boas blagues de que o escritor era capaz também na vida real.

Marcelista da primeira hora, Jean Cocteau desenterra uma pequena farsa de sua autoria, digna de muitas outras igualmente perturbadoras que encontramos, por toda parte, em BTP, num artigo para a edição especial em que a prestigiosa *Nouvelle Revue Française* da editora Gallimard faz uma homenagem póstuma ao escritor, poucos meses depois de sua morte, em 1922. Ao deixar, certa noite, o restaurante do Hôtel Ritz – conta-nos Cocteau, que foi testemunha ocular de muitos desses fatos, porque era freqüentador da mesma sociedade –, Proust percebe, de repente, que está sem nenhum dinheiro no bolso. Então, não hesita em dirigir-se ao porteiro e em lhe pedir cinqüenta francos emprestados, o que era, na época (e ainda seria hoje), uma soma enorme para uma gorjeta. O porteiro, tão surpreso quanto obsequioso, lhe estende os cinqüenta francos. Proust apanha o dinheiro e o devolve, imediatamente, anunciando-lhe que essa é a sua gorjeta, e assumindo, ato contínuo, a dívida pelo em-

---

1. Roland Barthes, *Proust et la photographie* – Examen d'un fonds d'archives photographiques mal connus, *La Préparation du roman. Cours et séminaires au Collège de France* (1978-1979 et 1979-1980), p. 391. Vale notar a respeito desse que é um dos mais recentes livros póstumos de Barthes, que, desde 2005, existe uma excelente tradução brasileira, preparada por Leyla Perrone-Moisés para a editora Martins Fontes.

préstimo. A piada pode parecer singela. Mas a cena, sublinha Cocteau, é feita para nos mostrar que "os gênios não temem rir"[2].

De fato, o gênio proustiano é, em larga medida, um gênio cômico. Até porque Proust é um bom manejador daquilo que chamamos o "humor judaico". Na ação do romance, se é que podemos continuar falando de "ação" no caso de uma narrativa que se esquiva a todo acontecimento externo, para ser puro solilóquio, Swann é expressamente encarregado de representar esse humor, quando, aproximando-se do Narrador e de seu amigo Saint-Loup, que se encontraram em alguma noitada, lhes diz, aludindo ao fato de serem todos dreyfusistas, num tempo em que tomar esse partido era tão arriscado quanto assumir-se judeu: "Meu Deus, nós três aqui juntos, vão achar que isto é uma reunião de sindicato"[3].

Vinda de um judeu príncipe, justamente reputado nos salões proustianos pela elegância e poupado aí do preconceito que eles sempre reservaram aos judeus, a piada nada tem de sutil. No terreno do humor, de resto, Swann é capaz de coisas bem melhores, bem mais dignas do *esprit de finesse* dos Guermantes, como soltar, numa tirada, que os Verdurin não podiam ser reais, que eles eram tão "sublimemente burgueses que deviam ter saído de uma peça de Labiche"[4]. Mas é por sua maneira de *entrar no jogo* do anti-semitismo, que se difundira na França à época de Dreyfus, que ela se revela mais alegremente judaica, mais se reveste do aspecto de desforra que caracteriza todo riso, como veremos mais adiante, e particularmente este.

Envolvendo judeus, homossexuais e esnobes, *raças* relacionadas em BTP à mesma abjeção, por toda parte em Proust explode essa revolta: nos salões, no *backstage* dos salões, nos olhares, nos gestos, nos corpos, na linguagem. O próprio romance sobre as dificuldades de se escrever um romance, motivo por excelência proustiano, já fala disso. Assim, o objetivo desta *proustiana* estará cumprido se conseguir começar a mostrar o quanto as palavras de Cocteau procedem, ainda que possam soar como apenas solenes e retóricas, por figurarem numa homenagem fúnebre, e ainda que tenham sido completamente negligenciadas, já que quase nada de significativo se produziu, desde 1922, sobre o cômico proustiano, e o quanto se pode ir com Proust do sorriso à gargalhada, passando pelo humor negro, num *dégradé* que explora todas as possibilidades do gênero que os antigos chamaram "baixo".

Vivendo e escrevendo depois que Baudelaire fez uma defesa incondicional do riso, num ensaio pouco conhecido entre nós, mas inseparável de sua definição de "modernidade" e de sua crítica de artes, e no mesmo

---

2. Jean Cocteau, *Hommage à Proust*, *Nouvelle Revue Française*, edição especial de janeiro de 1923, p. 252.
3. BTP, I, p. 698.
4. BTP, I, p. 286. Eugène Labiche é um dos grandes mestres do *vaudeville* à época de Proust. Voltamos a ele no segundo capítulo, na seção A Escola do *Boulevard*.

momento em que Freud se debruçou sobre os chistes, num livro, também, por muito tempo, ignorado pelos psicanalistas, que é um anedotário judaico em que prospera, muitas vezes, o mais puro *nonsense* – *Os Chistes e Sua Relação com o Inconsciente* –, Proust é um perfeito comediante, principalmente quando põe o dedo na ferida do Caso Dreyfus, que o envolve diretamente, por ser judeu (por parte de mãe apenas, mas isso basta para que ele se torne alvo certeiro de preconceito, até porque, como dizem os psicanalistas, se o pai só se pode deduzir, da mãe se pode ter certeza). Trata-se aqui de relê-lo à luz dessas tradições, e principalmente da baudelairiana.

De fato, se Baudelaire está em Proust de muitas maneiras, como uma das referências que mais contam para a memória afetiva ou involuntária, uma delas diz respeito à licença que ele lhe dá para rir das infelicidades e dos constrangimentos. Essa licença formula-se, aliás, na teorização baudelairiana, em termos muito próximos dos de Freud, que associou o riso ao sonho, envolvendo nossa vida psíquica numa tragicomédia, e dos de Cocteau, para quem ele é a marca de uma inteligência superior. Foi reunindo as duas coisas numa peça crítica – "Da Essência do Riso – E em Geral do Cômico nas Artes Plásticas" –, cujo álibi é uma defesa dos caricaturistas franceses, que ele cunhou esta sentença que inverte a ordem dos fatores, mas não a razão de "os gênios não temem rir": "*Le sage ne rit qu'en tremblant*" (divisa que traduziríamos por algo como: "O sensato só ri tremendo" ou "O prudente treme de medo de rir"[5]). Voltada contra o classicismo francês e sua maneira de constranger as belas-letras ao equilíbrio de um claro pensamento, isento de atentados ao sentido, essa contra-ordem (seja imprudente: ria) ampara todos os excessos proustianos, da cena de *vaudeville* à porta do Ritz à comédia dos judeus, dos *gays* e dos arrivistas no palco dos salões.

Numa fortuna crítica de quase um século, contamos nos dedos os autores suficientemente corajosos para, em seus comentários, abrirem um capítulo para um certo humor envolvendo fatos isolados nas quatro mil páginas de BTP. Desses críticos destemidos fazem parte os que buscaram estabelecer relações entre a obra proustiana e o surrealismo, pela via do humor negro e da beleza convulsiva[6]. Mas nada disso impede que, quase cem anos depois da morte de Proust, e no momento

---

5. Charles Baudelaire, De l'essence du rire – Et généralement du comique dans les arts plastiques, *Curiosités esthétiques, Oeuvres complètes*, p. 703. Tratamos mais detidamente desse riso baudelairiano, e da tradução para o português desse Baudelaire, no segundo capítulo.

6. Sobre as relações entre a obra de Proust e o surrealismo, cf. o excelente estudo de Pierre Zima *Le Désir du mythe – Une lecture sociologique de Marcel Proust*. Mas também Maurice Blanchot faz essa aproximação entre Proust e os surrealistas, em Le chant des sirènes, *Le Livre à venir*, p. 29: "A experiência do tempo imaginário que fez Proust só pode ter lugar num tempo imaginário e fazendo de quem a faz um ser ima-

em que aparece a excelente retomada do romance em quadrinhos por Stéphane Heuet[7], mostrando-nos como um clássico pode prestar-se a releituras arrojadas, tudo esteja ainda por ser feito nesse campo.

O fato não deixa de ser surpreendente quando se sabe que o criador de *Em Busca do Tempo Perdido* começou pela caricatura; o que Baudelaire, justamente, aconselhava às artes plásticas e à literatura, na contramão do equilíbrio acadêmico. Proust foi um caricaturista dos mais contumazes, que estreou com um álbum juvenil – *Os Prazeres e os Dias* – cujo título é uma paródia de Hesíodo. Na mesma linha, deixou-nos uma coleção de pastiches, que é inseparável do conjunto de suas obras. Em plena era das vanguardas teatrais francesas, que sofrem a influência de Alfred Jarry e de seu impacto sobre os surrealistas, ousou inspirar-se no teatro de *boulevard* (aquele mesmo que enseja a Swann dizer que o salão de Madame Verdurin sai de uma peça de Labiche). Nessa direção, chegou ao ponto de inventar um apócrifo dos Goncourt e de introduzi-lo no último tomo de BTP, numa seqüência, por isso mesmo, famosa. Com a felicidade de sempre, Roland Barthes resumiu esse frenesi de escrever *à la manière de* como uma "iniciação negativa" à literatura[8]. É essa iniciação problemática, essa literatura que já começa como imitação e em estado de pane, sem que isso nunca se resolva completamente, que também desencadeia, numa outra ordem, o cômico proustiano.

Apontá-lo é desfazer a impressão de segurança que vem de uma das mais perseverantes *idéias feitas* sobre o romance de Proust: a idéia de que, com a ajuda da *madeleine*, que faz voltar o tempo, o romancista levou a termo seu projeto, alcançou o passado perdido, obteve uma vitória da recordação sobre o esquecimento, que equivaleria, ademais, a uma salvação pela arte. Declinada de muitas maneiras nos desenvolvimentos exegéticos produzidos desde 1922, essa verdade estabelecida gira sempre em torno de epifanias, apoteoses, fábulas morais e asceses heróicas.

Dessa valoração cristã da obra proustiana, explicitada pela insistência na "revelação" das coisas perdidas, palavra e idéia que não podem ser vistas como inocentes, participaram, desde muito cedo, os escritores franceses católicos. Resumindo essa sensibilidade, temos, entre os grandes primeiros leitores de Proust, François Mauriac, que,

---

ginário, uma imagem errante, sempre presente mas sempre ausente, fixa e convulsiva como a beleza de que falou André Breton".

7. Stéphane Heuet, *À la recherche du temps perdu*. A série já tem tradução brasileira, da editora Zahar. Resenhando o belo trabalho do quadrinista Heuet, quando do lançamento da coleção, Gilles Lapouge notou, justamente, que ele põe em destaque algo a que os professores de literatura francesa não têm por hábito dar valor: o cômico proustiano. Cf. Gilles Lapouge, Proust em Quadrinhos, *O Estado de S. Paulo*, 2 de maio de 2004, Caderno 2.

8. R. Barthes, Proust et le noms, *Nouveaux essais critiques*, p. 123.

com sua autoridade de Prêmio Nobel e sua catolicidade jansenista, que joga, ao mesmo tempo, com a existência da providência e com a ausência da graça, recepciona um Proust da redenção pela obra, lamentando que Deus esteja fora dela[9].

Temos aí uma linha interpretativa de longo alcance. Assim, muito tempo depois de Mauriac fazer-se intérprete de Proust, num dos capítulos de seu *Temps et récit*, Paul Ricoeur ainda estaria revolvendo esse tesouro hermenêutico, ao evocar uma "ressurreição do tempo" e uma "revelação final" proustianas[10]. E é esse Proust da ressurreição das horas e da eternidade dos instantes que chega ao Brasil, na década de 1940, amparando o trabalho de nossos primeiros interessados no assunto. Assim, no epílogo de seu Proust para o número inaugural da revista *Clima*, Ruy Coelho vem nos falar, ele também, de um mundo proustiano baixo e de outro alto. No "mundo estético das contemplações através da memória" – nos diz – alcançamos uma "realidade superior", extraída do "mundo grosseiro da ação". De resto, Ruy Coelho endossa a verificação de Mauriac quanto à ausência de Deus: "Os elementos mórbidos que contêm a angústia, a inquietude metafísica, a consciência culpada aparentam [Proust] com o cristianismo. Razão tem pois [...] Mauriac, salientando essas ligações. A 'ausência terrível de Deus' é um valor negativo demasiado marcado para que não se sinta a sua importância"[11].

Nem por aliar-se à leitura católica de Proust esse precioso estudo, interessado na matriz do pensamento proustiano, deixa de ser um dos melhores que temos entre os pioneiros. Mas outras abordagens, das muitas produzidas entre os anos de 1930 e 1960, neste nosso solo brasileiro outrora fértil para estudos proustianos, como formula Walnice Nogueira Galvão[12], são menos felizes. Assim, em sua resenha de uma proustiana brasileira reunida por Saldanha Coelho, na década de 1950, para a *Revista Branca* do Rio de Janeiro, Sérgio Buarque de Holanda lamenta que Ruy Coelho tenha ficado de fora do projeto e detecta, no conjunto dos trabalhos, o esquematismo dos tratamentos, mesmo quando discrepantes, notando que o julgamento da obra de Proust através das diversas gerações aí representadas "não progrediu e nem variou de modo apreciável"[13].

---

9. François Mauriac, *Le Roman*, p. 70.
10. Paul Ricoeur, À la recherche du temps perdu: le temps traversé, *Temps et récit*, II, *La Configuration dans le récit de fiction*, passim.
11. Ruy Coelho, Marcel Proust e a Nossa Época, *Clima*, n. 1, 1944. O longo ensaio seria posteriormente transformado em livro, de onde extraio a citação. Cf. Ruy Coelho, *Proust – Introdução ao Método Crítico*, p. 74.
12. Walnice Nogueira Galvão, Em Busca de um Proust Perdido, prefácio ao livro de Philippe Willemart *Educação Sentimental em Proust*, p. 11.
13. Sérgio Buarque de Holanda, Proustiana, *O Espírito e a Letra*, II, p. 195-200. A resenha sai no jornal carioca *Diário de Notícias*, em abril de 1950, o mesmo ano da

Lançando-se contra o pano de fundo dessas reiterações e dogmatismos, o *Proust* de Samuel Beckett, escrito aos 25 anos do escritor, onde ele sustenta que "a alegoria [de Proust] fracassa como deve fracassar sempre nas mãos de um poeta"[14], é uma admirável exceção à regra da *revelação*.

O CLICHÊ DA *MADELEINE*

A *madeleine* é um clichê dos estudos proustianos, como notou Julia Kristeva em *Le Temps sensible*, observando que há mais "sabores" que o do famoso bolinho a tirar dessa obra-prima tão variadamente sensual[15]. Bom leitor do Proust de Kristeva, Philippe Willermart ressaltou, por sua vez, que a *madeleine* é desintegrada pelo chá e, assim sendo, é uma metáfora, não do tempo, mas da escritura, ou de um trabalho de criação que passa pela destruição[16].

Isso equivale a dizer que não é a memória que é criadora mas a deformação da memória. Não só porque o paraíso perdido a que ela visa é um lugar imaginário mas porque, enquadrando mudanças perceptivas que definem a própria experiência da modernidade, o que o romance proustiano tematiza é o colapso dos enquadramentos anteriores de espaço e tempo. Não o perceber é nada ter entendido de Proust. Assim, as leituras que atribuem um papel redentor à memória fazem *tábula rasa* da decomposição geral promovida pelo tempo proustiano em que menos se presta atenção, mas é o que mais conta em BTP: o tempo que passa, o tempo que se perde. Para Gilles Deleuze, é ele o que melhor interpreta o *perdu* de *À la recherche du temps perdu*:

> O essencial da *Recherche* não está na *Madeleine* e nos desvãos do pavimento [referência às lembranças que acorrem ao Narrador, de repente, em *O Tempo Redescoberto*, repetindo os golpes de reminiscência da *madeleine* em *No Caminho de Swann*]. De um lado, a *Recherche* não é simplesmente um esforço de recordação, uma exploração da memória: *recherche* deve ser tomada no sentido forte, como na expressão *recherche de la vérité* [busca da verdade]. De outro, o tempo perdido não é

publicação dessa *Proustiana*, que tem, entre seus autores, Tristão de Athayde, Otto Maria Carpeaux, Josué Montello, Lúcia Miguel Pereira, Raimundo de Souza Dantas, o organizador da coletânea, Saldanha Coelho, e o próprio Sérgio Buarque de Holanda.
14. Samuel Beckett, *Proust*, p. 64.
15. Julia Kristeva, Surimpressions, *Le Temps sensible*, p. 13.
16. "Que temos aí senão uma metáfora da escritura que, de papel insignificante e acessível a qualquer um, se transforma e conta uma história povoada de personagens situadas no espaço e no tempo?". Cf. P. Willermart, La madeleine, *Proust poète et psychanalyste*, p. 51. A hipótese de Willermart corrobora a interpretação clássica de Serge Doubrovski (a que voltaremos), para quem a *madeleine* é uma cifra da devoração da mãe, já que há uma linhagem de modelos femininos de escritura com que o Narrador se debate, ainda mais amorosa e agressivamente do que se enfrenta com os Bergotte, os Elstir e os Vinteul, como tentamos mostrar na conclusão.

simplesmente o tempo passado: é também o tempo que se perde, como na expressão *perdre son temps* [perder tempo][17].

De fato, desde que nos diz, na primeira linha de SW, em tempo real, que "Por muito tempo costumava deitar-me cedo" e que "Às vezes, mal apagava a vela, meus olhos se fechavam tão depressa que eu nem tinha tempo de pensar: Adormeço"[18], o Narrador proustiano corre contra o tempo. A essa fuga das horas devemos o envelhecimento espetacular de todas as personagens do romance, reunidas numa espécie de hoste de fantasmas, para a representação coletiva de sua decadência numa seqüência de BTP que é posta em posição de desenlace pessimista, certamente não por acaso. Trata-se daquela última *matinée* de TR, subintitulada "A Recepção da Princesa de Guermantes", em que o Narrador é tomado de surpresa pelos sinais externos, pesadamente físicos, da velhice de todos os elegantes do salão, cujas cabeças coroadas desfilam agora na sua frente, numa cena "de *guignol*" de "tocante burlesco", comandada pelo príncipe de Guermantes com seu "ar bonachão de rei de feeria"[19]. Dando conseqüência à visão teatral da cena, Albert Camus chamou-a de "festa da velhice"[20]. Temos aí uma dança macabra dos mortos – neste caso dos mortos vivos, o que é pior –, com tudo que isso comporta de humor negro e de sátira social, pela vitória inopinada da morte, cuja foice não poupou os poderosos, eles também ironicamente submetidos à velha lição[21].

Introduzidas pelos primeiros comentadores – no início do decênio que se segue à morte do escritor –, que fecham os olhos para o mundo *baixo* da inversão sexual e dos bordéis de homossexuais masculinos, para a feira das vaidades dos salões *fin-de-siècle* com que Proust se envolveu demoradamente, como se sabe, e para a comédia da consciência dividida do mundanismo artista, e retendo apenas as

17. Gilles Deleuze, Les types de signes, *Proust et les signes*, p. 9.
18. BTP, I, p. 3.
19. BTP, III, p. 923.
20. Albert Camus, *A Inteligência e o Cadafalso e Outros Ensaios*, p. 15.
21. Sem lhe atribuir nenhuma vocação conclusiva, também Paul Ricoeur vê nessa seqüência de TR, que funciona como uma espécie de fecho, uma dança macabra: "Quem são as personagens dessa dança macabra? [...] Que anunciam todas essas caras de moribundos senão a aproximação da morte do herói?". Cf. P. Ricoeur, op. cit., p. 274. Por sua vez, em seu livro *O Pecado e o Medo*, o historiador francês Jean Delumeau tem belas páginas sobre o cômico das danças macabras da Morte nas iconografias antigas, por exemplo no pintor Holbein, que nos dão mais luzes sobre a atmosfera criada em Proust. Ele escreve: "Que as danças dos mortos (ou da Morte) estejam penetradas de humor negro, explica-se pela dupla lição que elas queriam ministrar: a hora derradeira chega de repente – daí um possível efeito cômico de surpresa, ela atinge igualmente jovens e velhos, ricos e pobres – daí o gesto de ridícula revolta daqueles que se julgavam protegidos pela idade, pela posição social ou pela fortuna". Cf. Jean Delumeau, Ambigüidade do Macabro, *O Pecado e o Medo – A Culpabilização no Ocidente* (Séculos XIII-XVIII), I, p. 161.

reservas morais do livro, essas são interpretações bondosas, declinações de uma eternidade platônica, que Walter Benjamin já recusava num retrato de Proust que não envelheceu[22]. É isso ou o silêncio estratégico que, depois da primeira leva de leituras que se segue à morte de Proust e à homenagem organizada pela *Nouvelle Revue Française*, manteve o afrontoso romance proustiano no esquecimento, até que, nos anos de 1960, um outro grupo de novos comentadores, ligado a uma outra revista literária importante – a *Tel Quel* –, viesse se encarregar de reabrir o dossiê, reabilitando tudo aquilo que, entre os decênios de 1930 e 1940 (contra a tela de bastidor histórico da segunda guerra mundial) se havia firmado como matéria de combate para uma crítica de direita, cada vez mais impositiva, que toma o lugar dos Cocteau[23].

Desde a entrada em cena dos *novos críticos* franceses (ou naturalizados franceses) que saem do bojo da *Tel Quel*, estamos mais avisados de que as coisas não são tão *belas* nem deixam de ser risíveis em Proust[24]. É o que também aprendemos com a crítica que sai dessa crítica – a desconstrução pós-estruturalista – e com um leitor de Proust tão influente como Paul de Man, por exemplo. Analisando o discurso das figuras em BTP, ele vai exasperar a idéia de Gérard Genette de que o romance de Proust narra a fuga incessante dos significados, em dispersão metonímica, insistindo na virada de todas as metáforas em metonímias e insistindo na própria fuga dessa fuga, sem fechamento da representação[25].

22. Examinando os comentadores da eternidade proustiana, Benjamin escreve: "a eternidade de Proust nada tem de platônica, nada tem de utópica: ela pertence à ordem da embriaguez. Se é verdade que o 'tempo, para quem nele mergulha, desvela uma nova espécie, até então desconhecida, de eternidade', nem por isso aproxima o indivíduo dos 'campos superiores que num roçar de asas atingiram um Platão ou um Espinoza'. Há certamente em Proust os rudimentos de um idealismo sempre vivo. Mas fazer disso a base de uma interpretação é um equívoco [...] dos mais grosseiros. A eternidade a que leva Proust é o tempo limitado, não o tempo infinito". Cf. Walter Benjamin, A Imagem de Proust, *Obras Escolhidas*, p. 45.

23. Sobre isso, pode-se ler com proveito o depoimento de Philippe Sollers no capítulo Sur Proust de seu livro *L'Éloge de l'infini*. O tema é retomado no capítulo sobre a crítica literária francesa dos anos de 1930 que Christophe Bident insere em sua biografia de Maurice Blanchot, em que nos diz que ela havia proscrito todo abuso introspectivo, todo psicologismo, todo individualismo exacerbado, toda exibição da vida mental ou sexual. Cf. Christophe Bident, *Maurice Blanchot, partenaire invisible. Essai biographique*, p. 112. Sobre a contribuição do grupo Tel Quel para o aperfeiçoamento da fortuna crítica proustiana, vale notar ainda o balanço feito pelo italiano Giovanni Macchia no capítulo Plus de cinquante ans après de seu *L'Ange de la nuit*, no qual afirma que foram os novos críticos a reatualizarem a obra proustiana, num clima bem diverso daquele criado com as experiências "antiproustianas" do *nouveau roman*.

24. Estamos pensando, principalmente, em Roland Barthes, Gérard Genette, Julia Kristeva e no próprio Philippe Sollers, todos convocados a este trabalho e citados na bibliografia final.

25. Paul de Man, Proust, *Alegorias da Leitura*, p. 97.

Dizer que há um riso avassalador em Proust, que permite rever o efeito de talismã revelador da *madeleine*, não significa ignorar a importância das grandes interpretações que, antes da intervenção das novas críticas, privilegiaram uma certa eternidade proustiana. É claro que há uma arte elevada – e uma beleza eterna – em Proust. Como a das paisagens, por exemplo, aqui, pela primeira vez, tomadas em movimento, desde o mirante de um meio moderno de locomoção muito em voga no romance, o automóvel. Veja-se esta descrição que nos faz o Narrador de um passeio à beira-mar: "o automóvel subiu como uma flecha, num ruído contínuo como o de uma faca que se amola, ao passo que o mar rebaixado se estendeu diante de nós. As casas antigas e rústicas de Montsurvent correram em nossa direção, com suas vinhas e roseiras presas ao peito [...]"[26]. Nem antes nem depois de Proust teremos visto um romancista animar de tal modo a natureza, com tal capacidade de pensar por imagens, tal mirada de pintor ao ar livre, de conivência com um diretor cinematográfico. Sem dúvida, temos nesse pequeno trecho um traçado inesquecível de uma paisagem francesa ao mesmo tempo interiorana e litorânea, com tudo para ser antologizado.

Por outro lado, existe sempre a possibilidade de um sorriso extático diante das muitas epifanias proustianas que fazem o passado voltar numa onda de recordações poderosas, como acontece naquela tarde desolada de inverno parisiense em que um filtro mágico de chá de par com o bolinho chamado *madeleine* entra em ação, provocando uma espécie de embriaguez ou, por que não dizer, de *barato*, e abrindo canais de percepção que desvendam uma panorâmica assim descrita: "e todas as flores de nosso jardim e as do parque do Sr. Swann, e as ninféias do Vivonne e a boa gente da cidade e suas casinhas, e a igreja e toda Combray e seus arredores, tudo o que adquire forma e consistência saiu, casa e jardins, de dentro da minha xícara de chá"[27]. Existe sempre assim, por certo, a possibilidade de um "sub-riso" apaziguador – para lembrar a etimologia de sorriso: *sub + ridere* –, em paralelo ao riso violento de que nos fala Baudelaire.

Mas o romance de Proust é ainda compatível com a beleza plácida quando se pensa em todas as belas metáforas artísticas de que o Narrador lança mão para nos dar (e para se dar) alguns termos possíveis de comparação do livro que tem em mente. Opostas ao mundo profano das comédias, essas são referências elevadas, muito próprias da vida aristocrática que o escritor leva, freqüentando o Louvre e viajando, por vezes, quando a saúde lhe permite, a Veneza e à Bélgica, em seleta companhia, para ver de perto um punhado de obras-primas dos mestres imortais, cujo trabalho quer tentar refazer.

---

26. BTP, II, p. 997.
27. BTP, I, p. 47-48.

Uma das mais conhecidas dessas referências é a da catedral gótica, em perspectiva, nos textos proustianos, desde esta peça no gênero crítica da crítica que é *Contra Sainte-Beuve*, referência que carrega ainda consigo toda uma segunda série de imagens artísticas de pórticos, naves, absides, vitrais. Uma outra é a da música, representada pelo ateliê de trabalho da personagem Vinteuil, cujo nome é um anagrama imperfeito do nome do músico Vincent d'Indy, o que não impede a melomania proustiana, indecidida entre estruturas menos ou mais construídas, de convocar também Beethoven (principalmente o dos quartetos), Wagner, Debussy, César Franck, Saint-Saëns e Fauré. E uma outra ainda é a da pintura, ilustrada pela personagem Elstir, cujo nome retoma o do artista inglês Whistler, pista de um dos modelos pictóricos mais almejados pelo Narrador, entre outros tantos que incluem ainda Giotto (com cuja "Caridade" se parece a empregadinha grávida da casa da Tia Léonie em Combray), Botticelli (a cuja "Séfora" Odette é mal comparada, numa perturbadora intervenção da arte como álibi do amor errado), Vermeer (com cuja obra Bergotte terminaria não podendo competir) e Monet (cujas catedrais esfumaçadas ou evanescentes brigam com as catedrais góticas que, apesar de sempre inacabadas, se erguem firmemente na direção dos céus). Aí estão, em resumo, em seu emaranhado de estilos e tendências, os *côtés* também fragmentários das belas-artes proustianas. Desde 1997, ano da primeira edição de seu *Proust e a Fotografia*, Brassaï acrescentou, oportunamente, um ateliê fotográfico a essas artes[28]. Retomando tudo isso, num raro livro brasileiro inteiramente dedicado a Proust, Aguinaldo Gonçalves chamou a essa multiplicação de metáforas provenientes das artes plásticas de "museu movente"[29].

Mas esse Proust das belas-artes, que tão bem conhecemos (que já estamos cansados talvez de conhecer), não é o único possível. Há que se atentar para um outro. Não só porque há toda uma *arte pobre* proustiana, que mobiliza um repertório bem mais humilde de referências vestimentais e culinárias, trazidas pela empregada Françoise, que, aliás, é a figura mais permanente de BTP, mas também porque, como romance de formação de um romancista que é, ou narração sobre sua própria gênese, BTP envolve ainda muitos outros gêneros que não o romance, sendo também, ao mesmo tempo, ensaio, autobiografia, diário íntimo, confissão, crônica, o que nos dá uma obra atípica em sua impureza[30], e a impureza é a própria mola do cômico. Como bem notou Julia Kristeva, a beleza não é nunca sem sarcasmo em Proust[31].

---

28. Gilberte Brassaï, *Proust e a Fotografia*.
29. Aguinaldo José Gonçalves, *Museu Movente. O Signo da Arte em Marcel Proust*.
30. "Tudo isso em proveito de uma nova palavra – escreve Barthes –, não genérica mas designativa de uma obra cujo gênero é inencontrável: o Texto". Cf. R. Barthes, *La Préparation du roman*, aula de 8/12/1979, p. 201.
31. J. Kristeva, op. cit., p. 285.

Na galeria de retratos do romance proustiano, o barão de Charlus, uma de suas personagens mais cômicas, é a mais perfeita ilustração disso.

É dessa outra busca que trata esta *proustiana*. Dedicamo-nos, num primeiro capítulo, que é o mais longo de todos, a uma pequena história, por vinhetas críticas, da literatura francesa na virada do século passado. Nessa história, Proust entra, primeiro, como um admirador deslumbrado, e por isso mesmo, agressivamente mimético, ou irreverentemente *pastichador*, das velhas glórias da literatura nacional que ainda enfeitam os salões da *rive droite*, quando ele começa a pensar seriamente em dedicar-se à literatura. Depois, como um artista que se quer de seu tempo, que busca alinhar-se aos novos, mudar de espírito e de bairro, imbuir-se da aura da *rive gauche*, onde, desde o início do segundo decênio do século XX, os escritores de uma nova e prestigiosa editora chamada Gallimard, que aliás lhe virariam as costas, estavam escrevendo romances "puros", isto é, inficcionais, e enterrando, com isso, as tertúlias de salão. Finalmente, como um desorganizador das convenções do romance realista, e principalmente, do romance realista-naturalista, de grande popularidade naquele momento, junto ao público medianamente cultivado, a que autores como os Goncourt e Émile Zola dirigem sua vulgarização das ciências, de sua posição inédita de profissionais da área, já que não são mais nem mundanos nem intelectuais, mas trabalhadores das letras, vendedores de livros, que vivem, agora, do que escrevem.

É diante da alternativa dramática de tomar um desses rumos ou abandonar a literatura que Proust toma a decisão surpreendente de ficar com todos os modelos e com nenhum, misturando todos os *côtés* e englobando a sua grande dúvida em seu livro inacabado ou, como diria Barthes, "abandonando a rigidez do Fantasma do romance"[32]. Deve-se basicamente a isso que os *caminhos* proustianos – segundo a ótima tradução brasileira para esses conglomerados culturais, ambientais e psíquicos que são os *côtés* – sejam surpreendentes mundos não-fechados, de que nenhuma experiência de vida, nenhuma lição artística, nenhuma boa metáfora pode dar conta. Tudo aí são meios-tons, meias-verdades. E deve-se a essa inconclusão a virada proustiana: o romance que se nega ou se sabota e a circularidade ou o abismo estrutural da história toda, com seu começo engatado no fim, e vice-versa. "*Longtemps le temps*", resumiu Kristeva[33].

Desses *côtés* da literatura diante dos quais Proust não consegue decidir-se, um nos interessa especialmente, ainda no primeiro capítulo: o dos romancistas que seguem a doutrina de Zola e suas histórias da *vida como ela é*. Como homem de seu tempo, formado na cultura de um século XIX cientificista, que se faz sentir plenamente em sua famí-

---

32. R. Barthes, *La Préparation du roman*, aula de 9/12/1978, p. 36.
33. J. Kristeva, Longtemps le temps, op. cit., p. 564.

lia de médicos – o pai e o irmão são notáveis da profissão, em cordial desentendimento com a mãe e a avó letradas e cultoras dos grandes clássicos franceses –, Proust conhece tudo sobre as determinações do "meio" sobre as pessoas. Quem leu a suma proustiana sabe o quanto há ali de conhecimentos positivos e de nomenclatura científica atualizada, e o quanto os *côtés* são esse campo de forças físicas e sociais que é o *milieu* dos ultra-realistas. A diferença é que ele não se deixa convencer completamente pelas ciências positivas, ainda que lhe ocorra apelar para metáforas físicas até mesmo em suas descrições da vida psíquica. Assim, em plena era Zola, não está nunca à mercê do meio, nem ao retratar as sexualidades desviantes, que são um de seus grandes temas, e já se enquadram, então, numa nosologia psiquiátrica, nem ao estudar a sociedade, conscienciosamente, como faz, em todos os seus estratos: ricos e pobres, burgueses e nobres, empregados e patrões. Ao contrário, combate a arrogância de qualquer pretensão à verdade, inclusive científica. O resultado são seus fascinantes mundos dúbios, ao mesmo tempo governados por leis internas implacáveis, que dão razão aos médicos e aos sociólogos desses tempos em que a pesquisa científica avança, e capazes de se desgovernarem, produzindo efeitos cômicos de surpresa. O narrador proustiano, nesse sentido, é uma mistura do cientista exato, que estuda o homem em laboratório, com o sensualista, que encontrou a violência das impressões e vive sob o efeito dessa divisão.

É isso que nos leva a tratar, num segundo capítulo, das relações de Proust com o Baudelaire defensor dos caricaturistas que, em *De l'essence du rire*, toma duas providências surpreendentes. De um lado, acena com a possibilidade de uma representação cômica da catástrofe, tomando a doutrina cristã da "queda" como pivô do riso que sacode a alma humana dividida. De outro, propõe a inverossimilhança das narrativas fantásticas, inclusive as shakespearianas – que eram vaiadas na França, em sua época, o que ele pôde comprovar pessoalmente, a exemplo do que acontece com Stendhal[34] –, como antídoto contra a gravidade sisuda e incriativa de seus compatriotas. Antoine Compagnon sustentou a tese de que, tendo vivido mais no século XIX do que no XX, Proust carrega Baudelaire nas costas[35]. O que se quer aqui mostrar é a força da influência de um Baudelaire menos explorado pela crítica proustiana – o Baudelaire do culto da blague –, ainda que se reconheça muito do que Proust deve ao autor de *As Flores do Mal*.

Todo esse conjunto de questões interligadas deve nos deixar mais ou menos bem preparados para enfrentar, no terceiro capítulo, o tratamento irreverente que o meio-judeu Marcel Proust, de posse

---

34. Daí seu *Racine et Shakespeare* (Paris: Éditions Kimé, 1994), no qual encontramos a respeito da vaia que os franceses dedicam a Shakespeare e, de modo geral, às literaturas do norte, relato semelhante ao do Baudelaire de *De l'essence du rire*.

35. Antoine Compagnon, *Proust entre deux siècles*.

de seu humor judaico, ousa dar ao Caso Dreyfus, longa crise política da abertura da Terceira República, que ganha a primeira página dos jornais, e rapidamente divide a França em dois partidos, no momento em que o escritor rabisca *Jean Santeuil*. Na vida real, Proust é um dos primeiros militantes pró-Dreyfus, irmanado, nesse ponto, com os novos escritores e intelectuais que, constituídos em campo autônomo, longe do círculo de influência dos salões, combatem o poder. Zola é um desses novos e, nesse sentido, alguém a quem Proust está politicamente alinhado, embora literariamente ambos se desencontrem. Mas em seu romance, esse doloroso episódio que foi o Affaire Dreyfus, de conseqüências trágicas, não apenas em seu momento, mas para o século seguinte, pois funcionaria como um "prelúdio" ao nazismo, como bem notou Hannah Arendt, assume feições burlescas, dignas de um mundo de ponta-cabeça. Tanto assim que o Narrador, fazendo pouco dos microscópios e telescópios que armam o olhar científico, tão caro a Zola, vai optar por ver girar "o caleidoscópio social", como nos diz ele, servindo-se desse inusitado instrumento ótico para captar suas impressões, tão mais cômicas, então, quanto o mundo e os obejtos do mundo evoluem depressa demais. É então que o romance põe-se a acompanhar a movimentação dos arrivistas que galgam posições na alta sociedade, aproveitando a oportunidade para entrincheirarem-se como dreyfusistas entre os bem-nascidos ganhos para a causa, num outro *mélange* cômico de política e esnobismo.

O quarto capítulo dedica-se às reviradas paradoxais da personagem Swann, às voltas com uma Odette que não era o seu "gênero", palavra delicada que podemos traduzir por "tipo" mas também por "gênero", no sentido de gênero sexual, mantendo-nos no xadrez sexual de Proust, que apela para as comédias de Shakespeare ao nos falar de seus transexuais. Tentamos neste ponto um *close reading* deste romance dentro do romance que é a seção do volume *Du côté de chez Swann* intitulada "Un amour de Swann", estranhamente escrita em terceira pessoa, que introduz um enclave de ordem, e outra forma de mistura risível, na própria narrativa em solilóquio de Proust.

Por fim, na conclusão, lançamos uma nota suplementar para uma reflexão sobre uma questão tão atual, depois que os *cultural studies* se estabeleceram nos departamentos de letras das universidades norte-americanas, difundindo-se por toda parte, quanto difícil de tratar: a questão de saber se existiria uma escritura feminina e, se sim, qual seria o seu traço, onde procurar sua diferença. Será que, quando opõe as artes masculinas dos Bergotte, dos Elstir e dos Vinteuil às prendas domésticas da costureirinha e da quituteira, fazendo uma Xerazade surpreendente, de quem, mais que nunca, neste caso, poderíamos dizer que tenta se salvar como pode, o Narrador proustiano não nos deixaria entrever, pelos gestos mesmos dessas suas inspiradoras, e do perigo de morte iminente que eles exorcizam, o que sejam esses traços escriturais? E será que essa não seria a última e a melhor versão das *inversões* (homossexualidade, troca da noite pelo dia, anticristianismo do judeu) proustianas?

Há uma tentativa de resposta a essa pergunta na conclusão deste livro, que chamamos de "Arremate", para sublinhar tais provocações.

# 1. Ângulos de Ataque para um Romance por Vir

Mas quem tabulará a escala da visão?

ANDRÉ BRETON[1]

A LITERATURA FRANCESA À ÉPOCA DE PROUST: BREVE HISTÓRICO EM FORMA DE VINHETAS

Os Estrangeiros

Sabemos suficientemente bem, hoje, que tudo que pode ser dito do destino de Proust foi dito por ele mesmo em sua obra-prima. Ora, essa coleta literária é feita para lançar luzes sobre as próprias relações do escritor com a literatura, antiga como moderna, francesa ou estrangeira. Para quem queira historiar essas relações, está tudo em seus escritos.

Proust foi um leitor voraz. No romance, seu garoto narrador tranca-se num compartimento do sótão da casa da Tia Léonie para ler, envolvendo os livros com o prazer das coisas proibidas:

aquela peça, de onde se tinha visto, de dia, até o torreão de Roussainville-le-Pin, serviu-me por muito tempo de refúgio, sem dúvida por ser a única que me era permitido fechar a chave, para todas as minhas ocupações que demandavam uma inviolável solidão: a leitura, a cisma, as lágrimas e a voluptuosidade[2].

Essa sofreguidão de leituras desenha um arco de referências que vai das primeiras devoções, reaproveitadas na criação de Bergotte, o escritor proustiano arquetípico, que condensa muitas chaves – Ernest

---

1. André Breton, *Le surréalisme et la peinture*, Paris: Gallimard, 1965, p. 302.
2. BTP, I, p. 12. Sigo aqui a tradução de Mário Quintana, *No Caminho de Swann*, p. 18.

Renan, Anatole France, Maurice Barrès, Paul Bourget e Pierre Loti, principalmente –, até as últimas e sempre dúbias impressões deixadas por uma outra escola de autores que, ultrapassando o modelo de Bergotte, viria representar a nova nata da literatura francesa do início do século XX, o grupo de talentos reunido em torno de André Gide, na *Nouvelle Revue Française*. É nas mãos desta última que o romance francês começa a perder sua armadura narrativa protetora para converter-se em *mise-en-abîme* refinada. Podemos pois dizer que é à escola gidiana que Proust, embora não caiba em escola alguma, mais se filia. Mas entre essas duas gerações há ainda o modelo do romance naturalista dos Goncourt e de Émile Zola a considerar. Sem falar nos muitos autores estrangeiros também envolvidos numa biblioteca de cabeceira, na verdade, bastante cosmopolita para um autor tão fixado na *vieille France*. Desta outra fazem parte George Eliot, romancista inglesa contemporânea de Proust de quem a personagem Andrée traduz um romance em RF[3], ao lado de valores da literatura de língua inglesa como Stevenson, Emerson e Walter Scott – este último, confundido em JS por uma certa Srta. Coulombes com Duns Scot, o que já é sinal do humor de Proust[4] –, que só fazem provar seu interesse pelo que se passa fora dos limites das letras francesas. Mas há lugar aí também para Shakespeare, reaproveitado num dos chistes mais corrosivos do anedotário proustiano, uma corruptela *gay* do "to be or not to be", que brinca com o significado do verbo "ser", retraduzindo "ser ou não ser" em clave ambígua por "*ser* ou não *ser*"[5]. (Nós voltaremos a isso.)

Falemos, para começar, nos estrangeiros. O índice onomástico da edição Gallimard-Pléiade de BTP está repleto de referências inglesas. Como notou Edmund Wilson, elas são de conseqüência. É por seus contatos com a colônia inglesa que circula entre Londres e Paris, no começo do século, nota o crítico norte-americano, certamente pensando em Oscar Wilde, Whistler e Aubrey Beardsley, que Proust acabaria enveredando pelo humor inglês, coisa rara, até então, entre os romancistas franceses[6].

E comecemos por John Ruskin. Trata-se de um autor que, entre muitas outras contribuições fundamentais à obra máxima de Proust, lhe sugere seu próprio título. É de um livro de Ruskin de 1900 chamado *Praeterita – Coisas Passadas* – que Proust retira nada menos que a idéia de inscrever ou subscrever o movimento geral de seu romance sob uma busca do tempo perdido. De fato, em francês e por extenso, o enunciado "em busca do tempo perdido" ecoa esse neutro latino ruskiniano que alude a coisas que ficaram para trás, e são, por

---

3. BTP, I, p. 12.
4. JS, p. 408.
5. BTP, II, p. 1022. Volto a isso no terceiro capítulo.
6. Edmund Wilson, Marcel Proust, *O Castelo de Axel*, p. 151.

isso mesmo, belas. Até porque, ao dar início a BTP, Proust vinha de traduzir Ruskin.

Além disso, Ruskin foi um grande estudioso das catedrais góticas e, embora o tema estivesse em voga nos salões e em pauta no debate político francês, quando Proust começa a se interessar seriamente por artes, à época da votação das Leis Combes, que introduziram o princípio da separação entre o Estado e a Igreja franceses[7], foi ele quem o iniciou, seriamente, no assunto. Foi também ele quem lhe acenou com a figura do pintor Whistler, sempre citado em BTP como uma referência em matéria de gosto – "é belo como um Whistler ou um Velázquez", diz Saint-Loup[8] – e incorporado ao ideal pictórico da personagem Elstir, de tal sorte que ambos os nomes (Whistler/Elstir) se anagramatizam. Além do mais, é visivelmente a envergadura de Ruskin que está por trás da ambição que tem Swann de tornar-se um crítico de artes plásticas, o que ele não consegue completamente mas leva relativamente a cabo, dando suas aulas de pintura e seus conselhos de perito às cabeças coroadas do Faubourg de Saint-Germain e, de modo mais geral, orquestrando as discussões sobre pintura que dão ao romance proustiano seu toque *sallonier* – de "sallon", o gênero crítico antes praticado por Diderot e por Baudelaire (e depois de Proust por Francis Ponge[9]).

Fornecendo pistas para um título que é um significante poético dos mais importantes numa obra, por encabeçá-la, e para um duplo veio temático, a arquitetura e a pintura, ambos relacionados à busca de um padrão de escritura pelo Narrador, compreende-se que Ruskin seja um dos mentores de quem, em seu progressivo distanciamento de todas as influências recebidas, Proust leva mais tempo para se desiludir.

Do autor de *Praeterita*, a quem o primeiro biógrafo de Proust, o também inglês George Painter, dedica, por isso mesmo, um capítulo inteiro de seu *Marcel Proust – Les Années de jeunesse*[10], o futuro autor de BTP se faz, primeiro, um fascinado leitor, depois, um incansável divulgador, tornando-se um seu dedicado tradutor, na França. Quem consultar, na edição crítica da coleção Pléiade, a relação dos temas dos artigos de Proust escritos para jornal verá que, num determinado momento, o autor se põe a resenhar tudo do crítico inglês que se traduz até então para o francês. O interesse pelo autor de *Stones of Venice* é tal que, apesar de suas dificuldades com a língua inglesa, Proust termina por abraçar pessoalmente a tarefa de vertê-lo. Ajudado nisso por uma

---

7. Volto a isso mais adiante, ao falar do envolvimento de Proust com essas leis do Ministério Combes, contra as quais ele se posicionou tão claramente quanto se posicionou a favor de Dreyfus, nas duas grandes e únicas militâncias políticas de sua vida.

8. BTP, I, p. 754.

9. Cujo livro *Lyres* (1961), entre nós nunca traduzido, nada mais é que uma reunião de ensaios sobre artes plásticas, ironicamente chamados de "liras".

10. George Painter, Le salut par Ruskin, *Marcel Proust – Les Années de jeunesse* I, p. 323-359.

amiga norte-americana, Mary Nordingler, e por sua mãe, dá conta assim, em dois anos, de dois volumes, ambos cuidadosamente anotados e prefaciados: *La Bible d'Amiens*, em 1904, e *Sésame et les lys*, em 1906. Sob o título *Les Hautes et fines enclaves du passé*, a apresentação que escreveu para esta última obra entraria para a história da literatura universal como um dos mais belos elogios da leitura já feitos[11].

Esse é um treino que deixa marcas, de forma e conteúdo. E não são só as igrejas medievais, o grande tema e a grande especialidade de Ruskin, que reencontramos nos escritos de seu jovem estudioso tradutor. Mais profundamente, a própria sintaxe de Proust sai transformada dessas leituras. Para melhor se apossar do estilo de Ruskin, Proust põe-se a imitar, propositadamente, as orações espiraladas do mestre, quase tão intrincadas quanto as suas próprias. De fato, há pastiches de Ruskin feitos por Proust. Embora eles não figurem na série mais conhecida dos *Pastiches*, em que só entram autores franceses, encontramos numa segunda leva de exercícios de estilo desse gênero entre "agressivo" e "purificador", como bem viu Painter[12], que se sucedem a uma primeira coletânea editada pela Gallimard. Houve um momento na vida de Proust, nota Painter, com agudez, aludindo a essas imitações, em que ele esteve de tal modo preso à influência do mestre, de tal modo amorosamente confundido com ele, que preferia pensar que não era ele, Proust, quem escrevia como Ruskin, mas era Ruskin quem escrevia como ele[13].

Não haveria, portanto, como tratar da genial desorganização do romance empreendida por Proust, desde a entrada em redação de BTP, sem recorrer ao impacto, de forma e fundo, da prosa de Ruskin, feita para rivalizar com a dos estilistas que estão na chave de Bergotte, muitos deles também amantes do gótico, como Barrès e Loti, mas sem a mesma envergadura de filósofo e, principalmente, sem o mesmo fraseado. Estilisticamente, podemos dizer, hoje, que Ruskin rivaliza com o poeta Paul Claudel (a quem voltaremos) na disputa da posição de iniciador de Proust às frases longuíssimas, o que não é pouco.

Mas se Ruskin é um dos caminhos que não podemos deixar de trilhar, se quisermos fazer o retrospecto do romance proustiano, abre-se aqui espaço para uma outra *via regia* não francesa que também nos leva, num outro sentido, aos seus segredos de bastidor. São também estrangeiros de língua inglesa os pesquisadores que levaram a peito estabelecer estes pilares dos estudos proustianos que são a biografia

---

11. O texto desse prefácio existe em separata e ganha no Brasil uma versão de poeta: *Sobre a Leitura*, tradução de Carlos Vogt, Campinas: Pontes, 1989.

12. Há um capítulo inteiro sobre o assunto, precisamente intitulado La purification par la parodie, em G. Painter, op. cit., II, p. 123-150.

13. Idem, ibidem.

e a correspondência do escritor, obras de referência sem as quais se perde de vista um dos aspectos mais interessantes de BTP, junto com sua discussão das artes: seu caráter de autobiografia imaginária. De fato, nada poderíamos saber desta façanha de Proust que é recontar sua vida, em termos milimetricamente exatos, no modo romanesco, não fossem as milhares de cartas que estão hoje cuidadosamente organizadas para a nossa pesquisa e um pioneiro relato biográfico, que reconstitui religiosamente todas as experiências levadas para o romance, revelando que a memória afetiva proustiana é, na verdade, um imaginário da memória, e que tudo que Proust nos conta foi, sim, vivido, mas nada deixa de ser ficção.

Não deixa de ser surpreendente que a primeira biografia de Proust, e até pouco tempo atrás, a única, tenha sido elaborada por outro inglês, por assim dizer, longe do local dos fatos. Realizada entre os anos de 1950 e 1960, ela foi redigida por um professor de Cambridge, George Painter. Originalmente publicada em Londres, em dois tomos, que separam os anos de juventude e os de maturidade, em 1959 e 1965, respectivamente, esse trabalho notável, que aproveita alguns esboços biográficos traçados, antes, à guisa de comentário crítico, por André Maurois, François Mauriac e Léon-Pierre Quint[14] (este último citado por Walter Benjamin em seu ensaio sobre Proust), já estava traduzido para o francês, um ano depois da saída do segundo volume, em Londres, em 1966. O texto demoraria quarenta anos para ser vertido para o português, em 1990[15].

Trata-se de um precioso material de apoio, a que têm feito apelo gerações de proustianos, cuja pesquisa levou o autor a instalar-se, demoradamente, na França, nos pontos mesmos a que se referem os *côtés*: a Paris rica da margem direita do Sena, que é a região do Champs-Elysées, onde o Narrador brinca com Gilberte, a Normandia dos balneários chiques do início do século XX, onde fica Cabourg, que em BTP é Balbec, e a região da Beauce francesa, onde se erguia a cidadezinha de Illiers, no centenário de Proust rebatizada Illiers-Combray. Muita informação pôde ser levantada, desse modo, principalmente em Paris, junto a testemunhas oculares da vida de Proust, que ainda viviam nos anos de 1950. O saldo desse trabalho torna-se ainda mais precioso quando Painter abre mão de qualquer pretensão à objetividade e toma o partido de Proust contra o método de Sainte-Beuve, e a favor da autonomia da literatura, defendendo o interesse da própria obra proustiana para a compreensão dos fatos biográficos e não o contrário. Graças a essa tomada de distância crítica, ele desempenha-se com a consumada arte da *mise-en-scène* tão cara aos

---

14. Todos constantes do repertório bibliográfico em apêndice a este livro.
15. G. Painter, *Marcel Proust:* uma biografia.

ingleses, escreveu, no prefácio da tradução francesa da biografia de Painter, Georges Cattaui[16].

A esse levantamento pioneiro somam-se, hoje, uma segunda biografia francesa, assinada por Jean-Yves Tadié[17], professor na Sorbonne e estudioso da obra proustiana, que responde por vários livros sobre BTP e por uma nova edição crítica Gallimard-Pléiade dos antigos sete tomos do romance, em quatro volumes, lançada em 1987, o ano da queda em domínio público da obra, que revê e amplia, consideravelmente, o texto estabelecido, em 1954, em 3 volumes, pela dupla Pierre Clarac e André Ferré; e uma terceira elaborada por um outro estrangeiro, o norte-americano William Carter – quando se pensava que o trabalho estava encerrado –, que é a mais extensa de todas[18].

Já o estabelecimento da correspondência completa de Proust é o resultado do trabalho do também norte-americano Philip Kolb, que, pela primeira vez, reuniu uma parte do imenso material epistolar de Proust, para um doutorado, em Harvard, nos anos de 1950. A tese saída desse fundo é publicada e premiada na França, nesse mesmo decênio, com o título *Chronologie et commentaire critique de la correspondance de Marcel Proust*. Esse seria o embrião de uma edição crítica, em 21 volumes, cronologicamente ordenados, que é datada, classificada e fartamente anotada pelo autor, sendo publicada na França, entre 1976 e 1993[19]. Os proustianos a tomam, com razão, como uma outra biografia.

AS GLÓRIAS NACIONAIS

Todo esse envolvimento de Proust com o mundo estrangeiro (e do mundo estrangeiro com Proust) não impede que suas primeiras e mais fortes impressões poéticas lhe venham de um certo panteão de escritores franceses de diferentes épocas e de diferentes níveis de grandeza, de que ele recebe a maior parte das lições de estilo que teria de ultrapassar para escrever em estilo próprio. Desse repertório de autores fazem parte algumas celebridades da época de sua primeira juventude, cujos atributos se mesclam e se concentram na personagem de Bergotte, o escritor-emblema de BTP. Entre grandes clássicos e valores que acabariam se revelando datados, ainda em vida de Proust, há muitos nomes a reter. Este trabalho limita-se, prudentemente, ao de alguns notáveis.

---

16. Georges Cattaui, Marcel Proust vu par George Painter, G. Painter, op. cit., I, p. 12.
17. Jean-Yves Tadié, *Marcel Proust*.
18. William Carter, *Marcel Proust*.
19. Philip Kolb, *La Correspondence de Marcel Proust (1880-1922)*.

Dentre os mestres franceses do passado, Proust está particularmente envolvido com Madame de Sévigné, Saint-Simon, Balzac, Gérard de Nerval, Flaubert e Baudelaire, os dois primeiros indicados, nas derradeiras páginas de BTP, como guias do futuro livro que o Narrador escreveria, os quatro últimos, objetos dos belos e competentes ensaios de CSB, volume pré-BTP que nada mais é que um ensaio crítico. Dessas influências, a mais importante, quando se quer tratar do Proust cômico, nos parece ser a de Baudelaire. Sem endossar completamente a tese de Gaetan Picon, que viu na revolução do romance proustiano uma experiência poética evocada em contexto romanesco, e filiou essa poética à baudelairiana[20], jogamos com a hipótese de que é o Baudelaire prosador, que defende as narrativas inverossimilhantes, no século do realismo, definindo-as como a manifestação de um "cômico absoluto", que está por trás das liberdades formais que Proust se permite tomar como *novo romancista* que termina por ser. No nosso sentido, é Baudelaire quem faz a ponte entre o Proust leitor dos clássicos e o Proust ganho para "esta coisa que acontece entre 1860 e 1900 no universo francês chamada simbolismo", para lembrar as palavras de Paul Valéry a respeito do movimento que é a primeira vanguarda da história da literatura francesa e a plataforma de autores que mais mobiliza no criador de BTP, o que poderíamos chamar de "angústia da influência", dado o caráter dramático de sua iniciação[21].

De fato, se coubesse em alguma escola literária, Proust seria daquela que também está por trás do grupo da Gallimard: a escola dos grandes simbolistas. Não se está falando do movimento estético deflagrado com o manifesto de Jean Moréas (publicado em 1886, aos 15 anos de Proust, no *Le Figaro*), nem do grupo constituído por Moréas, Édouard Dujardin e Huysmans, principalmente, mas da revolta representada pelos escritores que Verlaine chamou de "malditos". Foi pensando neles que Edmund Wilson escreveu em *O Castelo de Axel* que o romance proustiano é uma culminância do simbolismo[22]. Quando diz que Proust carrega Baudelaire nas costas, Antoine Compagnon está assinalando, em sentido mais amplo, essa mesma linha de tradição.

Embora, quando muito jovem, Proust fosse particularmente vulnerável ao prestígio dos romancistas de salão que lhe inspiraram Bergotte, o simbolismo francês constitui-se numa família de espíritos à qual ele se sente pertencente, podemos pensar, já que a cumplicidade com tal espírito aparece em todas as fases de sua obra, mesmo a juvenil. É na *Revue Blanche*, uma publicação de clara reverência simbolista, de que Mallarmé, Verlaine, Pierre Louÿs e o jovem André

---

20. Gaetan Picon, Proust, aujourd'hui, *Lecture de Proust*, p. 174-175.
21. Paul Valéry, Existência do Simbolismo, *Variedades*, p. 64.
22. E. Wilson, O Simbolismo, op. cit., p. 27-38.

Gide eram colaboradores assíduos, que Proust publica seus primeiros escritos, com vinte anos, em 1891[23]. Por outro lado, apesar de obra menor, ainda caudatária dos salões, seu livro de estréia – *Os Prazeres e os Dias* – é uma miscelânea que, no fundo, entra na linha de tradição das *Proses diverses* (Prosas Diversas) de Mallarmé, cujo modelo são os poemas em prosa do *Spleen de Paris* de Baudelaire. Mas passa também pelo círculo de influência dos simbolistas o caminho para chegar ao barão de Charlus, a personagem que surte o mais poderoso dos retratos de BTP, sendo talvez a única com aquelas "proporções heróicas" ou aquela "terceira dimensão que garante a autonomia dos grandes heróis romanescos", como já se notou[24].

Em BTP, Charlus faz um *decadente*, como se diz dos simbolistas, inclusive daqueles menores reunidos em torno de Moréas. Embora tenha traços de Vautrin, principalmente a homossexualidade, e desse modo acuse a presença de Balzac, e pelo senso da pompa refaça personagens de Oscar Wilde, como a de *O Retrato de Dorian Gray*, senão o próprio Oscar Wilde, que é freqüentador dos mesmos salões de Proust[25], sua melhor chave é o dândi e poeta Robert de Montesquiou-Fezensac, uma figura extraordinária da *belle époque* parisiense, de "excentricidade e insolência legendárias", no dizer de Roland Barthes[26]. Proust, que por algum tempo esteve bastante próximo deste homossexual espetacular, com quem deve ter-se envolvido sentimentalmente, o chama de "o mais refinado dos sensitivos", notando o caráter "factício", isto é, artístico de sua própria maneira de viver, longe da vulgaridade do homem burguês, e dizendo-nos, ainda, que ele é o tipo do artista que "não recua diante do riso"[27].

Trata-se de um conde francês da mesma antigüidade feudal dos Guermantes, cujos modos já haviam impressionado o escritor flamengo de expressão francesa Joris-Karl Huysmans (1848-1907), que tira dele o igualmente exótico duque Jean Floresses des Esseintes, mais conhecido como Des Esseintes, de seu *À Rebours* (1884), romance que funciona como um outro manifesto dos decadentistas. Como assinala Antoine Compagnon, não se sabe ao certo se Proust leu *Às Avessas*[28]. Mas a estranhíssima personagem do romance o marca tanto quanto a todos os literatos de sua geração. Por trás dela, está Montesquiou.

---

23. Cf. G. Painter, I, op. cit., p. 189.
24. E. Wilson, op. cit., p. 152; G. Picon, op. cit., p. 173.
25. Cf. G. Painter, I, op. cit., p. 226.
26. Roland Barthes, Proust et la photographie – Examen d'un fonds d'archives photographiques mal connus, *La Préparation du roman*, p. 441.
27. Marcel Proust, Robert de Montesquiou – Le Souverain des choses transitoires, *Essais et articles*, *Contre Sainte-Beuve précédé de Pastiches et mélanges et suivi de Essais et articles*, p. 405 e 412.
28. Antoine Compagnon, *Proust entre deux siècles,* p. 109.

Atento aos franceses, Sérgio Buarque de Holanda nos dá, num de seus rodapés críticos, a medida da importância desse velho companheiro de Proust, envolvido com o que chamaríamos hoje de uma rede de relações "intertextuais". Num necrológio do conde, morto um ano antes de Proust, em 1921, nota o autor de *O Espírito e a Letra* a "grande influência exercida pela personagem de Huysmans sobre todo o *fin-de-siècle*" e acrescenta: "Poderia orgulhar-se Montesquiou de ter sido a origem de uma interessante série de personagens de romance. Mais notável ainda é que ele inspira uma personagem de romance – Des Esseintes – que, por seu turno, se torna uma personagem de romance". Ele explica esse encadeamento que chamaríamos também de borgiano: "Oscar Wilde disse sempre que possuía a loucura de Des Esseintes e que o seu Dorian Gray era em grande parte inspirado na figura simpática do herói de *À Rebours*"[29]. Curiosamente, Sérgio não menciona em seu artigo os dois mais importantes desdobramentos ficcionais do romance de Huysmans, levando-se em conta os artistas e obras de primeiro plano que envolve: o Charlus de Proust e a "Prose pour des Esseintes" de Mallarmé[30]. Mas André Breton arrebanha tudo isso quando põe Huysmans na galeria de malditos da *Antologia do Humor Negro*, chamando a atenção para o seu "riso espasmódico"[31].

Todos os biógrafos de Proust atentaram para a passagem desse furacão, que está para Charlus como Oscar Wilde está para o Ménalque de *Os Frutos da Terra* de André Gide (enviezando a corrente), pela vida do escritor quando jovem[32]. Com ele vem o culto das sensações e das sensibilidades doentias (e em matéria de doença, não raro, sádicas[33]), que transforma a literatura num refúgio das inteligências exacerbadas e das missas negras baudelairianas. Mesmo vivendo sob a influência de gente como Anatole France, abertamente contrário às obscuridades mallarmeanas, e Paul Bourget, que vê em Baudelaire "o auge da decadência" e, no limite, o responsável pelas heresias de Mallarmé, Proust não se impede de receber toda essa insuflação[34]. Foi nesse sentido que Ruy Coelho notou que nem mesmo a ambição

---

29. Sérgio Buarque de Holanda, Robert de Montesquiou, *O Espírito e a Letra*, II, v. II p.135.

30. O poema está na seção Poésie das *Oeuvres complètes*, de Mallarmé, na coleção Gallimard-Pléiade, p. 55.

31. A. Breton, Joris-Karl Huysmans, *Anthologie de l'humour noir*.

32. Há incontáveis menções às relações entre Montesquiou e Huysmans em George Painter e em Jean-Yves Tadié. Cf. G. Painter, I, p. 148, 176, 181; G. Painter, II, p. 345; e o capítulo La rencontre de Robert de Montesquiou em J-Y. Tadié, op. cit., p. 197.

33. A "depravação" é a conseqüência da vida factícia, nota Proust, a respeito. Cf. M. Proust, Robert de Montesquiou, op. cit., p. 406.

34. Sobre o que Anatole France pensa de Mallarmé, cf. J-Y. Tadié, Une préface, op. cit., p. 304 e 333. Sobre o que Bourget pensa de Baudelaire, cf. o capítulo Charles Baudelaire de seu *Essais de psychologie contemporaine*, Paris: Lemerre, 1883, p. 3-32.

de escrever um romance estruturado como uma catedral, vale dizer, organizado, construído, não-deliqüescente, o salva de ser o "cronista da decadência"³⁵.

Mas testemunho mais importante, porque mais intrínseco, mais demonstrativo do fervor simbolista de Proust, nos é trazido pelos primeiros rabiscos poéticos do Narrador de BTP, já que eles envolvem o poema em prosa.

De fato, como exercícios literários de um principiante posto em admiração diante de Bergotte e seus pares, esses prototextos poderiam ter sido escritos em qualquer um dos gêneros praticados por essa mais próxima sociedade de poetas, menos neste gênero por toda ela detestado: o poema em prosa. Mas o que descobrimos lendo RF é que o pequeno fragmento que o Narrador resolve mostrar ao Sr. de Norpois, com o coração na mão, é justamente um exemplar do gênero! Diretamente saído, portanto, do laboratório simbolista, onde *Um Lance de Dados* e *Uma Estação no Inferno* são outros tantos desenvolvimentos do projeto baudelairiano de alcançar o "milagre" de uma "prosa poética, musical sem ritmo e sem rima"³⁶. Entende-se assim que o texto do Narrador não passe pelo crivo de Norpois, que também é avesso a essas brincadeiras e cuja apreciação acaba sendo francamente negativa, já que ele devolve tal lição de casa sem dizer palavra. Trata-se de reação tão mais negativa quanto o embaixador é em BTP, juntamente com a Mãe e a Avó proustianas, um genuíno representante do bom gosto clássico, e isso significa valorizar a forma fixa e aborrecer toda e qualquer confusão genérica.

É com angústia que o Narrador apresenta a Norpois a nem tão singela composição, já que se inscreve de forma tão ousada. Retomemos as suas recordações, no ponto em que tenta nos explicar que o inspirador de seu poema era ninguém menos que Bergotte (o que fica difícil de entender), trata de incorporar a crítica muda de Norpois, convencendo-se, mais uma vez, de que nunca seria um escritor, e menciona, de passagem, o gênero tão moderno quanto problemático de sua composição:

outrora em Combray, certas impressões muito humildes, ou uma leitura de Bergotte, me haviam posto num estado de devaneio que me tinha parecido de grande valor. Esse estado, meu *poema em prosa* o refletia. Nenhuma dúvida de que o Sr. de Norpois per-

---

35. Ruy Coelho, *Proust – Introdução ao Método Crítico*, p. 21.
36. Charles Baudelaire, dedicatória, À Arsène Houssaye, *Le Spleen de Paris – Petits poèmes en prose*, *Poésie*, p. 274. A notar que a notícia sobre *Un coup de dés jamais n'abolira le hasard* na edição Gallimard-Pléiade, onde entra na seção das prosas mallarmeanas, o dá como "a última obra em prosa" de Mallarmé. Esta última das obras de Stéphane Mallarmé e, seguramente, uma de suas mais singulares, foi inicialmente publicada no número de maio de 1897 da revista internacional *Cosmópolis*. Ela só foi publicada em separado, muito depois da morte de seu autor, em 1914, nas edições da *Nouvelle Revue Française*. Cf. Stéphane Mallarmé, Notes et variantes, *Oeuvres complètes*, p. 1581.

cebia a miragem totalmente enganadora que era a minha [...] já que ele estava longe de ser bobo [*dupe*][37].

Se esse já é um mau começo de carreira, é de se imaginar a evolução catastrófica dos acontecimentos para o Narrador, mundo elegante afora, quando se sabe que com o poema em prosa vem uma certa temática também prosaica – o vendedor de alho e cebola, a mulher do operário, o vidraceiro, os médicos, os editores, as oferendas de fim de ano, os bombons, os *fruits glacês*, eis os objetos dessublimados que encontramos em álbuns mallarmeanos como *Chansons bas* e *Oeufs de Pâques* (sem tradução brasileira) –, que é feita para complicar ainda mais a sua situação de candidato a escritor. Eles não impedem a bravura de continuar. Pois é esse mesmo *Parnaso Contemporâneo* – para citar outro título de Mallarmé – que atrapalha os passos do escritor proustiano, lá atrás, no ponto de partida, que reencontramos, lá na frente, no ponto de chegada, no relato pelo mesmo Narrador de cenas domésticas antes impossíveis para a literatura francesa. Cite-se, entre elas, aquelas de PR sobre as manhãs da época em que funcionavam ainda os amores com Albertine, a quem faz pano de fundo musical o coro dos verdureiros que apregoam suas hortaliças debaixo da janela do Narrador. São cantilenas que lembram as "Chansons bas" de Mallarmé: "Olha a hortaliça, olha a hortaliça/Alcachofras tenras, bonitas/Alca...chofras"[38].

Diz o *Dictionnaire Marcel Proust* que "se dermos à palavra simbolismo o sentido amplo de busca de uma unidade profunda do mundo, BTP é uma obra simbolista"[39]. Sendo assim, pois, e ainda que confusamente, um adepto da escola para a qual "a destruição foi [uma] Beatriz", entende-se que, no início do decênio de 1910, Proust vá buscar o aval dos autores da Gallimard, reunidos em torno de André Gide, para o primeiro volume de sua obra, *Du côté de chez Swann*, assim como fora a Anatole France na época de PD. Trata-se de um círculo de escritores de inflexão mallarmeana, com tudo que isso comporta de presuposição do *hasard* e, nesse sentido, de imputação de uma virtude cósmica à experiência literária e de pretensão à linguagem *pura*, valores aqui transferidos para o âmbito do romance.

Incluindo o cenáculo de Gide, os principais autores com que Proust dialoga, antes e depois de fechar-se no quarto de apartamento que Cabrera Infante chamou lindamente de seu "exílio de cortiça"[40], são aqui enfocados. Começamos por aqueles de que o escritor trata em seu livro de estréia, PD, preparado no decênio de 1890 e publicado

---

37. BTP, I, p. 475.
38. BTP, III, 118.
39. P. L. Rey, Symbolisme, em Annick Bavillaguet e Brian Rogers (orgs.), *Dictionnaire Marcel Proust*, p. 984.
40. Guillermo Cabrera Infante, *Mea Cuba*, tradução de Josely Vianna Baptista, São Paulo: Companhia das Letras, 1996, p. 470.

em 1896, onde já ousa notar, desafiadoramente, que "todo mundo escreve mal". Ele continuaria pensando assim quatorze anos mais tarde, já que, em 1920, o vemos dizer, num prefácio ao livro *Tendres stocks*, de Paul Morand, que "escreve-se mal desde o final do século XVIII" e "não se sabe mais escrever desde o final do século XVIII"[41].

Em seguida, enfrentamos os escritores contemporâneos a que se referem os *Pastiches* (que, no entanto, não se referem só aos contemporâneos). Se bem que artífice, desde cedo, do poema em prosa – vejam-se, para além do fragmento de texto oferecido a Norpois as composições que entram no final de PD, como outros exemplares do poema em prosa, cujos títulos – "Vento do Mar no Campo", "O Mar", "Velas no Porto" – emulam, aliás, os de *O Spleen de Paris*, Proust foi também, de saída, um insistente praticante do "pastiche", gênero originalmente pictórico, cujo nome italiano (*pasticcio*) introduz-se no vocabulário crítico francês ao longo do século XIX, e de que já faz uso o Baudelaire dos *Salons*. Assim, entre 1900 e 1908, ele produz para o jornal *Le Figaro* toda uma quantidade dessas caricaturas, que a editora Gallimard publicaria, oportunamente. Os estilos aí imitados podem nos ajudar a traçar uma parte da rota que leva da *juvenilia*, já provocadora, até a obra-prima final, perturbadora.

Cuidamos, a seguir, dos escritores mais reconhecidos como os inspiradores de Bergotte, passando por nomes hoje esquecidos dos manuais e histórias da literatura francesa: Anatole France, Maurice Barrès, Ernest Renan, Pierre Loti. A idéia é mostrar que vale para todos esses *medalhões*, que deram, um dia, a Proust a impressão de não ser talhado para a literatura, mas que não resistiram ao tempo, como Proust resistiu, aquela confissão do Narrador, em SW, sobre a impressão que Bergotte lhe causou, um dia, e os sentimentos ambíguos que ele externa aí em relação aos que vêm imediatamente antes: "Esse nome de Bergotte me fez estremecer como o estampido de um revólver que tivessem descarregado em cima de mim"[42].

Chegamos depois em Sainte-Beuve. Proust, como se sabe, dedicou-se a escrever sobre este literato contemporâneo de Baudelaire, cuja autoridade paira sobre todo século XIX, e ainda submete os salões, antes de passar a sua última e melhor obra. É ele o assunto de *Contre Sainte-Beuve*, projeto abortado de romance em forma de ensaio em que, numa intervenção devastadora, se põe a denunciar a falta de acuidade do crítico, e a desautorizar seu método de leitura, fornecendo-nos, por essa via, e à contraluz, outras pistas a respeito do seu próprio método de trabalho. Quem leu esse texto imediatamente anterior ao romance proustiano, que, por isso mesmo, constitui-se, hoje, num documento crucial, sabe que Proust se incomoda com as

---

41. M. Proust, Préface, *Essais et articles*, *Contra Saint-Beuve*, p. 606 e 612.
42. BTP, I, p. 547.

resenhas literárias de Sainte-Beuve, porque elas são baseadas numa devassa, pretensamente objetiva, da vida dos escritores, que os faz depender inteiramente de causas externas. Ele as rebaterá mostrando que, longe de ser a continuação de sua circunstância exterior, o escritor é aquele que soube libertar-se dela, produzindo-se, como sujeito de sua própria criação, ao mesmo tempo graças e contra ela.

Ora, isso deve permitir localizar nessa obra limiar uma primeira teorização do contra-realismo que, mais tarde, se introjetaria em BTP, enlouquecendo os *côtés* e fazendo da narrativa proustiana o sofisticado abismo que é. Assim, no retrospecto que se segue, Sainte-Beuve entra na subseção dedicada à corrente realista-naturalista, ao lado dos irmãos Goncourt e de Hippolyte Taine, como um preparador do romance zolaniano. Temos aí outro *mainstream* a que Proust não se submete.

Mas antes de chegar no modelo de romance proposto, na esteira do realismo psicológico de Sainte-Beuve, por Émile Zola, fazemos uma parada nos domínios da editora Gallimard, já celeiro de mallarmeanos de primeira grandeza, como vimos, antes mesmo que Proust se tornasse "a culminância do simbolismo". Estes são, de longe, os antecessores mais brilhantes e, por isso mesmo, aqueles com quem o escritor mais vai se debater.

O que se segue é, em suma, uma tentativa de acercamento por etapas à literatura francesa da época de Proust. Um pouco à maneira de Sartre perguntando-se em *O Idiota da Família* o que se poderia saber de Flaubert no século seguinte, interrogação que é retomada por Jean-Yves Tadié na abertura de sua biografia de Proust[43], nos perguntaremos: que pode ter sido para Marcel Proust, jovem e brilhante aluno do Liceu Condorcet, que deseja introduzir-se na sociedade, sofre de asma e sonha em ser artista, começar a escrever por volta de 1890?

Mas trata-se principalmente de assinalar, em meio ao rápido desfilar dos nomes e das escolas, o quanto a obra-prima proustiana é uma espécie de soma das ilusões perdidas também no que diz respeito à literatura.

TODO MUNDO ESCREVE MAL

Os leitores de Proust sabem que foi graças à intervenção de uma de suas poderosas amigas donas de salão, Madame Strauss – o modelo da duquesa de Guermantes, embora, pelo amor sincero que devota

---

43. J-Y. Tadié, *Avant Propos*, op. cit., I, p. 7. Que se lembre aqui também o frontispício de Sartre: "*O Idiota da Família* é a continuação de *Questão de Método*, seu assunto: que se pode saber de um homem hoje? Pareceu-me que não se poderia responder a essa pergunta senão por meio de um caso concreto: que sabemos nós, por exemplo, de Flaubert?". Cf. Jean-Paul Sartre, Préface, *L'Idiot de la famille*, I, p. 7.

às artes, também tenha muito da burguesa Madame Verdurin[44] –, que o escritor conseguiu um prefácio de Anatole France para o seu livro de estréia – *Les Plaisirs et les jours* –, coletânea cujo título é uma paródia de Hesíodo – *Os Trabalhos e os Dias* –, que confirma a linha da caricatura traçada pelos pastiches. O que se sabe menos é que há nessa reunião de contos, críticas, salões, pensamentos fragmentários, poemas em prosa e até poemas tradicionais, considerados melífluos à época, e que dariam margem a um absurdo desafio de duelo com arma de fogo, lançado pelo autor ao resenhista que ousou sugerir, nas entrelinhas de um comentário de jornal, tratar-se do labor de um literato efeminado[45], uma valente série de estocadas contra boa parte dos mais respeitados nomes da literatura francesa do presente e do passado.

A melhor delas surge num pastiche de Flaubert, no capítulo intitulado "Mondanité et mélomanie de Bouvard et Pécuchet". Nesse delicioso trecho de PD, Proust inventa uma conversa entre Bouvard e Pécuchet sobre questões literárias, dizendo-nos, numa nota de rodapé, que já nos prepara para o escrutínio que está por vir, que "bem entendido, as opiniões aqui emprestadas às duas célebres personagens de Flaubert não são de modo algum as do autor"[46]. Assim, valendo-se do álibi de imitar o último e menos conhecido dos romances do criador de *Madame Bovary*, cujas insólitas personagens são dois copistas aposentados, que decidem ir morar no campo para terem tempo de ler e espaço para aplicar suas leituras, montam uma biblioteca, se desiludem das lições desencontradas das centenas de volumes que encomendaram, retornam à estaca zero, voltando a copiar e arquivar textos automaticamente, e nos deixam uma genial sátira dos livros[47],

---

44. Cf. G. Painter, I, p. 132-138.
45. Trata-se do crítico Jean Lorrain, que ataca o livro pelo *Le Journal* em 1897, nos seguintes termos: "Os Prazeres e os Dias do Sr. Marcel Proust: melancolias graves, frouxidões elegíacas, pequenos nadas de elegância e sutileza, ternuras vãs, flertes inanes, em estilo precioso e pretensioso". Cf. G. Painter, I, p. 270-275. Prática, de fato, anacrônica, à época de Proust, nem por isso o duelo estava extinto completamente na França da primeira metade do século XX. Assim, descubro na biografia de Maurice Blanchot por Christophe Bident que, em 1937, Blanchot foi testemunha no duelo de um seu amigo também judeu disposto a se bater dessa forma, Pierre Lévy. Cf. Christophe Bident, *Maurice Blanchot, partenaire invisible*, nota 1, p. 78.
46. PD, p. 57.
47. Há dois resumos desse romance de Flaubert que vale a pena assinalar, porque também o seu conteúdo explosivo interessa a Proust. No primeiro dos três tomos de *O Idiota da Família*, Sartre escreve que se trata para Flaubert de perseguir a ciência com todo o seu sarcasmo, até vê-la desmoronar sob o peso de suas contradições. Cf. J-P Sartre, op. cit., I, p. 164. Por sua vez, numa entrevista dada a Maurice Nadeau, Barthes faz ilações entre as desventuras da dupla e a literatura moderna: "Um dos romances mais vertiginosos da história da literatura francesa, porque condensa, verdadeiramente, todas as problemáticas, é *Bouvard et Pécuchet* de Flaubert, que é um romance da cópia, e o emblema mesmo da cópia está dado no romance, pois Bouvard e Pécuchet são co-

ele se lança, desde logo, em seu pequeno álbum de variedades, num franco debate poético que se reveste do aspecto, neste caso salutar, do acerto de contas. Essa pérola da primeira safra de textos proustianos vai tão longe na crítica impiedosa *à la* Flaubert que, em seu estudo sobre os palimpsestos literários, Gérard Genette prefere vê-la não como um pastiche mas como um capítulo inédito e apócrifo da mais vertiginosa obra de Flaubert[48].

Quase ninguém é poupado nas páginas desse "Flaubert apócrifo", em que Bouvard e Pécuchet renascem para proclamar a mediocridade do mundo literário à sua volta, trinta anos depois. "A raridade de um talento completo os desolava", escreve Proust, sem piedade. E embora, em seu prefácio ao livro, Anatole France só tenha olhos para as elegâncias e os charmes sutis do jovem debutante que paraninfa, preferindo vê-lo como um cultor de camafeus, que não oferece perigo nenhum, Proust cita nomes, contundentemente, nessa sua diatribe, e o faz nas barbas dos interessados. O próprio Anatole France está na lista dos contemplados.

Por ordem de entrada em cena, são assim "denegridos" (a palavra é do próprio Proust): Leconte de Lisle, tido por "impassível demais"; Verlaine, tido por "sensível demais"; Pierre Loti, de quem "a lira só tem uma corda, que produz sempre o mesmo som"; André Laurie, que, nos levando cada hora para um lugar, "confunde a literatura com a geografia"; Henri de Régnier, tido como "um mistificador" (*fumiste*) ou "um louco"; Mallarmé, "que enlouquece cada vez que começa a escrever"; Maurice Maeterlink, com sua "sintaxe miserável"; Jules Lemaître, "às vezes pedante, às vezes burguês"; Anatole France que "escreve bem mas pensa mal"; e Paul Bourget, que, ao contrário, "é profundo mas dono de uma forma aflitiva".

A alusão à obscuridade de Mallarmé referenda a posição dos salões, que não deixam de exercer pressão sobre Proust. Mas se ele peca aí por seguir a grei (a menos que esteja ironizando os adversários do poeta), o fato é que, como em Flaubert, mestre do discurso ambivalente, não sabemos ao certo onde acaba a brincadeira e onde começa o jogo sério, e o mais provável é que, resguardado pelo humor, o que Proust faz é dizer exatamente o que está pensando. Se levarmos em conta que, quando tudo isso vem a público, muitos dos autores visa-

---

pistas, que no fim do romance voltam à cópia [...] e todo o romance é uma espécie de carrossel de linguagens imitadas. É a vertigem mesma da cópia, porque as linguagens se imitam sempre umas às outras, e não há um fundo da linguagem, um fundo original e espontâneo da linguagem, o homem é perpetuamente atravessado por códigos cujo fundo nunca atinge. A literatura é um pouco essa experiência". Cf. R. Barthes, "Où, /ou va la littérature?", entrevista dada a Maurice Nadeau, em março de 1974, para uma emissão radiofônica da France Culture, hoje inserida em *Oeuvres complètes*, III, p. 1974-1980.

48. Gérard Genette, *Palimpsestes – La Littérature au second dégré*, p. 115.

dos vivem ainda, e freqüentam o "mundo" em que ele próprio quer fazer carreira, tudo isso é de uma enorme coragem.

No total, são dez pequenas ocorrências de crítica envenenada, arrematadas por uma conclusão desabusada: "Em resumo, todo mundo escreve mal". Os motivos podem ser os mais diversos: Bouvard põe a culpa "na busca excessiva de originalidade", Pécuchet, na "decadência dos costumes". Mas ambos têm noção da confusão em que se meteram, assim, a passagem termina com um conselho cruel de Bouvard: "Nossa originalidade ainda vai nos trazer problemas. Tratemos de dissimulá-la. Podemos não falar de literatura". Note-se que se pusermos a palavra "judeus" no lugar da palavra "literatura", a frase "podemos não falar de literatura" é praticamente uma frase de Swann (a que voltaremos): "podemos não falar de judeus". Essa omissão calculada não deixa de lembrar o silêncio estratégico em que se fechariam algumas personagens de BTP, por temer que sua "originalidade" também lhes trouxesse problemas, no auge da crise desencadeada pelo Caso Dreyfus.

Mas se a obra *princeps* de Proust já se revela aqui paródica, com o tempo, essa irreverência tende a se tornar sistemática. É quando ele se põe a imitar todo mundo.

A paródia representa um meio de desvendamento da inconsistência do que é parodiado, escreveu Vladimir Propp em *Comicidade e Riso*. Seu aparecimento em literatura, nos diz ele, demonstra que a corrente literária parodiada começa a ser superada[49]. A paródia como prática sistemática, que põe em risco um passado sentido como superado, entra na literatura de Proust a partir de 1900 e estende-se até 1908. Podemos pensar, conhecendo seus escritores preferidos e os amorosamente odiados, e dada ainda a forçada ascendência dos simbolistas, que essa é uma irreverência autorizada pelo *Álbum Zútico* de Rimbaud[50], cuja matriz devem ser os *Contos Droláticos* de Balzac, e

---

49. Vladimir Propp, A Paródia, *Comicidade e Riso*, p. 86.

50. Ninguém melhor que Ivo Barroso, o excelente tradutor e apresentador das obras completas de Rimbaud para a nossa língua, para definir essa parte praticamente desconhecida e por muito tempo clandestina dela: "Ignorado durante muitos anos, o *Álbum Zútico* teve sua existência revelada em 1936 [...]. Poucos eruditos tiveram acesso a ele, até que em 1942 Pascal Pia publicou em *L'Arbalète*, de Lyon, seis peças de Rimbaud extraídas do álbum, e posteriormente, em 1962, uma edição completa do mesmo, em dois volumes. [...] São em geral paródias de poetas ou rimadores notórios, como Bainville, Coppée, Léon Dierx. Os colaboradores glosavam (e gozavam) principalmente os Parnasianos, mas a brincadeira se estendia aos próprios participantes do grupo, como se pode ver da paródia que Rimbaud faz das *Festas Galantes* de Verlaine. Os versos eram escritos à mão nas folhas do álbum, que continha igualmente desenhos e caricaturas, e eram assinados com o nome do poeta pastichado, seguido das iniciais do verdadeiro autor. Daí sabermos com segurança quais as peças devidas a Rimbaud. 'Zut' é uma exclamação onomatopéica francesa denotativa de descontentamento, impaciência [...] que, embora existente na língua até hoje, era popularíssima à época de Rimbaud, equivalente talvez

pelas *Sotias* de André Gide (de que nos ocupamos mais adiante). Mas esse tipo de imitação, que os românticos não negligenciaram, como sabem os leitores de Prosper Mérimée, tinha à época de Proust seus cultores. No final do século XIX, Jules Lemaître é um deles, Pierre Louÿs, o criador de *Les Chansons de Bilitis*, obra que se apresenta, numa trapaça memorável, como tradução dos versos de uma inexistente poeta grega do século VI, é outro. No início do século XX, uma dupla hoje esquecida, formada por Paul Reboux e Charles Muller, a praticava, sem investi-la de nenhuma missão de superação dos modelos imitados e sem querer acusar nenhuma literatura em crise. Mas Proust é dono de um "talento mimético excepcional", como disse Gérard Genette[51] e, mais do qualquer outro, está em busca de uma dicção própria, assim, ninguém se desempenha como ele. Entre 1900 e 1909, ele realiza, de modo sistemático, várias séries de pastiches. São esses que a editora Gallimard recolhe, parcialmente, em 1919, num volume que entraria, mais tarde, na edição Pléiade das obras completas, sob a rubrica *Pastiches et mélanges* (título do próprio Proust, nos informa Tadié[52]).

Agindo como quem sabe que a imitação purifica, mas também como quem entendeu a defesa baudelairiana da caricatura como um penhor da modernidade[53], ele jamais abandonaria essa prática pedagógica, que contesta, ao mesmo tempo, o modelo e a cópia do modelo. De tal sorte que, mesmo depois da fase de produção intensiva, encontramos ainda outras seções de pastiches nas gavetas do escritor, em sua correspondência e – de modo mais perturbador – no último ciclo de BTP, onde ocorre ao Narrador, como veremos mais adiante, retomar a narração da história dos Verdurin no estilo do *Journal* dos Goncourt[54].

---

ao nosso 'pô'". Cf. Arthur Rimbaud, *Poesia Completa*, tradução de Ivo Barroso, Rio de Janeiro: Top Books, 1995, p. 364-365. Vale notar, em acréscimo a essas preciosas notas do tradutor brasileiro, que o próprio Proust faz uso da expressão *zut*, em BTP. Ela é empregada num daqueles momentos de insatisfação do Narrador consigo mesmo, quando ele se põe a repeti-la, nervosamente, porque não consegue descrever o efeito do sol sobre as telhas molhadas pela chuva de uma palhoça com que se deparou em Montjouvain: "O telhado dava ao charco, que com o sol se tornara de novo espelhante, umas róseas marmorizações que eu nunca notara anteriormente. E vendo sobre as águas e na superfície da parede um pálido sorriso responder ao sorriso do céu, exclamei: '*Zut, zut, zut*'. Mas ao mesmo tempo senti que era meu dever não me contentar com essas palavras opacas e tratar de ver mais claro em meu encantamento". Cf. BTP, I, p. 155. Mário Quintana traduz por "Vamos! Vamos! Vamos!" e Fernando Py por "Oba! Oba! Oba!", numa tentativa menos feliz, que falseia completamente o sentido de Proust. Cf. *No Caminho de Swann*, p. 153 e 133 das edições Globo e Ediouro, respectivamente.

51. G. Genette, op. cit., Seção XXVII, p. 180.
52. J-Y. Tadié, Éditions éditeurs, op. cit., p. 806.
53. No ensaio aqui já referido.
54. BTP, III, p. 709-717.

No entanto, a leva mais abundante de pastiches proustianos – e a mais relevante, nos parece, porque ela é imediatamente anterior à entrada em redação de BTP – é essa do decênio de 1910. Trata-se de um conjunto de nove peças, destinadas, originalmente, ao jornal *Le Figaro*, que se revestem, para os estudiosos, da suprema importância de revelar com quem Proust estava medindo forças durante esses anos que antecedem a primeira publicação de SW.

Quem são os autores *pastichados*?

Na educação ou deseducação literária que esses exercícios de estilo representam, os alvos de devoração são, por ordem de intervenção: Balzac, Flaubert, Henri de Régnier, os irmãos Goncourt, Michelet, Émile Faguet, Ernest Renan e Saint-Simon. Propostos numa certa desordem cronológica, são oito estilos bem diversos entre si, e como se vê, nem sempre romanescos, o que não deixa de nos remeter à problematização dos gêneros em BTP.

Temos aí, de um lado, alguns monstros sagrados do panteão francês: Saint-Simon, Balzac, Michelet, os Goncourt, Flaubert. Com estes, podemos pensar que Proust disputa um lugar na grande história da literatura francesa, querendo ser, como eles, o "primeiro escritor da época", para lembrar aqui esse seu voto desmedido, que fazemos figurar em epígrafe a este volume, pelo que tem de ousado e de premonitório[55]. De outro lado, temos figuras mais contemporâneas, com as quais Proust quer disputar um lugar ao sol na atualidade.

Trata-se de uma amostragem de faturas que fala, por si só, do tamanho da *recherche* que essas simulações põem em marcha. E o futuro mostraria a vantagem prática de muitas delas. Prova disso é a enorme importância de que se revestiria Saint-Simon, cujas *Mémoires* motivam o pastiche mais longo da série, não só porque é esse monumento da literatura francesa antiga que consta, junto com *As Mil e Uma Noites*, nas últimas páginas de BTP, como um dos modelos do livro que o Narrador se julga apto, agora, a iniciar e do qual nos diz que será algo assim como as "*Memórias* de Saint-Simon de uma outra época"[56], mas porque o enfoque proustiano dos salões aristocráticos reconduz o enfoque saint-simoniano de Versalhes. Outra prova é a enorme influência da *Comédia Humana* de Balzac, com seus romances também em ciclos e suas personagens que voltam, sobre a estrutura circular de BTP[57].

Não vamos aqui entrar no mérito de todas essas composições. Mas tomemos, muito brevemente, apenas dois desses padrões de escritura apaixonadamente imitados. Veja-se primeiro o caso de Renan,

---

55. BTP, I, p. 173.
56. BTP, III, p. 1043.
57. Trato mais detidamente disso no capítulo Balzac em Proust – Notas sobre a Última Albertine Reencontrada do volume *Balzac, A Obra Mundo. O Colóquio de São Paulo*.

que tem tudo para ser a mais cotada chave da personagem Bergotte, porque é o que menos decepciona Proust, o que menos diminui a seus olhos, na medida em que ele avança, levando-se em conta que é poupado das reflexões amargas reservadas aos demais inspiradores de Bergotte, dentro e fora de BTP. Fora isso, com sua bagagem de escritor para os salões e de professor no Collège de France, por onde passa a *intelligentsia,* Renan tem ainda o mérito de acenar a Proust com uma conciliação possível entre ciência e humanidades.

Tomemos, em segundo lugar, os Goncourt, porque eles são igualmente memorialistas, pelo monumental *Journal* que deixaram, mas são também os precursores do realismo naturalista, apontados, de resto, como tais por Émile Zola, estando assim na ponta de uma tendência que os *côtés* proustianos, de algum modo, acolhem, já que descrevem o mais realisticamente grupos sociais e espécimens sexuais, embora rejeitando, ao mesmo tempo, o veredicto dessas descrições.

Talvez porque, como notou Edmund Wilson[58], "a história da modernidade literária é grandemente a do desenvolvimento do simbolismo e de sua fusão ou conflito com o naturalismo", o cabedal científico de Renan e o realismo dos Goncourt entreabrem perspectivas técnicas que são um "caminho" para o romance proustiano, no sentido que essa palavra assume na tradução brasileira: passagem que pode parecer ser a única, num emaranhado de sendas rivais.

RENAN E OS GONCOURT

Ernest Renan

Embora igualmente ganhos para o espírito das ciências, como diretores de consciência do jovem Proust, os irmãos Goncourt e Renan lhe enviam diferentes lições sobre as relações que a literatura deveria manter com aquilo que, em seu encalço, Émile Zola chamaria, mais adiante, de "senso do real".

Geralmente associado, nos manuais de literatura, a Hippolyte Taine e Sainte-Beuve, com os quais integra o trio de críticos franceses que mais contam no século que viu Proust nascer, Ernest Renan (1823-1892) é alguém que saberá tomar distância do cientismo que sobe então às cabeças.

Mas não é só por isso que, dentre os autores mais apontados como os inspiradores diretos de Bergotte, ele é o mais cotado para George Painter[59]. Se, dos contemporâneos, Renan é o único a figurar nos *Pastiches,* ao lado de Saint-Simon e Balzac, é que ele é também um pesquisador eternamente insatisfeito, que não hesita em sacudir, a

---

58. E. Wilson, op. cit., p. 48.
59. Cf. G. Painter, II, p. 133.

cada volta, as lições aprendidas, em todos os domínios, artístico, filosófico, científico, tendendo assim à mesma inconclusão do Narrador.

Tudo na vida e na obra de Renan, que mal se distinguem, como seria com Proust, parece feito para apaixoná-lo.

Recapitulemos o principal da trajetória desse sério candidato a inspirador de Bergotte.

Tendo recebido uma educação católica e sendo destinado pela família modesta à vida religiosa, Renan não demora a abandonar o Seminário e a romper com a Igreja, para tornar-se um hebraísta, que logo entra como professor no Collège de France, essa instituição máxima da *éducation nationale* francesa, estabelecida desde o século XVI, para suplantar em excelência e arrojo a universidade. Estudioso da história das religiões, ele se torna também um viajante, que ruma para o Oriente, em expedições arqueológicas, para aperfeiçoar-se *in loco*. Não há distância, aqui, entre viajar e escrever. É assim, modulado por essas experiências de viagem e por uma conversão às avessas à vida laica, que ele vai despertar a admiração do judeu também leigo que é Proust.

É dessas expedições do escritor aos sítios bíblicos que sai uma alentada *Histoire des origines du christianisme*, a que Renan dedicou vinte anos de trabalho, e sua célebre *Vie de Jésus* (1863), que nada mais é que o primeiro volume dessa imensa pesquisa. Desembaraçado das verdades preconcebidas da fé e imbuído do relativismo próprio do discurso da História, ele trata aí Jesus como um homem admirável, mas como um homem, que nos é apresentado de modo desdivinizado. Trata-se do "mais inteligente e honesto dos abades franceses", nota Edmund Wilson, que lhe dedica toda uma seção de comentários[60]. A ênfase dada à relatividade dos conceitos religiosos e filosóficos explica por que essa biografia crística, embora tenha custado a Renan sua cátedra no Collège de France, tornou-se um dos livros mais famosos e mais lidos do século XIX francês[61].

Tendo, por outro lado, adquirido toda a carga de conhecimentos científicos propostos então aos intelectuais interessados em se modernizar, Renan, amigo íntimo do químico Marcelin Berthelot, que o introduziu ao seu campo de estudo, também não hesita em submeter as disciplinas experimentais ao crivo das espirituais; a objetividade científica ao escrutínio da filosofia e da poesia, convencido de que estas outras formas de observação podem juntar-se à dissecação das almas que é a ambição desses tempos. É disso que ele trata em obras como *L'Avenir de la science* (que redige em 1848, mas só publicaria

---

60. E. Wilson, Declínio da Tradição Revolucionária: Renan, *Rumo à Estação Finlândia. Escritores e Atores da História*.
61. Sobre o impacto da *Vie de Jésus*, cf. Michael Marrus, *Les Juifs de France à l'époque de l'Affaire Dreyfus*, p. 25.

em 1890) e *Réforme intellectuelle et morale* (1871), obras de gênero instável, que oscilam entre o ensaio e a ficção, como também aconteceria com a de Proust.

Com toda essa dupla natureza, Renan é ainda um sensível memorialista, cujos *Souvenirs d'enfance et de jeunesse* (1883) não poderiam escapar a Proust, que também se preparava, enquanto o lia, para escrever seus *souvenirs*.

Há quatro referências a Renan em JS, três em BTP, e seis no primeiro volume da biografia de Painter dedicada à juventude de Proust. Em JS, o herói nos diz que segue o conselho de Renan no sentido de "nunca escrever senão sobre aquilo que se ama". Em BTP, o Narrador faz a personagem Brichot evocar o prazer que um gênio como Renan certamente havia extraído de suas visitas à Palestina[62].

Podemos pensar que há muito dessa visitação não religiosa da religião no culto proustiano das catedrais que se erguem sobre o solo da *terra mater* francesa, como uma glória imortal da nação e, em outro plano, na defesa do capitão judeu Alfred Dreyfus, que ele abraçaria em nome das virtudes francesas republicanas.

Edmond e Jules Goncourt

O biógrafo George Painter nos conta que, numa fria noite de dezembro de 1888, Proust dirigiu-se ao Teatro do Odeon, onde tinha um camarote, na companhia de sua amiga Madame Strauss, para assistir à estréia de *Germinie Lacerteux*, romance dos Goncourt adaptado para a nervosa cena teatral parisiense da época[63].

A julgar pela Françoise de BTP, a noitada o marcaria para sempre. Pois não há como não relacionar essa doméstica elevada ao estado de tipo, que sai de uma das primeiras longas narrativas francesas de cunho naturalista, à criada famosa do Narrador proustiano. Mais que isso, não há como não vê-la na origem da promiscuidade muitas vezes amorosa que se instala em BTP entre os bem-nascidos e seus criados.

Em seu estudo sobre o romance realista, Lukács notou que os escritores que viveram na época do primeiro capitalismo foram forçados a figurar a realidade tal como a viam, ou a abrir-se à sua situação

---

62. BTP, III, p. 328.
63. G. Painter, I, p. 104. A propósito dessa encenação de uma obra que é um romance, note-se que são os próprios autores naturalistas que impulsionam a adaptação de seus romances e novelas para o teatro, no afã de torná-los mais acessíveis ao grande público, dando assim maior visibilidade à causa social e à popularização das ciências que os mobilizam. Também *L'Assomoir* transforma-se em peça dramatúrgica, nesse mesmo momento, e o próprio Zola se encarrega de fazer a crítica da *mise-en-scène*, num interessante texto intitulado L'Assomoir au théâtre, que encontramos inserido no último tomo de suas obras completas, *Mélanges, préfaces et discours*, p. 139.

objetiva, renunciando, deliberadamente, à representação da vida bela e lançando na lama tudo o que havia de grande e de belo no homem[64].

No romance de Proust, Françoise é um dos agentes mais instigantes dessa denúncia do mundo burguês tornado desarmonioso. Destinada a ser uma personagem de longa vida em BTP, quando todas as outras personagens vão deixando, progressivamente, a cena e o Narrador, a sós, com seus cadernos de notas, ela permanece, até o fim, ajudando-o a organizar seus escritos, inspirando-o com sua arte culinária, mas também perseguindo-o com os seus olhos de lince e sua psicologia fina. De fato, o Narrador vive sob a mira de Françoise, e vice-versa. Isso permite a Proust armar situações geniais. Mas elas não teriam sido possíveis se os Goncourt, sem ir tão longe, não tivessem posto sua empregada no papel de personagem principal.

Apresentemos, muito resumidamente, essa obra dos irmãos Jules e Edmond de Goncourt (1822-1896 e 1830-1870, respectivamente), que é uma das primeiras de uma nova floração de ficções já fortemente documentais, que preparam o caminho do "romance experimental" de Émile Zola, como vimos. Thérèse Raquin será a Germinie Lacerteux de Zola.

O retrato inscreve-se no pano de fundo histórico da França popular do Segundo Império, que é uma sociedade já relativamente democratizada, de valores republicanos, evocados, aliás, num manifesto, no frontispício. É presa a essas condições materiais que a personagem do título é vista evoluir desde o seu *habitat* natural, o interior francês, até o meio, para ela, artificial da vida parisiense, aonde é levada para trabalhar e onde termina por adoecer, comprovando o peso do determinismo social. O romance é um misto de notações psicológicas acuradas, que ainda ligam os dois irmãos escritores a uma velha tradição literária francesa de estudiosos do caráter, e uma tentativa de apontamento do viés social dos desajustes e do determinismo dos vícios, interessada nos detalhes sórdidos da existência proletária, o que lhe dá seu tom revolucionário. Associa assim de maneira *sui generis* decadência moral e física[65].

De fato, para ilustrar o novo compromisso entre as letras e as ciências, os criadores de Germinie a fazem viver o mais tragicamente o seu *dépaysement*, mostrando que é essa a causa de seu alcoolismo, de sua promiscuidade sexual, de sua marginalização. É todo um jogo de causas e efeitos e todo um leque temático anunciador daquele estágio de evolução da representação literária que Erich Auerbach tão bem resume, no penúltimo capítulo de seu *Mimésis*, dedicado a *Germinie Lacerteux*. "Encontramo-nos sob a influência do entusiasmo científico

---

64. Georg Lukács, L'homme harmonieux, *Problèmes du réalisme*, p. 238.
65. Ainda que Baudelaire, que detestava os realistas, já fizesse desfilar decaídas e histéricas por suas histórias, a exemplo da Srta. Bisturi do poema em prosa número 47 de *O Spleen de Paris*, que é ambas as coisas.

dos primeiros decênios do Positivismo, durante os quais todos os que exerciam atividades mentais, na medida em que procuravam métodos novos e conformes com seu tempo, tentavam apropriar-se dos sistemas e processos experimentais"[66]. Os Goncourt estão na linha de frente desse movimento.

Mas o prestígio das empregadas não é a única marca de *Germinie Lacerteux* que se imprime em BTP. Existe em Proust toda uma "bacanal popularesca" – para citar ainda Auerbach falando deste romance dos Goncourt[67] –, que é animada por todas aquelas outras personagens subalternas que vêm, com sua presença, não apenas acusar um "estilo humilde", com tudo que esse patamar de dignidade implica em passagem para a comédia, mas desmentir os que acusaram Proust, depressa demais, de só cuidar das altas rodas e dos círculos artísticos a elas agregados. A bacanal popular de BTP arma uma pirâmide social que vai da nobreza de França, representada pelos Guermantes, estes parasitas que, em sua sociologia de BTP, Pierre Zima chamou de "classe privada de substância"[68], ao universo dos grandes burgueses, como os Norpois e os Verdurin, passando pelos judeus de todas as castas, e por um contingente de trabalhadores são os que viabilizam, na prática, os jantares dançantes, os bailes, os *lunchs*, as *matinées*, os chás que se multiplicam no romance, e particularmente em CG, onde só temos recepções.

Bom sociólogo, já pela leitura dos Goncourt, Proust sabe que nenhuma mola da engrenagem mundana, que se apresenta, por vezes, ao Narrador deslumbrado, como uma feeria (sic) apartada da realidade, poderia se mover sem a intervenção de uma legião de trabalhadores braçais, suscetíveis de fazerem de mordomos, *valets*, porteiros, cocheiros, mensageiros, cozinheiros, copeiros e ascensoristas. É isso que faz dele um realista, observador das desigualdades sociais, capaz de dar voz, função e sentimentos aos pobres. Abraçando a proposta democrática lançada pelos Goncourt de pintar o "quarto estado", Proust vai longe na descrição de um subterrâneo de relações nem sempre clandestinas que envolvem um verdadeiro corpo-a-corpo entre patrões e empregados, mostrando-nos que a vida interior não é privilégio dos que ocupam altos postos.

Os exemplos não faltam. Em ziguezague, lembremos que Swann tem casos de amor rumorosos, tanto com as grandes damas de seu próprio mundo como com suas camareiras, e chega a preterir Odette, antes de cair apaixonado por ela, e de desposá-la, o que já implica um belo espetáculo de democracia, por conta de uma "operariazinha fresca e

---

66. Erich Auerbach, Germinie Lacerteux, *Mimesis*: A Representação da Realidade na Literatura Ocidental, p. 446.
67. Idem, p. 503.
68. Pierre Zima, Introduction a *Le Désir du mythe – Une lecture sociologique de Marcel Proust*.

rechonchuda como uma rosa"[69]; que o barão de Charlus ora corteja o jovem marquês de Surgis ora é visto jantando com o pajem da prima da Sra. de Cambremer[70]; que a proximidade tanto física quanto psicológica entre o Narrador e Françoise é tal que ele precisa defender-se dela, escondendo-lhe o que se passa, de fato, em sua torturada relação com Albertine, e chegando a negar, diante dela, que a partida de sua amiga lhe tenha provocado qualquer efeito[71]. Walter Benjamin nos lembra, em seu ensaio sobre Proust, que Barrès chamou o Narrador de "poeta persa posto [*loge*] de zeladora"[72]. Não seria trair Proust dizer que, além de não temer assumir esse posto privilegiado de observação do mundo, que certamente o feminiza, seu romance também não hesita em versar sobre mobilidade social, questão que tanto trabalha o imaginário das zeladoras, das costureiras e das cozinheiras, e numa outra ambiência literária, alimenta os casamentos de melodrama.

Mas há algo ainda de *Germinie Lacerteux* na decadência discreta de Françoise, que também é uma camponesa transplantada para a capital, cujos ares também não lhe podem fazer bem. Atento a tudo o que acontece com a boa empregada, o Narrador observa, de seu posto de zeladora, a decadência de seu francês provincial, que era outrora "puro", cheio de "recônditas finezas", que a punham no plano da duquesa de Guermantes, igualavam a suserana e a vassala, ao passo que, agora, se vulgariza, ao se modernizar. É particularmente prazeroso acompanhar o Narrador verificando, como um fisiologista da escola dos Goncourt, o progresso dessa degeneração. Um dos pontos altos dessa degringolada é a cena em que, surpreendida pela entrada do Narrador em sua cozinha, no momento em que dava de comer à filha que viera visitá-la, Françoise se sente na obrigação de justificar-se, e o faz nestes termos, que o seu jovem interlocutor julga espantosos: "Ela só está tomando um pouco de sopa [...], fui eu que pelejei para que ela engolisse *un peu de carcasse*" (mal traduzindo: um pouco do osso)[73]. Um outro é a cena em que ela significa sua pressa ao Narrador, nestes outros termos vulgares, que com certeza aprendera com a filha: "*je vais me cavaler et presto*" (eu vou já, e numa chispada)[74].

Refira-se ainda, para terminar este cômputo das dívidas de Proust para com os naturalistas, que, na outra ponta da pirâmide social em tela em BTP, também os nobres se prestam à sociologia, já que são vistos reagindo, em bloco, como um corpo social coeso, a certos estímulos externos, como, por exemplo, a aproximação exagerada de um

69. BTP, I, p. 218.
70. BTP, II, p. 986.
71. BTP, III, p. 420.
72. Walter Benjamin, A Imagem de Proust, *Obras Escolhidas*, p. 44.
73. BTP, II, p. 726.
74. Idem, ibidem. Mantenho aqui a tradução de Manuel Bandeira e Lourdes Sousa de Alencar em *A Prisioneira*, Rio de Janeiro: Globo, p. 143.

plebeu de suas pessoas. Neste caso, nota o Narrador, com sagacidade, entra em ação uma espécie de defesa natural destes exemplares da fauna citadina mais elegante, traduzida num comportamento reflexo, que funciona como uma verdadeira lei do meio: todos olham duro para aquele que ousou aproximar-se e recuam o tronco para trás, estendendo longamente a mão, ao cumprimentar, de modo a assinalar ao outro a sua posição hierárquica, obrigando-o a se curvar. No "subgrupo" dos que descendem diretamente dos Luíses, como é o caso dos Guermantes, esses ritos "transmitiam-se de pai para filho como uma receita de doce". Assim, radiografa ainda o Narrador, o aperto de mão de Saint-Loup

desencadeava-se como apesar dele, no momento em que alguém lhe era apresentado, sem nenhuma participação do olhar, sem a adjunção de qualquer saudação. Todo e qualquer infeliz representante da plebe que, por alguma razão especial – o que era raro – era apresentado a alguém do subgrupo Saint-Loup, ficava quebrando a cabeça, diante desse cumprimento mínimo, de aparência propositalmente inconsciente, para entender o quê o Guermantes ou a Guermantes em questão podia ter contra ele[75].

Embora possam – e devam – ser vistos como cômicos, pelo lado maquinal de que se revestem, esses corpos empertigados, que discursam sua posição de classe, afirmam também uma lei do parentesco. Com a família – que é uma modalidade do "subgrupo" – mudam os reflexos. Assim, representando a família Guermantes, o trio formado por Charlus, Oriane e Saint-Loup, que refaz, em ponto menor, os Rougon-Macquart, é regido por leis próprias, que se trata de vasculhar. Atento a cada movimento dos três, incluída aí uma física dos discursos, Proust sabe explorar muito bem esse dossiê familiar e alguém notou, a propósito, que a intimidade do corpo assume, em suas mãos, como nunca antes, qualidade psíquica[76].

Na pequena história do romance francês que estamos aqui traçando, tudo isso começa com os Goncourt. É também nessa fonte que bebe o Flaubert de *Um Coração Simples*, conto famoso pelo confessado esforço do autor no sentido de realizar uma pintura naturalista, cuja heroína Felicité divide com Françoise a honra de ser a única sobrevivente no final da história[77]. Assumindo essa herança, há referências aos Goncourt por toda parte na obra de Proust, e não apenas aí mas nos livros dos biógrafos de Proust, que são os primeiros a marcar a força de tal influência. Registrem-se uma referência em JS, seis em

75. BTP, II, p. 447.
76. Cf. Anne Henry, *La Tentation de Marcel Proust*, p. 101.
77. Refiro-me, claro, ao Flaubert dos *Trois contes* e ao papagaio empalhado que o escritor mantinha sobre a escrivaninha, à época da redação, por volta de 1867, para lembrar-se da necessidade de uma descrição realista. Claro está que, já por temer esquecer-se dela, Flaubert se une a Proust no repúdio a esse imperativo particularmente próprio de seu tempo. Cf. a nota prévia a *Trois contes*, Gustave Flaubert, *Oeuvres complètes*, v. 2, p. 165.

BTP, dezenove nos dois volumes do *Proust* de George Painter e dezessete no livro de Jean-Yves Tadié.

De todas essas remissões, uma resume particularmente bem o impacto que teve esse realismo temperado pela prática do diário íntimo, já que o *Journal* é a melhor parte da obra dos Goncourt, e a que Proust mais cita, sobre o romance proustiano.

Trata-se do pastiche do *Journal* dos Goncourt que encontramos logo no início de TR, introduzindo ali uma violenta ruptura narrativa, que vem agravar o regime já disruptivo da locução proustiana. Nesse *morceau de bravoure* intertextual, o leitor de Proust é lançado num abismo. Que se passa de tão vertiginoso? Gilberte emprestara ao Narrador um volume do *Journal* inédito dos Goncourt. Ele leva o livro para a cama e começa a ler. Em suas páginas, depara-se com um relato dos mais minuciosos a respeito do salão de Madame Verdurin! Edmond de Goncourt jantara na casa da "Patroa", conhecera todo o *petit noyau* e fazia ali uma descrição perfeita da noitada. O texto começa com a chegada do Sr. Verdurin na casa do prestigioso escritor, para apanhá-lo, e prossegue com notas muito ágeis e precisas a respeito de todos os "fiéis", Brichot, Cottard, Elstir. Ora, lendo essas notas, o Narrador se dá conta da inépcia das suas!

A cena é enlouquecida. Temos aí um apócrifo dos Goncourt em que personagens de ficção que os dois irmãos escritores nunca poderiam ter conhecido são dadas por autênticas, e impecavelmente pintadas, ao passo que a voz do Narrador, mediante a qual havíamos conhecido os Verdurin, ato contínuo, torna-se falseada. Essa interceptação de um texto por outro texto, nesse pastiche "de peso", como já se disse[78], é mais uma declaração da importância dos Goncourt. A moral da história é que o Narrador faria melhor se aprendesse com eles a enxergar o que está diante de seu nariz, como ele termina por admitir:

> Quantas vezes, como eu já sabia mesmo antes de ser alertado por essas páginas do *Journal* dos Goncourt, não havia sido incapaz de prestar atenção nas coisas e nas pessoas que, depois, quando sua imagem me era apresentada na solidão por um artista, daria a vida para voltar a ver! Os Goncourt [é que] sabiam ver; eu não sabia[79].

Não poderia haver melhor homenagem de um debutante das letras francesas na era dos salões aos dissecadores de *Germinie Lacerteux*.

---

78. Formulação de Claude Meunier no capítulo Botânica Proustiana de seu primoroso *O Jardim de Inverno da Sra. Swann*, p. 43.

79. BTP, III, p. 719-721.

OS BERGOTTE

Anatole France

Vimos quem era Renan e como, com sua religião leiga, poderia ser a melhor chave para Bergotte. Mas além desse comentador erudito dos credos religiosos e estudioso das ciências, sempre indeciso entre as duas coisas, outros estilistas de mão cheia propunham-se ainda como modelos aos jovens artistas da geração de Proust. Menos cientista, menos historiador mas igualmente dividido, porque um analista das contradições da alma humana, que contemplava com indulgência irônica, desponta entre os candidatos o grande Anatole France (1884-1924).

Anatole France é tão mais fatal para o Proust que começa quanto, além de diretor de consciência de toda uma época – a ponto de exercer influência sobre Freud e de ser hoje arrolado como um de seus "dez amigos"[80] –, é um freqüentador do mesmo *grand monde* de Proust, o protegido e (como veremos) o amante das mulheres que os governam. Evoluindo pelos salões sem se dar conta das dívidas que assim contrai, e cujo balanço fica para o seu jovem admirador, ele é parte desse mesmo universo a que estende o espelho de sua psicologia e a advertência de sua crítica.

Por um motivo como pelo outro, durante certo tempo, tem seu caminho cruzado com o de Proust. Isso explica porque é tão citado pelos biógrafos: 45 vezes em George Painter e 79 vezes em Jean-Yves Tadié.

Vimos que em JS, France era tido como alguém que escreve bem e pensa mal. O que Proust parece descobrir, no correr do tempo, sobre o homem que condescendeu em prefaciar seu livro de estréia, abrindo-lhe assim as portas da literatura, e que tomou suas dores, à época do Caso Dreyfus, alistando-se do lado dos defensores do militar judeu acusado de traição em defesa do qual Proust foi um dos primeiros intelectuais franceses a se erguer, é que ele, no fim das contas, também escreve mal.

Tudo na cena da morte de Bergotte, em que tudo é indistintamente ficção e realidade, depõe sobre isso. Até porque, entre os autores arrolados como possíveis Bergottes, Anatole France é por excelência o estilista.

Vale a pena, portanto, voltar a esse ponto do romance, em que Proust parte para um de seus mais altos vôos de metalinguagem, não só fazendo, implicitamente, da literatura de Bergotte um parâmetro para a

---

80. Notando que Freud levou as obras completas de Anatole France na bagagem, ao deixar Viena rumo a Londres, em 1938, Sergio Paulo Rouanet sublinha o apreço que tinha o pai da psicanálise pela ironia, o ceticismo, a atitude anticlerical e a posição filo-semita e antidreyfusista do escritor, mesmo depois do declínio de seu principado. Cf. Sergio Paulo Rouanet, *Os Dez Amigos de Freud*, v. I, p. 106.

do Narrador (e para a sua), mas da pintura um parâmetro para a literatura de Bergotte. Trata-se para o autor do verbete "Anatole France" para o *Dictionnaire Marcel Proust* de um "assassinato simbólico do pai"[81].

O Narrador relata assim a morte do herói-escritor de Bergotte:

> Enfim, [Bergotte] chegou diante do Vermeer, de que se lembrava como sendo mais luminoso, mais diferente de tudo o que conhecia, porém onde, graças ao artigo [de um] crítico, reparou pela primeira vez numas figurinhas vestidas de azul, na tonalidade cor-de-rosa da areia e finalmente na preciosa matéria do pequeno pano de muro amarelo [*petit pan de mur jaune*]. As tonteiras aumentavam, não tirava os olhos, como faz o menino com a borboleta amarela que quer pegar, do preciso panozinho de muro. "É assim que eu deveria ter escrito" – dizia consigo. "Meus últimos livros são demasiados secos, teria sido preciso passar várias camadas de tinta, tornar a minha frase preciosa em si mesma, como este panozinho de muro". Não lhe passava, porém, despercebida a gravidade das tonteiras. Em celestial balança lhe aparecia, num prato a sua própria vida, no outro, o panozinho tão bem pintado de amarelo. Sentia Bergotte que imprudentemente arriscara a primeira pelo segundo. "Não gostaria nada" – disse consigo – "de vir a ser para os jornais da tarde a nota sensacional desta exposição"[82].

Muitos notaram a equivalência estrutural entre os percursos de Bergotte e de Swann e a relação de oposição que mantêm com o percurso do Narrador. De fato, em BTP, também Swann põe em risco a arte para viver a vida, fazendo Odette pesar mais na balança que Vermeer (aqui de volta), enquanto que o Narrador vai, cada vez mais, na direção contrária, firmando, no final, o pacto de enclausuramento e trabalho que o deveria levar ao seu sonhado livro. Como Swann, Bergotte está fora desse pacto. Mas sua situação é mais lamentável: não é que tenha apostado tudo na vida, abandonando a arte, seu erro foi ter apostado, ao mesmo tempo, nas duas coisas, disperdiçando ambas. Se transferirmos a situação para a vida real, não é possível pensar que, ao escrever essas linhas cruéis, em que compara um literato de papel com um grande artista de carne e osso, que sabe pintar de verdade, Proust, além de preocupado consigo mesmo, não esteja falando de Anatole France.

Mas se quisermos outra prova do mesmo julgamento, a encontraremos nesta outra parte de PR em que o Narrador alveja a pessoa mesma do escritor: "o Caso Dreyfus passou, mas Anatole France continua"[83].

A progressiva desilusão em relação a Anatole France envolve também o ideólogo que ele foi. De fato, Proust se dá conta, cada vez mais, de que há menos ironia voltairiana nas frases sentenciosas e

---

81. V. Dupuy, Anatole France, em A. Bouillaguet e B. Rogers (orgs.), *Dictionnaire Marcel Proust*, p. 3.
82. BTP, III, p. 182-188.
83. BTP, III, p. 236.

preciosas do mestre – "[Seu livro] é a primavera das folhas nos ramos antigos de uma floresta secular", escrevera ele, pomposamente, no prefácio a JS – do que aquilo que os bons manuais de literatura chamam de ceticismo "sorridente" ou "diletante" de um malabarista de frases. Essa é uma suspeita que vemos Proust endossar, em seu romance, quando encarrega a personagem do professor Brichot, que encarna o crítico da Sorbonne, de dizer o mesmo, por meio de uma frase de sentido dúbio, em que se mesclam apreço e deboche: "Ele é o nosso mestre para efeito de ceticismo delicioso"[84].

Por outro lado, Proust teria a oportunidade de ver o proverbial ceticismo de Anatole France assumir o espírito de missão do reformador social, quando ele adota, juntamente com esse malabarismo estilístico, que denuncia seu malabarismo intelectual, um tom cada vez mais nacionalista[85]. E isso justamente quando abraça o dreyfusismo, em meio a um processo histórico em que os escritores, os artistas e os cientistas se afirmam, pela primeira vez, como intelectuais autônomos, assumindo a prerrogativa de criticar a vida política e os poderes estabelecidos. Os salões em que Proust circula não são só feiras de vaidades, nem só continuações seculares da vida de corte na era republicana. No momento do Caso Dreyfus, eles se tornam o reduto avançado da defesa da liberdade de pensamento. Como militante da primeira hora e organizador das primeiras petições pró-Dreyfus, Proust representa, num grau máximo, essa virada no campo intelectual[86]. E até prova em contrário, toda a *intelligentsia* vê no seu mentor, que é eleito em 1895 para a Academia Francesa, e vem em visita ao Brasil, no auge de sua glória, em 1909[87], um de seus paladinos. Um intelectual corajoso ao ponto de chamar a nação que serviu de palco ao Caso Dreyfus de "Pingüínia", numa sátira à la Swift intitulada *L'Île des Pingouins* (1908), em que está às voltas com um lugar fictício em tudo parecido com a França, e com um judeu chamado Pyrot.

Não é tão simples assim. Se bem lida, a ironia "deliciosa" de Anatole France está mais para aquela faixa do riso que Baudelaire chamou de "significativo", por oposição ao riso contundente que denominou "absoluto", considerando-o pouco francês, como veremos mais adiante. Isso faz com que sua literatura se renda sempre, em última instância, à gravidade, cancelando o humorista arrasador, em

---

84. BTP, III, p. 792.
85. Sobre as mudanças de posição de Anatole France pode-se ler com proveito o ensaio de Jeffrey Melhman, L'Affaire Dreyfus, em Denis Hollier (org.), *De la Littérature Française*, p. 777.
86. Sobre os salões franceses desse período particularmente agitado, cf. Pierre Bourdieu, Por um Corporativismo do Universal, *As Regras da Arte*, p. 370.
87. Ver a respeito a excelente apresentação de Sergio Paulo Roaunet, Vida e Obra de Anatole France, em seu *Os Dez Amigos de Freud*.

proveito do pequeno moralista que fabrica romances de idéias. É o que deixa perceber, por exemplo, *Monsieur Bergeret à Paris* (1901). Um de seus livros mais conhecidos e aquele que mais faz pensar em Proust, por causa da provocadora semelhança fônica entre "Bergeret" e "Bergotte", esse é um longuíssimo diário dos tempos do Affaire Dreyfus, com todos os sinais embaralhados. Ora, quem fala aí, de algum modo, já abriu mão da luta generosa pelo puro respeito à diferença, e está muito mais interessado em salvar a face da República, nesse momento em que ela derrapa, do que na sorte de um cidadão nem tão francês assim cuja vida foi devastada por uma falsa acusação de traição à pátria. Paira no ar a impressão de que, se France se posiciona do lado dos que se batem pela reabertura do processo Dreyfus, é por acreditar que isso poderia ser bom para a França, e não para o próprio Dreyfus, nem para os judeus franceses.

É de se imaginar o quanto essa outra face patriótica deve ter parecido a Proust indigna do Anatole France que, em seus jovens anos, ele havia venerado, também porque ele sabia rir do complô grotesco em que Pingüínia se envolvera.

Mas a desilusão do discípulo seria ainda maior. Pois se, em *Monsieur Bergeret*, a ironia de Anatole France cedeu lugar ao fervor republicano, num seu outro livro do mesmo período, *L'Affaire Crainquebille* (1902), France passa a desinteressar-se completamente de Dreyfus, para abraçar o patriotismo que o pseudônimo "France" parece insinuar (se quisermos ver nele um sentido oculto, ainda que o verdadeiro nome do escritor fosse Anatole François Thibault e que "France" fosse o diminutivo de François). Nessa novela, ele investe o tema do inocente acusado, mas sem mencionar Dreyfus. Crainquebille é um comerciante parisiense que discute na rua com um policial que o manda circular, é preso por desacato e levado a juízo. Quando ele é solto, se dá conta de que perdeu toda a clientela, vê seu comércio afundar e começa a beber. A história poderia ser kafkiana, não fosse a maneira como o escritor a conduz. Desprezando seu absurdo, que é o que ela tem de mais interessante, ele se baseia na arbitrariedade da polícia que destrói a vida de um inocente, para enveredar por uma defesa da reforma das instituições nacionais. A gratuidade da ordem de circular dada pelo policial fala da nação francesa que é preciso melhorar.

Em toda a linha, o texto é nacionalista. Bem por isso, ele está na passagem para as obras da última fase de Anatole France, que, depois de se empenhar em pesquisas históricas para escrever uma *Vie de Jeanne d'Arc* (1908), termina por aderir a uma das pregações de maior impacto junto aos artistas do século XIX, e particularmente junto aos realistas: o socialismo. Desse socialismo tingido de ideal religioso faz parte outra obra de sucesso, *Les Dieux ont soif* (1912), cuja ação é ambientada na França da Grande Revolução à época do Terror e cujo assunto é, novamente, uma defesa das virtudes cívicas, neste caso, à luz da morte de Marat e da execução de Robespierre, vistas como uma deturpação dos anseios mais nobres do movimento revolucionário.

Tantas hesitações, apelos à nobreza e referências a valores humanitários abstratos explicam o pouco apreço que também nutriram por Anatole France os simbolistas, como sabe quem leu Valéry[88]. Isso explica também por que o escritor se transformou no saco de pancadaria dos surrealistas. "Com Anatole France – escreveu Breton num panfleto inflamado, por ocasião de sua morte –, é um pouco do servilismo humano que se vai. Que seja festa no dia em que se enterra a astúcia, o tradicionalismo, o patriotismo, o ceticismo e a falta de coração"[89]. E entende-se melhor a situação de Proust, diante de tudo isso, à luz da farpa de Barthes endereçada em *Mitologias* aos que "escrevem bem": "A aliança de um estilo e de uma humanidade (Anatole France, por exemplo) já não chega para fundar a literatura. É até mesmo de se temer que o 'estilo', comprometido com tantas obras falsamente humanas, se tenha tornado, no fim das contas, um objeto *a priori* suspeito [...]"[90].

Em *Rumo à Estação Finlândia*, Edmund Wilson chama o último Anatole France de "burguês triunfante". Sublinha a singular posição do intelectual francês, que, desde 1870, passou a pertencer, ao mesmo tempo, a uma classe dominante e a uma nação derrotada, ficando assim entre o privilégio e a humilhação, e nota que esse paradoxo produziu efeitos curiosos[91]. São considerações que nos deixam entender não só a dubiedade de Anatole France mas a pronta resposta de Proust, que, através de Bergotte, suspeita cada vez mais desse tipo de artista libertário que se acha também investido das pompas do mundo, marcha com ele.

Maurice Barrès

Objeto também de um fervor apenas passageiro, Maurice Barrès (1862-1923) chegou a ser para Proust, à época de JS, um filósofo: "Jean se valia de frases de Renan e de Barrès para imaginar a doçura encantada de uma aula de filosofia", lemos em JS[92].

Dele Proust recebe, em seus anos de formação, o duplo legado do amor à viagem e, quase no sentido oposto, do culto à *vieille France*.

---

88. "[Os simbolistas] desprezavam ou ridicularizavam as sentenças e chacotas dos críticos mais bem estabelecidos [...], invectivavam contra Sarcey, Fouquier, Brunetière, Lemaître e Anatole France", escreve ele. Cf. P. Valéry, Existência do Simbolismo, op. cit., p. 66.
89. Cito Breton apud Maurice Nadeau, *Histoire du surréalisme*, p. 60-61.
90. R. Barthes, La critique Ni-Ni, *Mythologies*, p. 146.
91. E. Wilson, Declínio da Tradição Revolucionária: Anatole France, *Rumo à Estação Finlândia*, p. 179.
92. JS, p. 260.

O primeiro legado o transformaria no amante dos esplendores orientais de Veneza, que se fazem presentes não só nas discussões sobre artes plásticas que se multiplicam em BTP mas quando, entrando na seara de Baudelaire e Mallarmé, que não desdenharam falar de roupas[93], o Narrador se demora em considerações sobre os vestidos da duquesa de Guermantes criados por Fortuny (1838-1874), *designer* dos bem-nascidos estabelecido na Itália e em Paris, na época da infância de Proust, que descobriu o segredo da fabricação dos brocados venezianos, cujas criações são comparadas por Elstir, seu introdutor nas conversações das rodas mundanas, às vestimentas magníficas de Carpaccio e Ticiano[94].

Há uma ânsia de viajar em Proust. Uma enorme agitação toma conta do Narrador, por exemplo, quando surge a possibilidade de uma visita a Balbec, porque ele havia conversado com Swann sobre a antigüidade da igreja ainda meio romana e de estilo curiosamente persa que se levantava ali, junto ao mar e aos rochedos selvagens, e contava poder ver de perto o milagre de uma igreja plantada em plena água, como as de Veneza (que Proust visitara na companhia da mãe, em 1900, numa de suas raras idas ao exterior). Enlouquecido com a projeção desse cenário, mas tendo, ao mesmo tempo, que convencer a família de que a viagem não faria mal a sua saúde, ele sonha: "(quem sabe) não poderia partir naquela mesma noite, se meus pais o permitissem, e chegar em Balbec quando, de manhãzinha, o sol começasse a bater sobre o mar furioso, e avançando em sua direção, não me refugiaria na igreja de estilo persa"[95]. Se formos buscar entre as causas recentes, todo esse imaginário do longínquo maravilhoso, que noutro ponto do romance faz o coração do Narrador disparar à simples vista dos cartazes que anunciam o horário da partida dos trens, num guichê de estação de ferro[96], lhe vem de Barrès.

O segundo legado o levaria às catedrais góticas e delas a um dos filões temáticos de BTP, o da nobreza francesa, imenso assunto que, na verdade, mais que num desenvolvimento temático, constitui-se ali num mito feudal, explicitado não apenas pela fixação nos Guermantes, e notadamente na duquesa de Guermantes, que descende da legendária rainha Geneviève de Brabant, mas, no plano do discurso, pela conhecida tendência de Proust a escrever no imperfeito do subjuntivo e no futuro do passado, que são tempos verbais caducos, que só resistem ainda em cer-

---

93. Refiro-me, claro, aos ensaios de Baudelaire sobre dandismo, roupas e maquiagem e ao Mallarmé fundador da revista *La dernière mode* em que, no ano de 1874, publicou artigos críticos sobre roupas, jóias, mobiliário e cenografia, hoje recolhidos nas *Oeuvres complètes* da Gallimard-Pléiade. Assunto, até onde chegamos, inexplorarado pela fortuna crítica proustiana, há muito em Proust desse Mallarmé envolvido com roupas, na esteira de Baudelaire.
94. BTP, III, p. 368.
95. BTP, I, p. 385-386.
96. Idem, ibidem.

tas casas aristocráticas muito velhas de Saint-Honoré, quando ele começa a escrever, e funcionam assim como uma *passagem ao ato* estilístico...

É pela força desse mito que, ao dar de cara com a duquesa sentada num banco da capela da igreja de Saint-André des Arts, histórico monumento perdido num velho sítio da Bauce francesa, Combray, que participa da mesma fascinação por ser uma ilustração do mais puro gótico francês –, ele não pode reconhecê-la. Transmigrado do mito para a realidade, esse ser fabuloso se desfaz. Já não corresponde à fotografia que seu admirador vira dela numa revista, nem à Genoveva das historinhas da lanterna mágica[97].

Autor de uma coletânea intitulada *Amori et dolori sacrum* (1903) – em que clama, na seção introdutória, intitulada "La mort de Venise", contra a restauração das igrejas francesas, por temer que, desfiguradas por tais obras, elas acabem se transformando em museus –, Barrès tornara-se uma referência para Proust. Sobre igrejas, ele já escrevera *Le Roman de l'énergie nationale* (1902) e viria a publicar ainda *La Grande pitié des églises de France* (1914). Tudo isso se passa na entrada do novo século, quando o Congresso francês está votando as Leis Combes, reguladoras da separação definitiva da Igreja e do Estado, propostas e levadas à aprovação por um ministro anticlerical do presidente Félix Faure, Émile Combes, em meio a mais um processo político turbulento, que coincide com os últimos lances do Caso Dreyfus, e vai de 1903 a 1906, tendo seu auge em 1904, quando o ministro envia seu projeto de lei ao Parlamento. É isso que traz à baila, em BTP, o muito criticado arquiteto Eugène Emmanuel Viollet-le-Duc, um dos primeiros artistas franceses a se interessar pelo gótico europeu e o encarregado da restauração da Notre-Dame de Paris (1845-1855), da Sainte-Chapelle, da abadia de Saint-Denis e da catedral de Amiens, cujas reformas são também duramente criticadas pelo Narrador. Sendo um leitor de Ruskin, como era Proust na vida real, e duvidando da possibilidade de qualquer ressureição do passado perdido, ele considera o resultado de suas intervenções nesses monumentos como verdadeiros "dejetos", imputados ao fato de essa escola de arquitetura se levar muito a sério[98].

Como Barrès, Proust é contra qualquer intervenção estatal no patrimônio das igrejas e contra as próprias Leis Combes. Ambos temem que, entregues a governantes leigos, elas caiam nas mãos dos estetas e percam todo o seu sentido[99].

---

97. BTP, I, p. 174-175.
98. Cf. BTP, I, p. 899, e BTP, III, p. 368-370. Lendo Susan Sontag, descobrimos que, para garantir a perfeita recuperação dos edifícios que iria restaurar, o arquiteto contratou uma série de daguerréotipos de Notre-Dame. Cf. Susan Sontag, *Sobre Fotografia*, p. 91.
99. Sobre tudo isso, pode-se ler com proveito D. Hollier, Pour le profane, op. cit., p. 782, como também Luc Fraisse, *L'Oeuvre cathédrale. Proust et l'architecture médievale*.

Trata-se de uma refutação intelectual, e não religiosa, principalmente no caso de Proust. Quem conhece a coleção de artigos de Proust para o *Figaro*, que está recolhida pela Gallimard-Pléiade em *Essais et articles* e em *Mélanges*, sabe que ele toca, várias vezes, no problema e sustenta ali esse seu ponto de vista corajosamente, erguendo-se na defesa do interesse para o Estado desses símbolos da religião, contra o aparente avanço da tese segundo a qual eles nada teriam a ver com uma sociedade de direitos. Não poderia ser diferente em se tratando de um cultor de Ruskin e de quem sempre esteve na contramão dos acontecimentos.

Dessas contribuições de Proust para o *Figaro*, a mais conhecida é a que se intitula "La mort des cathédrales". Escrita em 1904, no momento em que a polêmica em torno da separação se acirra, Proust concorda aí, de público, com Barrès sobre as conseqüências negativas de uma secularização das igrejas, que redundaria necessariamente numa descaracterização desses lugares, cuja beleza, para ele, está, justamente, na aura sagrada. De que valeriam as igrejas sem a verdade dos rituais que aí se desenvolvem? Teriam esses ritos a mesma força se comandados por artistas, tão mais excelentes quanto estéreis, que representassem sem vivê-los os ofícios da cristandade?, pergunta Proust. E tomando o partido dos ritos, responde: "Quando o sacrifício da carne e do sangue de Cristo não mais for celebrado nas igrejas, não haverá mais vida nelas"[100].

Vale observar, porém, sobre esses propósitos, que lhe rendem então os elogios do próprio Barrès[101], e que não deixam de ser surpreendentes na boca de um judeu, mesmo que só por parte da mãe, que eles não ratificam nem o catolicismo nem o conservadorismo de Barrès, cujo amor pela França o leva a ser, pela mesma ocasião, um dos mais ativos antidreyfusistas. Diferentemente de Barrès, que, no fundo, ama nas igrejas francesas a glória da França, o que Proust teme é que elas se tornem ícones vazios de significado. Proust respeita seu objeto, não o vê com as lentes da exterioridade. Trata-se, de sua parte, de um questionamento que vai muito além da denúncia dos perigos que correm os monumentos da religiosidade no Estado laico. Pois, se para ele, até aqui de acordo com Barrès, é preciso evitar, antes mesmo que a confusão da coisa pública e da religião, a desfiguração desses prédios, isso se prende a uma preocupação, na verdade, estética. O que acontece – explica-se Proust – é que a missa seria menos bela se fosse apenas teatro, mero *décor*. Ao passo que é como serviço religioso genuíno que ela se dá à contemplação dos que crêem e dos que não crêem, podendo ser para uns reconforto espiritual e para outros uma representação, sim, mas rigorosamente verdadeira. Temos aí a idéia de que "os dogmas, os sacramentos, os textos da religião católica, assim como o lindo

---

100. M. Proust. La mort des cathédrales, *Pastiches et mélanges*, p. 144.
101. Idem, p. 770.

campanário de Illiers-Combray, podem ser excelentes metáforas para exprimir a transcendência da experiência estética", lemos no verbete "catolicismo" do *Dictionnaire Marcel Proust*[102].

Toda a excitação do Narrador diante de velhas igrejas mitológicas, como a Saint-André-des-Champs em Combray – "como essa igreja é francesa", exclama ele[103] –, e a própria metáfora da catedral aplicada ao seu romance são declinações dessa tese mais elaborada. Não é de admirar, portanto, que Proust faça Swann tomar a palavra, em CG, para atacar a visão reacionária de Barrès, dizendo-nos que o escritor se tornou velho e desinteressante com sua salvaguarda das igrejas, e que o anticlericalismo republicano de um Clemenceau (um dos mais importantes políticos franceses a conduzirem o país no encerramento do Caso Dreyfus como veremos) serve mais à causa que o clericalismo *à la* Barrès: "Tente [reler Barrès], diz Swann ao Narrador, você não conseguirá ir até o fim. Que diferença de Clemenceau! Pessoalmente, não sou anticlerical mas, como, perto dele, se percebe que Barrès não tem fibra"[104]. Nem nos espantará que, para diferenciar bem a sua nostalgia do passado da ótica tradicionalista de Barrès, o Narrador volte a ele, no final de BTP, para inquirir seu patriotismo artístico, inseparável de sua defesa das igrejas e, um passo adiante, de seu antidreyfusismo. "Desde o começo da guerra, o Sr. Barrès disse que o artista [....] deve, antes de tudo, servir à glória de sua pátria" – cita o Narrador. E complementa:

mas ele não pode servi-la a não ser como artista, quer dizer, sob a condição de não pensar em mais nada – ainda que seja a Pátria – além da verdade que tem diante de si. Não imitemos os revolucionários que por "civismo" desprezaram, se é que não destruíram, as obras de Watteau e de De La Tour, pintores que honram mais a França que os da revolução[105].

Fora o conservadorismo, Proust sai tão mais depressa da cúpula de Barrès quanto suas reservas são referendadas por alguém como André Gide, novo condutor dos espíritos e das letras que então desponta, para roubar a cena, sob o seu olhar novamente atento. Tudo o que Gide pensava de Barrès, seu culto da viagem e seu desvelo pelo outro está resumido numa reflexão ácida sobre um de seus diários de bordo, um *Journal de Sparte*, feita a ninguém menos que Walter Benjamin, que o entrevista em 1928, não muito depois da morte de Proust: "o que Barrès vê na Grécia é a França [...] e quando ele não vê a França não vê nada"[106].

---

102. A. Baretta Anguissola, Catholicisme, em A. Bouillaguet e B. Rogers (orgs.), op. cit., p. 197.
103. BTP, I, p. 150.
104. BTP, II, p. 582.
105. BTP, III, p. 888.
106. W. Benjamin, André Gide, *Mythe et violence*, p. 282.

Além do mais, aqui também, não poderia haver acordo duradouro entre o mestre e o discípulo, quando se sabe que a paixão de Proust pelas catedrais góticas, além de o fazer tomá-las como forma de arte pura, nem francesa nem católica, mas universal, se endereça, cada vez mais, ao seu sabido inacabamento. É como gigantesca obra inacabada que a catedral serve de metáfora para o seu fantasmático romance.

Pierre Loti

Viajante mais condigno, até porque foi um oficial da marinha francesa, Pierre Loti (1850-1923) é mencionado nas páginas de BTP como um daqueles homens interessantes de quem a duquesa de Guermantes encontra sempre jeito de se aproximar[107]. Antes disso, em JS, vimos que ele figurava como o escritor que, tirando sempre o mesmo som de sua lira "de uma só corda", merece entrar no longo rol dos que "escrevem mal". No verbete "Pierre Loti" do *Dictionnaire Marcel Proust* lemos que também em suas cartas Proust não escondia que o estilo do escritor lhe parecia aborrecido[108].

Outro artista de prestígio no momento em que Proust ingressa em literatura, lemos em BTP que Loti é dono de tão grandes finezas que o Narrador quer emprestar à princesa de Luxemburgo seu exemplar de *Le Pêcheur d'Islande* (1886), na esperança de passar a ser recebido por ela, como prêmio pelo bom gosto[109]. A manobra termina não funcionando, mas nos dá uma idéia do lugar que o autor do livro ocupa no primeiro cânone de obras de Proust. Porém o mais interessante sobre este outro beletrista, campeão do romance francês no final do século XIX, é que ele levou a *invitation au voyage* mais a sério que o parceiro que, segundo Walter Benjamin, não arredava pé de casa quando viajava, tendo ido parar em portos os mais longínquos, nunca alcançados pelo próprio Baudelaire – o Taiti de Gauguin, a Abissínia de Rimbaud, a África de André Gide, o Japão de Paul Claudel, a Nova York de Céline...

Quem é esse homem que, nos lugares distantes onde se fixou, adotou os trajes locais – o de dervixe na Albânia, por exemplo –, desvestindo-se assim de suas roupagens, em sinal de despojamento de sua identidade metropolitana? Quem é esse impressionista – no sentido de sensacionista, como Baudelaire e Proust o foram – de que o século seguinte se esqueceria, completamente, enterrando-o, junto com Anatole France e Barrès, mas que, em seu tempo, foi famoso pelas paisagens exóticas que descreveu em seus romances, com a paixão de um romântico tardio?

---

107. BTP, II, p. 213.
108. P. E. Robert, Pierre Loti, em A. Bouillaguet e B. Rogers (orgs), op. cit., p. 573
109. BTP, III, p. 196.

Uma primeira maneira de apresentá-lo é lembrar que ele é um dos escritores indicados pelo adolescente Proust como um de seus prediletos, junto com Anatole France, no famoso *Questionário Marcel Proust*[110]. Uma segunda é dizer que, a exemplo de muitos dos escritores bem-sucedidos dessa virada de século que viu Proust fazer sua incursão à alta sociedade parisiense, ele é um *animal de salão*, investido aí da autoridade que lhe confere a carreira militar, que faz dele um embaixador da França no mundo. Trata-se de mais um oficiante dos ritos que se encenam nos *hotéis* de Saint-Honoré, em plena França republicana, como distintivos de uma arte aristocrática de viver, e isso causa sempre um enorme efeito sobre Proust. Uma terceira, que explica melhor a precedência que lhe dá Proust, na altura de seus quinze ou dezesseis anos, são seus romances, em que o herói é o próprio narrador – um sujeito que rememora –, e a intriga é quase nada, apenas uma reação subjetiva, espontânea e, à vista desarmada ao que se apresenta em volta, uma tentativa de registro da vida interior frente ao espetáculo das paisagens. Num belo pequeno texto sobre Loti, inserido em seus *Nouveaux essais critiques*, Roland Barthes resume bem tudo isso, deliciando-se com o caráter incidental dessas notações e sua falta de acontecimentos, que faz da narração o principal: trata-se de "uma constelação de ilhas, estrelas, povos, a Ásia, a Georgia, a Grécia [...]"[111]. Tudo aí é prenunciador do romance proustiano.

De fato, embora exploradores mais agudos, certamente porque menos abrigados no conforto de uma carreira de sucesso, possam tê-lo suplantado – pensemos no Victor Hugo da fase inglesa, cujo *Os Trabalhadores do Mar* leva um título que ressoa em *O Pescador da Islândia*, no Flaubert pesquisador de campo na Tunísia para a ambientação de *Salammbô*, no Gide que viaja pela África e até mesmo nos pintores da Escola de Paris que foram "despaísar-se" longe de suas pátrias e mudaram a história da arte ocidental –, há muito no primeiro Proust desse *homo viator*. Por isso, podemos vê-lo, ao lado de Renan, como o catalisador do interesse de Proust pelas civilizações remotas.

E não só de Proust. Tendo ido, no desempenho de suas missões externas, muito além do mundo greco-romano, o único de que os franceses tinham ouvido falar seriamente até então, Loti descortina uma parte ainda intocada da Antigüidade para toda uma geração de franceses. Seus quarenta anos de navegação o levaram ao Médio e

---

110. Referido por todos os biógrafos de Proust, trata-se dos questionários do álbum de sua amiga Antoinette Faure, filha do futuro presidente da República Félix Faure, que era amigo pessoal do pai de Proust. Ao que parece, Proust o respondeu em 1885. À pergunta sobre seus autores favoritos, ele replica: "Hoje, Anatole France e Pierre Loti". Esses questionários estavam na moda, à época da adolescência de Proust, como voltariam a estar, mais tarde, em meados do século XX.

111. R. Barthes, *Aziyadé, Le Dégré zero de l'écriture suivi de Nouveaux essais critiques*, p. 182.

ao Extremo Oriente, e seus registros são, principalmente, das ruínas das civilizações orientais. *Azyadé* (1879), seu romance mais conhecido, e aquele que mais instiga Barthes, passa-se na Turquia. Mas há outros que se desenrolam mais longe ainda, no Japão, como *Madame Chrysanthème* (1887), ou na antiga Pérsia, como *Vers Sphan* (1904). Loti viaja num momento em que, na esteira dos trabalhos recentes de Champollion e dos primeiros estudos do sânscrito, que levariam à postulação da hipótese de uma matriz lingüística indo-européia para a maior parte das línguas conhecidas, os orientalistas ganham força no Collège de France (veja-se Renan), lugar de pesquisas avançadas que Proust freqüenta, como todos os artistas ou aspirantes a artistas, ou simplesmente todas as pessoas cultas de seu tempo e de seu entorno viajado, opulento e sofisticado. Como enfatiza Barthes, na época, não existiam ainda os Estados Árabes e uma Turquia envolta em atmosfera de mito resumia o Oriente para europeus cultivado. Assim, a admiração que despertam esses escritos é geral.

Mas se o convite que ele faz ao *dépaysement* de Baudelaire[112] e o exemplo que nos dá essa vontade de deixar a França são feitos, de início, para contentar as necessidades do estetismo decadentista de Proust, nem por isso esse "*hippie* dândi", como o chamou Barthes, escapa à lógica da decepção que preside às primeiras incitações poéticas do futuro grande escritor. E se é verdade que Loti é um dos preparadores do cosmopolitismo de Proust, não podemos creditar à sua boa consciência de marinheiro-funcionário-público nem o Oriente sexualmente abjeto de SG, nem o Oriente pesadamente hebraico de Bloch. Mas devemos distinguir os efeitos encantatórios de seus quadros de viagem dos efeitos de estranhamento de Proust, de suas viagens *mauvais genre*. Há algo em Proust que faz toda a diferença, e nos obriga a recuar no tempo em busca de suas referências: o "gole de veneno" de Rimbaud. Como "virgem louca", Charlus tem muito mais a ver com *Uma Estação no Inferno* do que com qualquer romance de Loti[113].

A viagem proustiana ao estranho prescinde, de resto, de locomoção. Proust foi desses escritores que viajaram em seu próprio quarto, que deram a volta ao dia em quarenta mundos e dele não se poderia dizer, como Barthes, de Gide, que "lia Bossuet descendo o Congo"[114]. Como Baudelaire, que disseminou convites à viagem mas acabou abandonando o navio em que a mãe e o padrasto o haviam embarcado rumo à Índia, em seus jovens anos, para se verem livres dele, e que, em matéria de viagens, nunca foi além da Bélgica, Proust passa de sua mocidade curiosa e aberta a projetos de expedições, geralmente atrapalhados pela sua saúde precária, a uma

---

112. Volto a isso no segundo capítulo.
113. A. Rimbaud, Vierge folle, *Une saison en enfer*, p. 99.
114. R. Barthes, L'écrivain en vacances, *Mithologies*, p. 30.

vida adulta cada vez mais reclusa. Isso se transfere para o romance, onde essa excitação pode ver-se reduzida ao prazer de deparar-se, em alguma estação de ferro, com um cartaz anunciando a próxima partida de um trem para alguma parte, como vimos...

Quem leu George Painter e Jean-Yves Tadié sabe que, exatamente como acontece com o Narrador, o escritor ficava doente quando era tirado de seus hábitos, até se desabituar deles e assumir a segunda natureza de novos condicionamentos, e que, à exceção de Veneza, as paisagens italianas e flamengas que encontramos em BTP estão longe de ser aquilo que, no vocabulário das aulas de desenho, chamamos de pintura "à vista do natural". O próprio "museu movente" proustiano, como o chamou Aguinaldo Gonçalves, com seus Giottos, seus Botticellis e seus Vermeers, é um museu de reproduções fotográficas. Lembremos que Swann é um colecionador dessas reproduções. E é só porque *A Vista de Delft* de Vermeer é trazida da Holanda para uma exposição em Paris que Bergotte tem a sorte (ou o azar) de poder ver de perto o trabalho do pintor, que termina lhe parecendo infinitamente superior ao seu. Todo o mundo das artes proustianas se dá a conhecer, nesse sentido, por telas interpostas.

Malgrado sua freqüentação dessa escola literária tardo-romântica, que busca a influência fecundante do desconhecido, tão bem representada por Renan e Loti, e embora saiba, como todo verdadeiro praticante daquela religião da arte que Barrès tanto temia, que o Ocidente começa no Oriente, como testemunham, aliás, insistentemente, suas evocações das *Mil e Uma Noites*, Proust tudo observa de casa. É de seu quarto que ele vê o mundo, sem reduzi-lo a si, conjurando a diferença. Até porque é inseparável das grandes viagens de BTP, a Sodoma e Gomorra e à França medieval de Geneviève de Brabant, um certo sabor de morte ou de falta que surpreendemos nos melhores momentos da narrativa proustiana, e é sinal do sentimento de Proust de não pertencer completamente à nação francesa, de não estar completamente em casa aí, de só entrar na *França eterna* como um "extra-europeu", como diria o barão de Charlus, esse francês de quatro costados que tem três papas na família[115] da mãe judia de Bloch[116]. Além de explicar a fascinação pelos Guermantes, objeto obsedante que nunca é possível tocar, essa é uma impressão que só faz aumentar com a explosão do Caso Dreyfus.

A distância aberta na França, à época do Caso Dreyfus, entre a população dos judeus matadores de Cristo e a dos franceses que ergueram as mais belas catedrais góticas da Europa é uma das experiências centrais não só da vida de Proust, mas, a julgar pelas marcas deixadas em BTP pelo Affaire, também na do Narrador. Ela é parti-

---

115. BTP, II, p. 612.
116. BTP, II, p. 228. Volto a isso na subseção Pantomima, do terceiro capítulo.

cularmente sensível – *et pour cause*, poderíamos dizer – nos nichos aristocráticos. Como meio-judeu que os freqüenta, Proust ressente-se enormemente da situação. É esse desconforto que o deixa ver melhor o alcance desses escritores da invitação à viagem cujas vilegiaturas, pelo próprio caráter de peregrinação de que, no fundo, se revestem, nada mais fazem que confirmar os valores europeus. Há um equívoco insidioso também na literatura dos Loti: eles são os termômetros de um mal-estar do intelectual francês em relação à sua própria cultura. Vale dizer que também não vão muito além da própria França. Seu orientalismo é – como já se disse – colonizante[117].

É nesse sentido que Barthes associa *Aziyadé* a uma voga orientalista e localiza em Loti o álibi de uma "filosofia do desencanto"[118]. Ele não o faria tão bem se não fosse um leitor de Gide. De fato, bem antes de se interessar por Loti, num de seus primeiros textos, em torno do *Journal* de André Gide, já citava esta outra frase sardônica de Gide acerca de escritores franceses que foram consolar-se no estrangeiro: "Diante de tanto asiatismo, como eu me sinto dórico"[119].

Mas ninguém melhor que Hannah Arendt, já que lhe interessa o problema dos judeus, para apontar os álibis e os limites desse gosto do exótico que reina nas altas rodas parisienses, à época de Proust, e reflui com o Caso Dreyfus. Aí, a diferença representada pelo judeu e pelo homossexual funciona como remédio contra o tédio, nota ela. Os aristocratas não querem ser pessoas comuns como os burgueses, assim, a bela sociedade abre-se para esse exotismo. Se Proust tanto se compraz nesse meio, é que ele também acredita que o vício é mais humano, mais misterioso, mais refinado que as condutas conformistas. Hanna Arendt escreve: "Proust era um verdadeiro expoente dessa sociedade, pois estava envolvido com os dois *vícios elegantes*, de que ele, a maior testemunha do judaísmo desjudaizado, era portador [...]". É o que explica seu fascínio pelas paixões pervertidas de Charlus e Albertine, pela fidelidade totalmente deslocada de Swann a sua cortesã e, no limite, pelos próprios salões, onde todo esse estranhamento acha abrigo, de algum modo. O que acontece, depois, sob o fogo cruzado do processo Dreyfus, é que se corporificam, no Faubourg, os sentimentos de clã, e o "vício de ser judeu" já não pode mais ser suportado. Então, a mais fina sociedade passa a fazer um só corpo com a ralé que grita "morte ao judeu"[120].

Nesse contexto, Proust é um escritor único, que vai saber escapar de todas essas armadilhas elegantes, evoluindo para uma outra poética do expatriamento, mais moderna e mais perturbadora, capaz

---

117. Cf. a respeito Christopher Miller, Orientalisme, colonialisme, em D. Hollier (org.), op. cit., p. 661.
118. R. Barthes, *Le Dégré zero de l'écriture suivi de Nouveaux essais critiques*, p. 184.
119. Idem, Notes sur André Gide et son Journal, *Textes, Oeuvres complètes*, I, p. 28.
120. Hannah Arendt, O Caso Dreyfus, *Origens do Totalitarismo*, p. 103-104.

de abarcar não só a ferida do judeu, mas a da homossexualidade, que também estigmatiza e exclui, e a qual ele não separa, por isso mesmo, da primeira, como veremos. E vai ainda enfrentar o esnobismo, que joga com o centro e as bordas da vida social e, como bem mostrou Gilda de Mello Souza, interpretando o discurso das roupas e das atitudes em Proust, é uma questão de sobrevivência dentro de um mundo em convulsão[121].

A VANGUARDA DA GALLIMARD

Entre a publicação do primeiro volume da suma proustiana – *No Caminho de Swann* –, lançado em 1913 pela editora Grasset, e a dos seis ciclos subseqüentes, que começariam a aparecer, a partir de 1919, sob outra chancela, naquele momento a mais impositiva, a da Gallimard, interpõe-se a primeira guerra mundial. Não é só a geopolítica européia que vai mudar nesses anos sombrios. Nesse ínterim, o centro de gravidade das letras francesas deslocou-se da *rive droite* dos salões grã-finos para a margem esquerda do Sena, onde uma novíssima geração de escritores, de inflexão mallarmeana, reunidos na mesma casa editorial pelas suas afinidades eletivas, estava então renovando a literatura. Essa casa, que se tornaria a de Proust, ao encampar, com atraso, o restante de sua obra, é a de Gaston Gallimard. André Gide, que detinha então a posição do mais importante escritor francês em ação[122], é o condutor do grupo, formado por gente como Paul Valéry, Paul Claudel, Jean Cocteau, Jacques Copeau, Francis Jammes, Valéry Larbaud, Jean Giraudoux e Jean Schlumberger, para só citar parte do "capital simbólico" da *maison*, que tinha ainda Eliot como correspondente em Londres e André Breton como revisor de provas[123]. A *Nouvelle Revue Française, revue mensuelle de littérature et de critique*, fundada por Gide, Jacques Copeau e Jean Schlumberger, em 1909, e fadada a ser uma das mais importantes revistas literárias de um século cheio delas, era o sofisticado veículo de sua plataforma. A coleção Pléiade, que havia sido inaugurada, em grande estilo, com a publicação de parte do colossal *Journal* de Gide, era a ponta avançada dessa política editorial.

Anunciando-se como continuadora do simbolismo, a revista da Gallimard deu a conhecer muitos dos principais escritores franceses

---

121. Gilda lembra, a respeito, esta reflexão perfeita de Proust, em PR, sobre o mundo esnobe que o cerca: "O conhecimento de tudo que era vestimenta, maneiras de usá-la, cigarros, bebidas, cavalos [...] havia se desenvolvido isoladamente, nesse mundo, sem se ter feito acompanhar da menor cultura intelectual". Gilda de Mello e Souza, A Luta de Classes, *O Espírito das Roupas*, p. 132.

122. Sobre o peso da importância de André Gide no momento da fundação da editora Gallimard, ver Claude Martin, *Gide*, p. 150-151.

123. G. Painter, II, p. 435 e 373.

e estrangeiros do século XX[124]. À época de Proust saíam ali aqueles autores de língua inglesa que vimos que ele admirava, e, depois de sua morte, em 1922, ainda haveriam de sair ali alguns dos melhores textos da fase heróica do surrealismo (a exemplo dos manifestos de Antonin Artaud, que se transformariam no célebre dossiê intitulado *O Teatro da Crueldade*). Entre uma realização e outra, é a NRF que publica, em 1914, pela primeira vez em separado, a dezessete anos da primeira inserção na (por isso) célebre revista *Cosmópolis* e a dezesseis anos da morte de Mallarmé, o poema *Un coup de dés jamais n'abolira le hasard*[125] (Um Lance de Dados jamais Abolirá o Acaso). É a projetos desse escopo que *À l'ombre des jeunes filles en fleurs* (À Sombra das Raparigas em Flor) vem se juntar, depois de vencida a primeira impressão desfavorável dessa elite das letras francesas do início do século passado a respeito de um desconhecido chamado Marcel Proust.

Embora raramente lhe acontecesse de pôr os pés nesse lado boêmio e intelectual da cidade, vindo da Paris rica dos grandes bancos, da Ópera, da igreja da Madeleine, do Bois-de-Boulogne, dos Champs Elysées e do Faubourg de Saint-Honoré, nem por isso Proust deixa de querer ser recebido nesse lugar de prestígio. Isso acontece não só porque lhe parecia que somente ali não seria discriminado por seus temas escabrosos, nem só por saber demais o quanto um escritor é julgado pelo seu lugar de pertencimento, mas principalmente por intuir, de algum modo, que era ali que estavam os seus iguais, não só na opção sexual (Gide, Cocteau) mas em matéria de qualidade e de grandeza. Assim, é ao comitê de redação da NRF que ele encaminha, em 1912, o manuscrito de SW. A continuação da história é hoje conhecida. O manuscrito é recusado e, embora nada tenha sido comunicado a Proust por escrito, fica-se sabendo que Gide, associando o proponente às forças estéticas retrógradas dos salões, e achando o texto prolixo e estranho, havia considerado sua leitura impossível[126]. É depois disso que o escritor se dirige à Fasquelle (a editora de Flaubert), onde SW é novamente

---

124. No capítulo La *Nouvelle Revue Française* – 1909/1925 de seu *Letras Francesas – Estudos de Literatura*, Fulvia Moretto os enumera exaustivamente. Dos estrangeiros, ela cita, entre outros, Joyce, Kafka, Thomas Mann, Pirandello, Joseph Conrad, William Faulkner, Brecht, Unamuno, Lorca. Dos franceses, ela nomeia, entre outros, Paul Éluard, René Char, Raymond Queneau, Henri Michaux, Maurice Blanchot, Michel Butor e Francis Ponge.

125. Cf. a seção Notes et variantes das *Oeuvres* de Mallarmé na coleção Gallimard-Pléiade, p. 1581.

126. Sem mencionar o caso particular de Proust, Pierre Bourdieu tenta nos dizer o porquê. O grupo da Gallimard estudava cautelosamente os autores a englobar em seu projeto, em função de uma estratégia de mão dupla, que era a de tornar-se um centro de atração, o que implicava em evitar excessos de criticismo e intelectualismo, mas sem correr o risco de envolver-se com redes inseguras do campo intelectual. Em 1912, Proust representava uma dessas redes inseguras para Gide, figura dotada de antenas para detectá-las. Cf. P. Bourdieu, Fundamentos de uma Ciência das Obras, op. cit., p. 307.

recusado, e vai bater, em desespero de causa, na Grasset, que concorda em publicá-lo, em regime de *compte d'auteur* (edição paga).

Mas existe uma outra versão da história que interessa a esta gênese do romance proustiano. Informada por Painter, ela diz que o texto de *Swann* nunca foi lido, de fato, por ninguém na editora, que não interessava à Gallimard misturar aos valores da casa um principiante esnobe, mundano e, ainda por cima, homossexual enrustido[127], e que o embrulho deixado na editora por um empregado de Proust voltou como foi, sem que tivesse sido desfeito o nó do barbante que estava amarrado, como teria percebido a então noiva do emissário, Céleste Albaret[128]. Jean-Yves Tadié não menciona o fato, mas aponta a "responsabilidade coletiva da *maison*" ao recusar o autor por suas "frases longas e floridas", seu texto "mal composto e mal escrito", e parece confirmar o tratamento negligente, ao se perguntar se o manuscrito foi, de fato, lido na Gallimard[129].

Se não foi, há mais duas ou três ironias a adicionar a esse indeferimento do mais importante escritor do século XX francês por uma tão requintada junta de autores. A primeira é que, nesse caso, não foi o texto mas o homem por trás do texto a ser julgado. Assim, o escritor francês que mais se ergueu contra a interpretação da obra pela vida, fazendo de CSB a bíblia das críticas imanentistas, acabou tendo a própria obra julgada pela sua vida mundana, e isso bem no momento em que se desapegava dos "festins de bárbaros chamados banquetes", como o Narrador define a vida em sociedade[130], se tornava dono de sua arte e se fechava para dedicar-se unicamente a trabalhar, num lendário quarto de paredes forradas de cortiça, com tampões de cera nos ouvidos[131]. A segunda é que o homossexual não assumido, que tanto incomoda o intelectual *gay* declarado que é André Gide, era também, sem solução de continuidade, o primeiro escritor a enfrentar o tema da inversão sexual, numa exploração que se aprofunda em SG, mas que já está em SW. A terceira e certamente a melhor, pelo traço borgiano, é que a mesma

127. Cf. G. Painter, II, p. 236.
128. Segundo Painter, é o que garantia Céleste Albaret, que reconheceu na volta do pacote a sua maneira particular de fazer o nó. Idem, p. 237.
129. J-Y. Tadié, Un automne à la recherche d'éditeur, op. cit., p. 686.
130. Na expressão do Narrador neste longo e belo trecho de TR em que nos fala de seu afastamento de Saint-Germain: "Uma parte de mim, a que outrora freqüentava os festins de bárbaros chamados banquetes em que, para homens de coletes brancos e mulheres empenachadas, meio despidas, os valores se alteram a ponto de parecer mais censurável a falta de um conviva que, tendo aceito o convite, não vem ou mesmo só chega ao servir-se o assado, do que os atos imorais levianamente comentados, de mistura com os últimos falecimentos, durante o jantar, ao qual só a morte ou uma moléstia grave desculpam a ausência, com a condição de ter sido a agonia comunicada a tempo de descobrir-se outra pessoa para completar os catorze – essa parte de meu ser conservava os escrúpulos e perdera a memória". Cf. BTP, III, p. 1.039-1.040.
131. G. Painter, II, p. 380.

história já havia sido contada em *As Ilusões Perdidas* de Balzac, em que Rubempré envia um manuscrito ao impressor Dauriat, o qual é devolvido com belas palavras e uma negativa, que deixa o poeta perceber que ele não havia sido tocado. É fascinante nos perguntarmos se Proust, que foi um dos primeiros críticos de Balzac, num período em que *A Comédia Humana* ainda era considerada um rude artesanato, em comparação com os camafeus produzidos pelos Bergotte, se dá conta dessa imitação da arte pela vida, quando o casal de empregados do apartamento do Boulevard Haussmann vem apresentar seu depoimento sobre o embrulho nunca desfeito do manuscrito.

Contornar o repúdio moral da Gallimard é uma outra longa batalha que, em sua afirmação progressiva, o romance proustiano também venceria. Mas há uma guerra mundial antes disso. Assim, levaria sete anos para que, reorganizado o grupo que se dispersara entre 1914-1919, a NRF apresentasse a Proust o que os franceses chamam de *amende honorable* (pedido de desculpas) e inscrevesse RF em seu catálogo. Admitindo sua responsabilidade direta no episódio do descarte de SW, Gide confessaria que "esse foi o mais grave erro da *Nouvelle Revue Française* e um dos piores remorsos de minha vida"[132]. Era como se Sainte-Beuve se retratasse em relação a Baudelaire. Embora não pudesse sabê-lo, o escritor estava cada vez mais perto de se tornar "o primeiro escritor da época".

Todos esses acontecimentos são um bom motivo para que se abra aqui um parêntese para esses novos que, em 1912, transformaram SW numa *pièce à scandale* e, dez anos depois, compareciam em peso às homenagens prestadas pela *NRF* a Proust desaparecido.

Da elite que se reunia em torno de Gide, na *Nouvelle Revue Française*, entre 1909 e 1919, pode-se dizer, com tranqüilidade, que não saíram romancistas, pelo menos, não no sentido em que os velhos mestres de Proust foram romancistas. Renunciando à inocência de contar histórias e envolvidos com o paradoxo de uma prosa romanesca que quer impor-se poeticamente e de uma poesia que flerta com ser prosa (o poema em prosa!), todos os grandes escritores da Gallimard escrevem obras atípicas, às quais conviria mais a idéia, genericamente neutra, de "língua poética" ou "linguagem poética", própria do laboratório conceitual de Mallarmé, ou para lançar mão de nomenclaturas mais próximas de nós, a de "escritura", tal como definiu Roland Barthes, como intenção mais que execução da literatura, ou simplesmente a de "texto". Estamos aqui diante de um quadro de referências bem diverso daquele oferecido pelo quarteto bergottiano. Mas todos estes outros *primeiros escritores de sua época* também têm muito a ver com a maneira como Proust lida com seu sentimento de não ser feito para o romance e com seu desejo angustiado de escrever.

132. G. Painter, II, p. 255. Cf. ainda os anexos de Claude Martin em seu *Gide*, p. 208.

A morte do romance tornou-se um tópico da crítica literária no século XX, e principalmente da crítica literária francesa. Mas engana-se quem pensar que é uma hipótese apenas cabível para as vanguardas novecentistas. Com esse diagnóstico de esgotamento da literatura já trabalhavam os escritores da Gallimard, logo, é com essa perspectiva que Proust se depara quando deixa a redoma dos salões.

Roland Barthes enfrenta o tema numa conversa com Maurice Nadeau (diretor de uma outra revista literária influente, e ainda hoje em atividade, a *Magazine Littéraire*), datada da primeira metade dos anos de 1970, e atualmente incorporada às suas obras completas, sob um título que lembra um filme de Fellini e cita um outro título de Blanchot: *Où/ou va la littérature?*[133]. Desde os primeiros alvores do século, nota ele, tem-se a impressão, em certas rodas literárias, de que a grande época do romance, aquela que trouxe consigo Dostoiévski, Balzac, Flaubert, está terminada. Segundo ele, é a essa circunstância que temos que referir a *NRF*.

A conversa é das mais instrutivas. Nadeau diz a Barthes que, por mais que os críticos decretem falência do romance, romances seguem sendo publicados, por toda parte. Então, Barthes lhe acena com o grupo da Gallimard. Lembra que o romance já não gozava de nenhum prestígio na altura em que escreveram Gide, Valéry e Claudel, que não o achavam suficientemente "artístico". E segue observando que não acredita que a quantidade de romances que, de fato, continuam sendo publicados seja um atestado de vitalidade do gênero, como querem alguns: "Eu diria que ainda assim há crise. Uma crise não se deflagra porque há menos objetos, menos livros; pelo contrário, há cada vez mais produção, inclusive de romances. Não, uma crise tem lugar quando o escritor é obrigado ou a repetir o que já foi feito, ou a deixar de escrever quando se vê preso numa alternativa draconiana: repetir ou retirar-se"[134].

Para quem as conhece, esse é também todo o assunto das aulas de Barthes do período letivo de 1978-1989, no Collège de France, hoje recolhidas no volume *La Préparation du roman*. No interior dessa crise – retoma ele, em 1978, no Collège –, o romance torna-se uma forma fantasmática, *sine materia*, que deixa entrever a obra, que brilha ao longe, como uma miragem, mas inibe a sua realização, justamente porque ela corresponde a um objeto idealizado. Trata-se da projeção de um cenário de escritura, e de uma escritura que tem uma forma, mas não um conteúdo. Sonha-se com um "volume", em abstrato, uma "física do livro". De diferentes modos, toda a modernidade está fixada nessa forma. O *Livre* de Mallarmé é testemunha explícita dessa estru-

---

133. Maurice Blanchot, Où va la littérature, *Nouvelle Revue Française*, n. 7, julho de 1953.
134. R. Barthes, *Où/ou va la littérature*, Oeuvres complètes, III, p. 62.

tura puramente arquitetônica, nos diz Barthes. O livro "sobre nada" que Flaubert planejava escrever é outra[135]. Em Proust, cuja particular maneira de viver o dilema é ter uma história, ainda que nebulosa, para contar, que envolve sua vida passada, mas nenhuma idéia do *modus operandi*, afora a imagem esmagadora e inibidora da catedral, essa crise é levada para dentro da própria obra, ela se torna constitutiva do próprio romance, que se faz a narrativa do "Querer-escrever". "Proust é um caso totalmente à parte no mundo da literatura: uma espécie de Herói não heróico, em que se reconhece aquele que quer escrever"[136].

Detenhamo-nos em alguns dos romancistas em crise do círculo de Gide que precedem Proust nessa arte de retirar-se ficando, com uma idéia "autotélica" de livro na cabeça[137], que vai trocar o romance de idéias pelo romance sobre o romance.

Jean Cocteau

Jean Cocteau (1889-1963) é bastante citado tanto por George Painter como por Jean-Yves Tadié, o que nos mostra Proust bastante perto, por um momento, de suas experimentações.

A parte que o teatro ocupa em BTP, em que o ofício da atriz Berma é tão importante quanto o de Bergotte, Elstir e Vinteuil, explica o mútuo interesse que une estes dois contemporâneos. Cocteau pertence a um circuito de templos teatrais parisienses dos alvores do século XX que está no alvo da pesquisa artística multidirecionada de Proust. Ele interage com casas como o Théâtre de l'Oeuvre, onde surgira Alfred Jarry, em 1896, o mesmo ano de PD, o Théâtre de l'Odéon, que adaptava os naturalistas e onde Proust tinha seu camarote, como vimos, o Théâtre-Libre e o Théâtre du Vieux-Colombier, para evocar apenas estes. Essa é uma vanguarda que atua sob a condução de encenadores como Jean-Louis Barrault, Louis Jouvet e Jacques Copeau, este último um membro do grupo fundador da Gallimard. Mas numa outra frente das artes cênicas, Cocteau é ainda um notável homem de cinema, ao lado de Jean Renoir e Robert Bresson.

Mas isso não exaure as relações que se estabelecem entre Proust e um dos primeiros artistas multimídia – poeta, romancista, dramatur-

---

135. Barthes refere-se a uma conhecida frase de uma carta de Flaubert a Louise Colet: "O que me parece belo, o que eu gostaria de fazer, é um livro sobre nada, um livro sem amarra exterior, que se sustentaria por si só, pela força interna de seu estilo". Há uma excelente tradução brasileira de uma seleta da correspondência de Flaubert, em que ela pode ser encontrada. Cf. G. Flaubert, *Cartas Exemplares*, p. 59.

136. R. Barthes, L'oeuvre comme forme fantasmée et Fantasme d'écriture, *La Préparation du roman*, aulas de 2/12/1978 e 5/01/1980, p. 34 e 240-241.

137. Expressão de Pierre Bourdieu que escreve: "o grupo da *NRF* propôs uma definição autotélica da literatura, como fez Eliot em *The sacred wood*". Cf. P. Bourdieu, Fundamentos de uma Ciência das Obras, op. cit., p. 221.

go, pintor, cenógrafo, músico, cineasta – de que temos notícia. O que os solidariza é também o fato de que ambos estão dispostos a misturar todos os gêneros. Cocteau transita como Proust entre a poesia e todas as outras artes. Ambos estão fixados no diálogo entre as linguagens artísticas e, como havia ensinado o Baudelaire crítico de música, de artes plásticas e de moda, na interrogação de uma arte pela outra.

Tal inquietação experimentalista termina por tramar o encontro de ambos. A razão são os Balés Russos. Empresariados por Serge Diaghilev, o movimento dos Balés Russos, que é uma das fundações não só da dança mas da arte moderna, aglutina, desde 1911, no mesmo palco, intervenções de toda espécie, instabilizando códigos. Essas intervenções são assinadas por gente como Picasso, Matisse, Braque, Derain, Stravinski, Ravel, Poulenc, Sattie, Balanchine, Nijinski e Pavlova. Mas o mais notório desses empreendimentos de Diaghilev é um espetáculo idealizado por Cocteau. Trata-se de *Parade*, montagem que estréia em 1917, no Théâtre du Châtelet, oferecendo um espetáculo que Nicolau Sevcenko chama, em seu *Orfeu Extático na Metrópole*, de "cômico", "impetuoso", "delirante" e "aflitivo"; com propriedade, já que a parada em questão é um número de circo, de não mais que quinze minutos, durante os quais uma *troupe* ensaia, a céu aberto, convidando os espectadores a virem assistir logo mais à função, que, ao mesmo tempo, já está acontecendo[138]. Trata-se de um acontecimento de que muito se fala em BTP e no qual Proust presta uma enorme atenção, chegando a associá-lo, com sua verve cômica, ao Caso Dreyfus[139].

Há mais motivos para que o escritor que almeja ser recebido na Gallimard atente para este realizador. Cocteau é ainda personagem do *roman pur* de Gide *Os Falsos Moedeiros* (1925), em que "moedeiro" e "moeda" aludem à linguagem, metaforizando a frágil condição de quem lida com as palavras, e onde ele entra fazendo o papel de si mesmo, como os atores de *Parade*. E as coisas não param por aí. Proust tem também motivos afetivos para aproximar-se do poeta, enquanto ainda freqüenta a fremente noite parisiense da época. É que Cocteau fez parceria musical com um cantor, pianista e compositor aluno de Massenet, igualmente ligado aos Balés Russos, chamado Reynaldo Hahn[140]. Este intérprete lírico, de que hoje dificilmente encontramos gravações, foi um dos primeiros *amigos* de Proust, da roda judaica de

---

138. Nicolau Sevcenko, As Senhoritas de Avinhão e a Arte Parada, *Orfeu Extático na Metrópole. São Paulo, Sociedade e Cultura nos Frementes Anos 20*, p. 182.
139. Devo a Nicolau Sevcenko descobrir que Proust escreveu uma saudação a *Parade*, em que diz: "Essa encantadora invasão, contra cujas seduções só os mais estúpidos dos críticos protestaram, infectou Paris, como sabemos, com uma febre de curiosidade talvez menos inflamante, mas mais puramente artística e tão completamente intensa quanto aquela suscitada pelo Caso Dreyfus". Cf. idem, ibidem. A esse respeito pode-se conferir também G. Painter, I, 201-205.
140. Cf. o verbete "Balé" do *Dictionnaire Marcel Proust*, p. 113.

sua juventude. Num tempo em que a inversão sexual publicamente assumida causava problemas graves a Oscar Wilde, mártir da homossexualidade na Inglaterra e condenado à pena de prisão em 1895, que Proust respeitava por isso, como mostram muitas de suas cartas repertoriadas no *Dictionnaire Marcel Proust*[141], Reynaldo Hahn ajudou Gide a fazer frente à opinião pública francesa, ostentando a sua opção sexual[142]. Isso fecha o círculo das cumplicidades.

Com todas essas provocações, que não separam experiência estética e experiência existencial, certamente, não terá sido por preciosismo que Cocteau escreveu, na NRF, a propósito de Proust que "os gênios não temem rir".

Valéry Larbaud

Valéry Larbaud (1881-1957), que também é figura assídua aos apêndices dos biógrafos de Proust, o que significa que também está, de algum modo, ligado à vida do escritor, tanto mais deve interessar a quem queira traçar o panorama das letras francesas no início do novo século em que vêm a público os muitos tomos de BTP como leva adiante o cosmopolitismo de Loti, que tanta influência exerceu sobre a cultura universal de Proust, sendo um incansável divulgador da literatura estrangeira na França.

Notando a ausência de grandes escritoras mulheres na Inglaterra, desde o período elisabetano, e imputando o fato à penúria material em que elas viviam, sob a tutela dos maridos, Virginia Woolf apontou a existência de uma relação estreita entre a pobreza e a qualidade das ficções que se produzem[143]. Se ela fizer sentido, Larbaud é uma contraprova dessa equação, por ser um dos grandes nomes da Gallimard e por compartilhar com Proust o privilégio da fortuna.

De fato, sendo de condição social abonada – era o herdeiro dos exploradores das termas de Vichy, e isso lhe valeu ser chamado recentemente pelo crítico Jacques Rhéda de "o milionário delicado", epíteto totalmente cabível para Proust[144] –, ele pôde dedicar-se, como Proust, unicamente à literatura, e ofereceu-se o luxo de explorar o que se passava no estrangeiro, notadamente no país em que, segundo Woolf, uma irmã de Shakespeare nunca teria chegado a escrever. Assim, foi o homem da equipe da *Nouvelle Revue Française* que se encarregou da dupla missão de difundir a literatura francesa no exterior – onde conheceu o próprio Gide, na Inglaterra – e de apresentar aos franceses alguns escritores estrangeiros, tanto clássicos como modernos, com os quais

---

141. E. Eills, Oscar Wilde, em A. Bouillaguet e B. Rogers (orgs.), op. cit., p. 1079.
142. G. Painter, II, p. 203, e I, p. 227-244.
143. Virginia Woolf, *Um Teto Todo Seu*, p. 35.
144. Jacques Rhéda, Je et son autre, *La Sauvette*, p. 76.

muito poucos, além de Proust (lembremos de sua biblioteca inglesa), tinham, então, familiaridade. Larbaud é o introdutor de Conrad, Samuel Butler e William Faulkner no então fechado circuito editorial francês. E ainda, o autor da tradução de *Ulisses* de Joyce, cujo monólogo interior, não despido de semelhança com o de Proust, leva para o seu *Amants, heureux amants* (1924). Por conta desse *tour de force* tradutório, que é a versão de *Ulisses*, Larbaud está para Joyce assim como o inglês Scott Moncrieff, o tradutor de BTP para o inglês (1919, Chatto and Windus), está para Proust. Um dos primeiros escritores franceses a interessar-se pela literatura brasileira, foi amigo de Oswald de Andrade.

Se Larbaud está hoje esquecido e só é vagamente lembrado por textos experimentais como *A. O. Barnabooth* (1913), sabemos que Proust gostava particularmente de seu livro *Enfantines* (1918), por ser uma espécie de registro autobiográfico. Mas, vista à distância, sua contribuição mais interessante talvez sejam os estudos contidos nos prefácios das obras dos autores não-franceses que ousou pôr em circulação na França, numa encruzilhada histórica pós-Gide, pós-Joyce e pós-Proust em que o romance parecia exaurido, mas resistia no estrangeiro (vide Faulkner).

Trata-se de uma produção tão ousada quanto primorosa, que ganha pontos quando se descobre que, em poucos anos, ao longo do decênio de 1930, a França literária voltaria a fechar-se sobre si, não apenas fixando-se nos valores nacionais, e dentre eles, principalmente, nos grandes clássicos, mas fazendo uma leitura nacionalista dessas obras. É nesse contexto que se forja a crítica afinada com a *Action Française*, que estaria em plena ação em 1940, quando, para poder continuar circulando, sob a censura da Ocupação, a *Nouvelle Revue Française* passa às mãos de Drieu La Rochelle. E foi disso que Maurice Blanchot teve que escapar, como mostra, em sua biografia monumental de Blanchot, Christophe Bident, para se tornar um dos melhores leitores de Proust, na segunda metade do século XX, e o grande intérprete de um estrangeiro como Kafka[145].

Há duas remissões a Larbaud na biografia de Proust por Jean-Yves Tadié e três na de George Painter, que o arrola entre os correligionários de Gide que contam para Proust, e relata que Proust o elogia num artigo de 1913, sinceramente, ainda que o objetivo seja ganhar a simpatia da Gallimard[146].

A marcha dos acontecimentos políticos na França mostraria como Proust tinha razão em apreciá-lo sinceramente e em querer chamar sua atenção.

---

145. C. Bident, op. cit., p. 116.
146. G. Painter, II, p. 242-243.

Paul Claudel

Também Paul Claudel (1868-1955) está longe de ser um romancista. Um dos mais importantes poetas franceses da primeira metade do século XX, ao lado de Paul Valéry, ele é principalmente um dramaturgo, que começa compondo dramas simbolistas e termina por nos deixar algumas obras-primas difíceis de classificar como *Partage de midi* (1906), *L'Annonce fait à Marie* (1912) e *Le Soulier de satin* (1924), cujos textos desafiaram até mesmo os realizadores a cargo da renovação da Comédie Française que está em curso nesse momento. Longuíssimas e barrocas, nenhuma delas pôde ser integralmente encenada, nem reconhecida, por muito tempo. A mais importante, e a mais longa de todas, *Le Soulier de satin*, ambientada na Espanha do século XVI, seria levada ao palco, pela primeira vez, em 1943, sob a Ocupação, por um outro *metteur en scène* importante do período, ao lado de Cocteau, Jean-Louis Barrault. Claudel a escreveu no Japão, onde foi embaixador da França, de 1922 a 1928, no auge de uma carreira diplomática de quarenta anos, que o havia levado, antes, a várias capitais européias e a países como os Estados Unidos, a China e o Brasil, onde foi cônsul no Rio de Janeiro[147]. Nestas chaves para o romance proustiano, isso também o põe na rota dos *estrangeiros*.

Há três referências a Claudel em BTP, todas alusivas ao seu estilo. A mais interessante está em RF, num trecho em que o Narrador confessa que sempre achou Bloch melhor aluno que ele e, para prová-lo, lembra que seu amigo da época da escola "já havia chegado em Claudel quando (ele próprio) ainda estava em Musset"[148]. O elogio talvez não chegue a ser rasgado, já que, na seqüência, ele acrescenta que quando finalmente chegou em Claudel, Bloch já havia mudado de gosto. Ficamos sem saber se é Bloch que é volúvel ou se é Claudel que não resiste a uma segunda análise. Mas há outros menos ambíguos ao longo da correspondência proustiana, em que, com alguma paciência, percorrendo os índices onomásticos de Philip Kolb e entrando nas cartas, descobrimos que Proust chegou a ver no poeta um dos grandes nomes da *NRF*, ainda que tivesse motivos pessoais para detestá-lo, já que, sem pactuar com o espírito da *Action Française*, ele foi um *petainista*. Outra coisa que descobrimos percorrendo as biografias é que essa era uma admiração não correspondida, o que talvez se deva ao catolicismo de Claudel, religião a qual ele se converte inesperadamente, e ao embaraço que as histórias que circulavam sobre a vida de Proust deve

---

147. Do mundo estrangeiro de Claudel faz parte o Brasil, onde ele serviu como diplomata, tendo por secretário Darius Milhaud.
148. BTP, I, p. 768.

ter continuado causando neste membro do comitê da NRF, mesmo depois que o grupo reabilitou Proust[149].

Sabe-se, pelas boas histórias da literatura francesa, que Barrault pensou em encenar *Le Soulier de satin* em duas noites, mas acabou optando por cortar o texto, que só em 1987 ganharia uma adaptação cênica integral[150]. Levando em conta não só a lenda criada em torno dessa encenação mas a importância que o poeta assume aos olhos de um Proust que busca, mais que abrigo editorial, seu verdadeiro caminho, temos tudo para pensar que é Claudel quem, desde o início do século, mais autoriza Proust a se entregar às suas próprias profusões.

E se bem que hoje já ninguém mais lê Claudel, a não ser nos cursos avançados de literatura francesa, temos tudo para pensar que, antes de propor um problema para as vanguardas teatrais resolverem no restante do século, este poeta incomensurável está mesmo entre os que Proust mais respeitou, e foi um dos novos que prometeu um reino à literatura proustiana.

Francis Jammes

Poeta já para o seu tempo enigmático[151] e hoje bastante esquecido, Francis Jammes (1868-1938) faz-se presente às biografias, à correspondência e à obra-prima de Proust. É a ele que o pai do Narrador, que pouco intervém em BTP, principalmente em assuntos literários, faz menção, em SG, valendo-se de sua estranha poesia melancólica, em torno de objetos prosaicos e inertes, assim como, noutras partes, a Mãe e a Avó se valem de Madame de Sévigné.

Nesse ponto de BTP, em que o pensamento do Narrador gira em torno de uma morta que não cessa de voltar, Albertine, há lembranças de Francis Jammes que acodem para sublinhar, primeiro, como é estranho nos esquecermos dos mortos, depois, como é ainda mais estranho que não os esqueçamos, já que eles retornam para nos assombrar, e então nos parecem vivos, deixando-nos a horrível sensação de tê-los abandonado em vida. Vale a pena acompanhar a seqüência. Estamos diante de uma conversa entre o Narrador e o Pai, envolvendo outra morta querida: a Avó. Trata-se de um estranho colóquio, que surge envolto numa atmosfera onírica. Dando-se conta da falta da Avó, o filho pergunta ao Pai se não deveria ir atrás dela, lá no mundo dos mortos, onde ela se

---

149. J-Y. Tadié, op. cit., p. 665.
150. Cf. o ensaio de David O'Connell, Péché Bourgeois, em D. Hollier, op. cit., p. 801-805. Há ainda um interessante depoimento de Gilberte Brassaï, que, além de fino comentador de Proust, é um atento observador das artes nesse momento, sobre essa encenação de Claudel, em seu *Conversas com Picasso*, p. 125.
151. O público "(torcia) o nariz" para a sua boa poesia, nota Bourdieu em *As Regras da Arte*, p. 288.

encontrava, agora, para consolá-la. O Pai responde que não e, ao fazê-lo, recita Francis Jammes: "sabe, ela está muito distante... *cerfs, cerfs, Francis Jammes, fourchette...*" (em tradução literal: cervos, cervos, Francis Jammes, garfos; em tradução livre, mas respeitosa das metáforas caseiras aí mobilizadas: cães, cães, Francis Jammes, pães). Ao que o filho retruca, na mesma sintaxe irregular do poeta: "Francis Jammes *cerfs, cerfs* [...]"[152]. Repetido assim, em ladainha, o enunciado *cerfs, cerfs* parece um treino mnemológico, feito para fortalecer a memória de ambos e de impedi-los, dessa maneira, de esquecer seus entes queridos.

Sabemos que Francis Jammes fez parceria com o compositor Darius Millaud, como letrista, e que, em seu tempo, Proust acorria às récitas da dupla[153]. Sabemos também que Proust está lendo as recém-saídas *Mémoires* de Francis Jammes quando, pouco antes de falecer, em 1922, lhe escreve: "Suas memórias têm sido para mim, mesmo quando mal posso abrir os olhos, minha ligação com o mundo. É um mundo invisível para mim, mas que se torna sensível graças a todas as suas imagens, que já não podemos separar de todas as coisas das quais, para nossa benção, o Sr. fala"[154].

Essa confissão *in extremis* é um atestado da força do laboratório de criação da Gallimard.

Paul Valéry

Um antidreyfusista que, por suas posições políticas[155], está relativamente fora do circuito social de Proust, cada vez mais reduzido, na medida em que ele avança para a sua virada literária, nem Paul Valéry (1871-1945) foi um romancista. Bem longe disso, se escreveu de tudo – poesia, teatro, diálogos, ensaio, crítica, estudos, moralidades –, tratou de fazê-lo sem jamais cair na tentação da narração, o que o levou a dedicar-se, muito mais, aos aforismos (*Mauvaises pensées*) e aos textos de circunstância (*Variété*), que fazem de sua obra completa uma fascinante coleção de peças fragmentárias.

Elas seriam de enorme influência sobre alguns dos mais importantes movimentos literários de ruptura por vir. Assim, por exem-

152. BTP, II, p. 762.
153. Cf. J-Y. Tadié, op. cit., p. 764.
154. Carta a Francis Jammes de 15/05/1922. Cf. P. Kolb, op. cit., XXI, p. 198.
155. No capítulo L'Affaire Dreyfus do primeiro volume de sua biografia de Proust, George Painter nos informa que, ao lado de Barrès e da maior parte dos nobres do Faubourg Saint-Honoré, Valéry cotiza, em 1899, para um fundo de apoio à viúva do Comandante Henry, um dos algozes de Dreyfus. A campanha, que havia sido organizada pela revista anti-semita *La Libre parole*, respondia a iniciativas de apoio ao condenado judeu, da parte do campo oposto, a que pertencia Marcel Proust. Cf. G. Painter, I, p. 298. Mas esse não é o único depoimento que temos sobre o anti-semitismo de Valéry, nem o mais importante. Tzvetan Todorov menciona a adesão do poeta ao antidreyfusismo em *Em Face do Extremo*, São Paulo: Papirus, 1995, p. 131.

plo, é por sugestão de Valéry, muito citado no *Primeiro Manifesto do Surrealismo*, a propósito da revolução da escrita automática e do fim das histórias realistas, que narram coisas externas e trabalham com enquadramentos do tipo "La marquise sortit à cinq heures" ("A Marquesa Saiu às Cinco Horas"), que o grupo de André Breton lança sua plataforma, em 1919, numa revista, para efeitos sardônicos, intitulada *Littérature*[156]. Como modelo de escritura não convencional ou gramática sucinta para um contrapadrão narrativo, o lema valeriano inscrito em "A Marquesa Saiu às Cinco Horas" torna-se, nesse começo de século futurista, a marca de um romance reduzido à sua essência de linguagem, que quer impor-se poeticamente. Mas é ainda Valéry que dá título a uma das revistas literárias mais prestigiosas do século XX francês, depois de *Littérature* e da *Nouvelle Revue Française*, a *Tel Quel* de Philippe Sollers, já que "*tel quel*" é o nome de uma das obras mais fragmentárias do poeta.

Sendo um dos grandes simbolistas da segunda geração, e, nesse sentido, além de poeta enigmático, que escreve numa língua estranha, avessa aos objetivos da comunicação, um pensador da linguagem, Valéry é o continuador da reflexão de Mallarmé sobre os limites da palavra que o poeta instrumentaliza e, com isso, um reformulador da suspeita mallarmeana sobre as possibilidades da própria arte da palavra.

Sem dúvida, a melhor parte dessa reflexão está em seus *Cahiers*, imenso canteiro de obras, a que dá início em 1890 – a seis anos de JS, portanto –, e que se constitui, quantitativamente falando, no maior empreendimento de escritura intimista desse início de século XX, que ostenta, no entanto, alguns casos de figura igualmente impressionantes, mas menos gigantescos: o *Journal* de Amiel[157] e o *Journal* de Gide (a que voltaremos), que se inspira no de Amiel. Escritos diariamente, pela manhã, num período de cinqüenta anos (entre 1894 e 1945), esses cadernos somam, no final da vida de Valéry, 261 brochuras e mais de 26 mil páginas. Augusto de Campos, a quem devemos a tradução de uma seleta deles, os chama de "lampejos fascinantes do pensamento fragmentário", e assinala que podem ser vistos como uma versão ultramoderna dos apontamentos íntimos de Leonardo,

---

156. Cf. M. Nadeau, op. cit., p. 60-61. A frase de Valéry citada por Breton, "La marquise sortit à cinq heures", é tirada dos *Cahiers*.

157. Henri Amiel (1821-1881), escritor suíço de língua francesa, autor de um imenso *Journal Intime*, só parcialmente publicado em seu tempo, cuja introspecção é geralmente apontada como precursora da de Proust. A *Nouvelle Revue Française* publica fragmentos dele em dezembro de 1921 e o próprio Gide o menciona em seu diário. Também Georges Poulet apontou a enormidade desses registros íntimos: "No silêncio do quarto que é sua fortaleza, rodeado pelas irmãs, cunhados, tios, sobrinhas, dia após dia, hora depois de hora, esse solteirão mal isolado no seio de uma grande família preenche as páginas de um diário. Quando começa o ano de 1857, ele já escreveu 2.690 páginas. Um quarto de século mais tarde, em 1881, no ano de sua morte, seriam 16.840 páginas." Cf. Georges Poulet, Amiel, *Études sur le temps humain*, IV, p. 288.

Novalis e Baudelaire[158]. Já por esse caráter de diário da vida toda, os *Cahiers* são um outro importante prelúdio à suma proustiana, inclusive no que ela tem de diário.

Mas mais e melhor que tudo isso, Valéry nos deixa um verdadeiro anti-romance – *Monsieur Teste* (1896 para a mais antiga versão) –, que nada mais é que um outro conjunto de fragmentos ou ciclos, de caráter também autobiográfico (Teste = testemunha), como seriam os ciclos de BTP, em que um narrador, também consciente de suas dificuldades técnicas, se examina e se indecide infinitamente a respeito de si mesmo, geralmente na primeira pessoa, o que não impede Valéry de passar, às vezes, à terceira pessoa, misturando vozes e atentando contra a autoridade do autor. De modo antecipado, temos nessa reunião de fragmentos, que retomam partes dos *Cahiers*, muito da trajetória espiritual de Proust. Inclusive, confidências de cunho poético como esta, trazida de viva voz pelo próprio Teste, espectador irônico de si mesmo, que não pode deixar de nos lembrar conhecidos pensamentos do herói de Proust sobre o gênero que é objeto de sua angústia:

> Não sou feito para os romances nem para os dramas. Suas grandes cenas, iras, paixões, momentos trágicos, longe de me exaltar chegam a mim como miseráveis lascas, como estados rudimentares em que todas as tolices escapam, em que o ser se simplifica até a estupidez; e ele se afoga em vez de nadar nas circunstâncias da água[159].

E ainda esta, em que Valéry fala por Teste: "Uma das idéias fixas de Teste, e não a menos quimérica, foi a de querer conservar a arte, *Ars*, ao mesmo tempo em que examinava as ilusões do artista e do autor. Não podia suportar as tolas pretensões dos poetas, nem as pretensões grosseiras dos romancistas[160]".

Iniciado em 1896 – o mesmo ano de JS – mas só publicado, parcialmente, pela primeira vez, em 1926, com o nome de *Cycle Teste*, muito depois de anunciado pela *Nouvelle Revue Française*, em 1910, o livro, em que o escritor ainda estaria mexendo, em seus últimos anos de vida, fato que o transforma numa outra *work in progress*, também é uma memória, de tal modo que, no *mélange* interior de textos que o compõem, o gênero que sobressai, entre cartas, diálogos e prefácios, é o diário, chamado por Valéry, em inglês, mesmo, de *log-book*.

As semelhanças param por aí e as diferenças entre estes dois contemporâneos parecem ser tão grandes quanto. Isso explica o fato de praticamente não haver cartas de Proust para Valéry, nem de Valéry para Proust, na correspondência estabelecida por Phillip Kolb, descontadas algumas poucas missivas protocolares do primeiro para o

---

158. Augusto de Campos, Eu mordo o que posso, *A Serpente e o Pensar*.
159. P. Valéry, Extraits du log-book de Monsieur Teste, *Monsieur Teste, Oeuvres,* II, p. 38.
160. Idem, p. 67.

segundo já no decênio de 1920, quer dizer, longe do período quente do Caso Dreyfus, a exemplo de uma de apenas três linhas em que Proust parabeniza o poeta por *Le Cimetière marin*, em termos glaciais[161]. Valéry é assim o único grande escritor do cenáculo de Gide de quem Proust mantém, pessoalmente, distância.

Edmond Teste, cuja primeira apresentação nos é feita no capítulo "Uma Noite com Monsieur Teste", na mesma imprevista terceira pessoa de *Un amour de Swann*, encarna um herói mais cerebral que o proustiano, mais senhor de suas faculdades, mesmo quando seus processos mentais o levam à vertigem. Registrando, *en passant*, que, com alguma malícia, a Valéry foi reservada a cadeira de Anatole France na Academia de Ciências e Letras, Benjamin nos diz que nada há de "patético" nem de "humano" nessa "curiosa personagem", para a qual "o pensamento é a única substância de que pode nascer algo perfeito"[162]. Por seu turno, Cioran vê o criador de Teste como um *poseur*, mais interessado em encenar o *"néant"* mallarmeano do que em cair, de verdade, dentro dele[163].

Valéry começa a escrever seu anti-romance fechado num quarto (que, ironicamente, foi um dia de Augusto Comte)[164]. Como das demais obras do poeta, podemos dizer que esse recuo narcísico é um importante precedente do "exílio de cortiça" de Proust, e uma preparação do romance proustiano, em que triunfa a vida interior, no ápice de uma literatura já moderna da cidade e da casa dentro da cidade, contraposta e recortada contra ela, num regime anti-social de criação[165]. Podemos também pensar que, pelo seu olhar estranho,

---

161. Carta de 22 de outubro de 1920. Cf. P. Kolb, op. cit., XIX, p. 552. Acrescente-se às marcas da indiferença de Proust por Valéry a recusa final de Proust em participar de uma homenagem a Valéry, que está sendo orquestrada pela Gallimard, na abertura do decênio de 1920, como descobrimos no vai-e-vem das cartas, estas, sim, numerosas, entre Proust e Gide, ao longo desse período. Depois de muito tratar do assunto e de prometer um texto, Proust desculpa-se junto a Gide por não o ter, finalmente, escrito, em mensagem arquivada por Kolb à p. 384 do tomo XXI da *Correspondance*.

162. W. Benjamin, Paul Valéry, *Poésie et révolution*, p. 38.

163. Cioran é cruel com Valéry. "Este homem apaixonado por si mesmo tinha as qualidades de um extrovertido. Sente-se que as aparências não lhe desagradavam, que nada nele assumia um aspecto mórbido, profundo, sumamente íntimo, e que mesmo o *Néant*, que herdou de Mallarmé, era apenas uma fascinação desprovida de vertigem, nunca uma via de acesso ao horror ou ao êxtase". Cf. Emil Mihai Cioran, *Exercícios de Admiração. Ensaios e Perfis*, tradução de José Thomaz Brum, Rio de Janeiro: Rocco, 2001, p. 61 e 63.

164. Cf. o prefácio à segunda tradução inglesa de *La Soirée avec Monsieur Teste* que antecede *Monsieur Teste,* na edição Gallimard-Pléiade das obras de Valéry.

165. A propósito desse regime de criação e do que lhe é oposto, Sartre nota que, ao se levantar de madrugada para escrever, Stendhal revela seu pertencimento à socialidade clássica, ao passo que Balzac, que trabalha à noite, é um moderno que abole, com esse gesto, a sociedade a sua volta. Cf. J-P. Sartre, La personnalisation, op. cit., I, nota p. 894-895.

"esse olhar de um homem que *não reconhece*"[166], e que é uma espécie de *flâneur* intelectualizado, Teste é potencialmente o observador proustiano às voltas com suas idiossincrasias. Mas o observador proustiano sem os odores, os sabores, os sons, as texturas, as visões, a sensualidade baudelairiana, enfim, de Proust. Aquela sensualidade que leva Proust a só trabalhar com a violência das impressões e a preferi-las à inteligência, como nos diz na abertura de CSB, explicando que "só fora dela [a inteligência] o escritor pode atingir algo de si mesmo"[167].

O frontispício inintelectual do CSB, que funciona como um preâmbulo a BTP, postula o contrário da orgulhosa divisa que abre *Monsieur Teste*: "a tolice não é o meu forte"[168].

No romance proustiano, o que move o Narrador é o que o comove. Daí Proust dever tudo a Valéry, sem poder reconhecê-lo.

André Gide

Mas dentre todos esses escritores de ponta, é André Gide (1869-1951), pela liderança que exerce junto aos novos da Gallimard, o que mais se sobressai. Nesse começo de século XX, em que a literatura francesa está mudando de mãos e passando da *rive droite* dos escritores de salão para a *rive gauche* da "literatura engajada" (antes que viesse a ser sartriana, a expressão é de Gide e figura, pela primeira vez, no título de seu livro de 1950, *Littérature engagée*), ele paira sobre as letras não só nacionais, mas européias, com um peso que se faz sentir até mesmo na aparência física.

O crítico Michel Tournier a descreve bem. Baseado no testemunho do escritor Roger Martin du Gard, ele tenta revê-lo, num de seus ensaios de *Le Vol du vampire*, entrando, de repente, em algum lugar: o chapéu enterrado na cara, um imenso sobretudo que lhe escorrega dos ombros, um ar de ator famélico, ou de sem-teto que ruma para um albergue noturno, as roupas de uma higiene duvidosa[169]. Tudo feito para não deixar dúvidas a respeito de quem ele era e o que fazia.

É de se imaginar o impacto que terá causado em Proust – que também impressionava pelo *physique du rôle*, principalmente no fim

---

166. Idem, p. 74. Grifo do autor.
167. CSB, p. 212.
168. "La bêtise n'est pas mon fort" é a frase que dá início ao primeiro ciclo de *Monsieur Teste*, intitulado La soirée avec Monsieur Teste. Cf. idem, p. 15. A exemplo, de Cioran, o poeta Francis Ponge será cruel com esse pronunciamento de Valéry, já que o ironiza na abertura de seu *Métodos*, onde lemos que "as idéias não são o meu forte". Cf. Francis Ponge, *Métodos* p. 19.
169. Michel Tournier, Cinq clés pour André Gide, *Le Vol du vampire – Notes de lecture*, p. 221.

da vida, quando dormia de roupa e recebia na cama[170] –, acostumado com exteriorizações bem menos felizes dos artistas, a julgar pela descrição que nos dá de Bergotte, com sua figura atarracada e seu nariz vermelho em forma de caracol, para não se falar de sua solicitude mundana[171].

Tudo em Gide é subvertedor ou – para citá-lo – "imoralista". Afora ser o primeiro escritor francês moderno a demandar, de público, a permissão do prazer, é ele quem primeiro e mais seriamente desorganiza (e reorganiza) o romance francês, preparando o caminho de Proust. Pois mais ainda do que com *Monsieur Teste* de Valéry, é de seus romances do fluxo de consciência, desinteressados da intriga, intimistas, monologantes e envolvidos com uma busca da beleza em si, como se fossem poesia, que nasce o gênero de autobiografia não autorizada ou de relato da experiência da identidade cambiante que vamos encontrar, depois, em BTP[172].

De fato, embora Gide tenha primado por abraçar causas em sua obra, bem conhecida pelo engajamento em defesa do "amor que não ousa dizer o seu nome", e apesar dessa sua dedicação generosa a um assunto que ainda era tabu, nesse início de século, em que a psiquiatria européia e a medicina eugenista, secundadas pelas literaturas naturalistas, viam as perversões como degenerações a medicar[173], seus escritos voltam-se principalmente para dentro, para a sua própria matéria verbal, para os seus próprios problemas. Assim, a melhor causa desse intelectual francês que viajou sem álibis filosóficos pelo mundo africano, fazendo ali experiências amorosas decisivas, escrevendo so-

---

170. Baseando-se, por sua vez, no testemunho de Leon Pierre-Quint, Barthes nos descreve assim o escritor na sua clausura: "o Proust do Boulevard Haussmann surge com bigodes revoltos, *robe de chambre*, algodão por dentro da gola, luvas e pantufas; o da Rue Hamelin, que é a última residência parisiense do escritor, recebe na cama, com um *foulard* em volta do pescoço, e sai das cobertas todo vestido, com luvas de algodão, vários pares de meias e colarinho amarrotado". R. Barthes, *La Préparation du Roman*, aula de 19/01/1980, p. 291-292.

171. BTP, I, p. 547.

172. Muito embora as enciclopédias apontem o discípulo de Mallarmé Édouard Dujardin, como o mentor de todas essas transformações, pela precedência cronológica de seu romance *Les Lauriers sont coupés*, de 1888, em que já pratica o monólogo interior, chamando a atenção de Joyce, só que se entende: o tema do livro são seis horas na vida de um estudante em Paris, que se prepara para um encontro noturno. A obra, que pôs Dujardin em destaque entre os simbolistas franceses, acaba de ganhar, com todo o atraso, edição no Brasil: *Os Loureiros Estão Cortados*, tradução de Hilda Pedrollo. Porto Alegre: Editora Brejo, 2005.

173. Richard Miskolci trata desse medo da degeneração em *Thomas Mann, o Artista Mestiço*. Mostra-nos como o fato de ser filho de pai alemão e mãe brasileira punha o escritor em desconforto, numa Europa finissecular que via o negro (e o sul) como potencialmente patogênico. Esse ótimo estudo sobre Thomas Mann nos oferece um interessante paradigma para a abordagem de Proust mestiço de pai francês e mãe judia.

bre elas e antecipando-se à grande incursão de Proust pela geografia humana de SG, é o traçado de um caminho possível para uma literatura esgotada.

Dessa discussão literária interna aos textos fazem parte ativa as personagens gidianas, que estão sempre no papel de algum artista ou escritor. A mais acabada delas é Édouard (na verdade, Cocteau), o herói desta obra-prima da maturidade de Gide que é *Os Falsos Moedeiros* (1925), o único texto que ele consentiu em chamar de "romance". Benjamin o chamou de "romance escritural puro"[174], Roland Barthes, de "obra maquete", que encerra em si o seu próprio plano ou apresenta-se como uma simulação de si mesma[175]. Tudo aí é prefiguração de BTP, ainda que, ao contrário do Narrador, Édouard termine dizendo que jamais escreverá o seu livro.

Eclético como todos os artistas da Gallimard, Gide é dono de uma produção extremamente diversificada, de ficcionista, ensaísta, polemista, moralista, crítico literário, teatrólogo, tradutor (inclusive de Shakespeare), autor de diário (há até mesmo um *Journal des Faux Monnayeurs* que ele escreve enquanto redige o romance, e que é assim a maquete da maquete) e memorialista. Nenhuma dessas práticas prescinde da outra em sua execução, ao contrário, o romancista é também o autor do diário íntimo, o diário dos *Falsos Moedeiros* é também a teoria do romance puro, o ensaísta é também o dramaturgo, e assim por diante. É nesse *mélange* moderno, em que os gêneros abandonam seus protocolos de fabricação para se fundirem ou se confundirem, que está todo o seu interesse. Inédita, moderna, essa ruptura genérica nada tem da fusão de códigos que definia classicamente o romance, por natureza híbrido e subsidiário da epopéia e da novela de cavalaria, da epistolografia e da crônica antiga, no declínio da unicidade mítica das narrativas antigas[176]. Embora não esbarre ainda na suspensão dramática da literatura que temos em Proust, trata-se de algo mais que um florilégio. O apresentador de Gide para o bom compêndio *De la littérature française* nos fala de uma escritura "rapsódica por natureza", em cuja definição entra a fragmentação. Gide começa a operá-la desde cedo – Proust está então nos seus vinte anos e ainda aprisionado pelos Bergotte. Faz o rapsodo desde sua obra de estréia *O Tratado do Narciso* (1891), que é um misto de alegoria simbolista e mito, em que ele parte da duplicidade do sujeito enamorado por seu reflexo para pensar a literatura como o espelho do mito – ou como o espelho desse espelho – , e, assim, como o lugar de uma consciência dividida.

174. W. Benjamin, A Crise do Romance – Sobre Alexanderplatz de Döblin, *Magia e Técnica, Arte e Política*, p. 56.
175. R. Barthes, Abyme et maquette, *La Préparation du roman*, aula de 15/12/1979, p. 232.
176. Há bom estudo sobre elas no primeiro livro de Julia Kristeva, *Le Texte du roman – Approche sémiologique d'une structure discursive transformationnelle*, p. 15 e s.

A partir daí, tudo em Gide é – para dizê-lo como Proust, que radicalizará a tendência – sem "costura". Em *Les Poésies d'André Walter* (1891), livro também de estréia, em forma de carnê de notas íntimas, em que a personagem Walter é outro duplo do autor, temos versos, o que é estranho em se tratando de um diário; em *Os Frutos da Terra* (1897), um diário espiritual, misturam-se prosa poética e relato de viagem, tirado de registros feitos à época da estada na Tunísia; em *O Imoralista* (1902) passamos da confissão à reflexão moral; em *Corydon* (1924), que é um libelo em favor do homoerotismo (em que Proust é mencionado, no prefácio), desenvolve-se uma exposição repartida em quatro diálogos, que seguem o modelo do diálogo socrático, daí o título grego; em *Littérature engagée* (1950), obra que inventa o gênero, associam-se, em miscelânea, discursos, cartas e textos de crítica. O próprio *Journal* de Gide, o outro gigantesco empreendimento de escritura íntima, que vem se juntar aos *Cahiers* de Valéry, que ele mantém ao longo de cinqüenta anos, em que fala de si mesmo, mas também de uma geração de autores que marcaram a história da literatura francesa; não deixa de ser, clandestinamente, pela proporção que atinge e as questões de que trata, uma espécie de romance de formação. Proust é aí mencionado 22 vezes, quase sempre negativamente, por sua duplicidade sexual[177].

É inseparável de toda essa fragmentariedade, que exorciza ilusões poéticas[178], o humor de Gide extravasado nas "sotias" (em francês, *soties*). Atribuído por Gide, pela primeira vez, a um de seus livros de maior impacto – *Les Caves du Vatican* (1913) –, o termo sotia recobre uma modalidade de sátira dialogada que remonta à Idade Média francesa. Na imensa obra do escritor, são ainda sotias, *Paludes* (1895) e *Le Promethée mal enchaîné* (1899). Nas versões medievais, as personagens centrais dessas encenações farsescas faziam o papel de doidos – em francês, *sots*, palavra cujo sentido migra para "tolo" –, que, aproveitando-se de sua condição, escarneciam de todo mundo. Gide baseia-se, desde cedo, nesse modelo cômico, não apenas para desfechar sua crítica social, como um moralista que estuda os costumes, mas para reescrever, criticamente, a literatura como paródia.

Um resumo do que se passa em *Prometeu mal Acorrentado* pode dar uma melhor idéia daquilo que está aí em jogo. O herói desse drama acha-se preso, não a um rochedo tenebroso, mas às pegajosas cadeiras de um terraço de café parisiense, tendo por águia devoradora a sua própria consciência. Retomando a tragédia do assalto aos céus

---

177. "Um heterossexual intransigente nunca poderia ser sensível à Grécia. Nietzsche compreendeu muito bem esse ponto e diz que os helenistas, a quem falta essa sensibilidade, são uns pedantes". Cf. André Gide, *Journal*, p. 1271.

178. Como nota Arthur Nestrovski resenhando *O Tratado de Narciso* no artigo Um Tratado da Ambivalência, *Folha de S. Paulo*, 21 de agosto de 1994, Caderno Mais!.

na busca vã do conhecimento, a peça, que, não por acaso, entraria na *Antologia do Humor Negro* de André Breton[179], encaminha uma suspeita sobre a questão da originalidade, o tema mesmo do romance proustiano, já que é uma reescritura de Ésquilo.

Por outro lado, é inseparável dessa sátira, a que os pastiches proustianos não podem ser estranhos, o anti-realismo de Gide, deliciosamente ilustrado por um *mot d'esprit* que lhe é atribuído: "todo escritor realista é um canalha". Como poderia subscrever a redução naturalista do mundo do espírito ao mundo material, de grande sucesso, nesse mesmo momento, como já vimos e ainda veremos, alguém que é sensível assim à máquina repetidora da literatura, à materialidade da linguagem, à falência, enfim, da representação?

Marcada pelo cansaço de quem *já leu todos os livros*, essa crise é fundamental para Proust. Ele vai lançar o romance sobre o romance de Gide numa espiral vertiginosa que, desde então, tem resumido, para a modernidade, o ápice do romance.

Não é por acaso que Roland Barthes, que definiu a escritura como uma suspensão da execução da literatura, começa com Gide, a quem é dedicado seu primeiríssimo ensaio, e termina com Proust, no Collège de France[180].

HERANÇAS DOS HISTORICISMOS E CIENTISMOS

Se, como vimos, Proust não está sozinho em sua passagem ao romance moderno, mas vem, em alguma complicada medida, nos ombros de todos os seus predecessores, parece-nos que, para continuar tentando compreender a inflexão imposta por BTP à literatura moderna, é preciso ainda levar em conta um certo gosto do documento que a História sugere, cada vez mais, aos romancistas, e o novo método de observação com que a Ciência, cada vez mais, lhes acena. A ênfase nas ambientações históricas e no tratamento científico são requisitos do realismo. E o fim de século em que Proust escreve é ultra-realista: é naturalista.

Quando, num de seus *Pastiches*, Proust se põe a imitar o estilo irritantemente objetivo com que Sainte-Beuve costumava comentar Flaubert, e o faz dizer que, para escrever sobre o golpe do falsificador de diamantes Lemoine, Flaubert, que todos pensavam que ainda estava em Cartago, escrevendo *Salammbô*, acabava de instalar seu cavalete no Palácio de Justiça, em pleno Tribunal de Apelação, para produzir ali uma pintura realista do processo contra Lemoine, é desse ultra-realismo

---

179. A. Breton, André Gide, *Anthologie de l'humor noir*.
180. R. Barthes, Notes sur André Gide et son *Journal*, texto de 1942, hoje inserido nas *Oeuvres complètes*, I, e Proust et la photographie – Examen d'un fonds d'archives photographiques mal connus, *La Préparation du roman*.

que ele está falando. Quando ele se põe a reportar, no estilo do *Journal* dos Goncourt, que é preciso nos detalhes e na ambientação, um "jantar com Lucien Daudet, que discorre com um quê de verve sobre os diamantes no colo da senhora X", é disso que ele está falando[181].

Já sabemos que o Narrador proustiano era grato aos Goncourt por lhe mostrarem que não sabia ver nem mesmo as coisas que estavam bem debaixo do seu nariz, como o salão de Madame Verdurin, por exemplo. Vale ressaltar melhor agora que essa vista mais armada dos dois irmãos escritores, sua mirada mais científica, deve-se ao seu respeito pelo tratamento histórico, e pelo favorecimento da realidade que ele traz consigo. Saber enxergar, neste caso, é saber enxergar em perspectiva histórica. Os Goncourt pertencem àquela geração letrada, imediatamente anterior à de Zola, para a qual a História, então uma disciplina nascente, é um modelo de objetividade. No século dos naturalistas, a objetividade histórica precede a das ciências experimentais, rivaliza com ela e, para a maior parte dos autores *doublés* de fisiologistas, que querem fazer da literatura uma ciência experimental e com os quais Proust vai novamente se desentender, soma-se a ela.

Sainte-Beuve

Tudo isso já começa com o inimigo íntimo de Proust: Charles-Augustin Sainte-Beuve (1804-1869), a quem ele dedica uma espécie de ensaio dialogado, seu *Contre Sainte-Beuve*. Trata-se do último manuscrito proustiano a ser engavetado antes da passagem a BTP, que é de enorme importância justamente por encerrar o segredo dessa passagem.

Quase sempre negativamente, o nome de Sainte-Beuve é mencionado quatorze vezes em BTP. Dessas menções, a mais notável, de longe, porque sabemos o quanto de ironia da parte de Proust vai aí, é aquela em que a marquesa de Villeparisis defende, ingenuamente, o crítico, fazendo-se porta-voz de sua explicação da arte pela vida: "como dizia o Sr. Sainte-Beuve, é preciso crer naqueles que viram de perto [os escritores] e puderam julgar mais exatamente o que valiam"[182]. Proust tem horror desse procedimento que a marquesa tão bem resume ao defendê-lo: julgar um autor pela sua vida privada. Mas ele faz as vezes da *petite historie* na construção dos painéis históricos que a literatura e a crítica chamam agora a si.

Sabe-se que o argumento central de CSB é a denúncia da pretensa objetividade dessas reconstruções biográficas, que, no entender de Proust, perdem de vista a literatura em si. É nesse sentido que ele formula esta frase famosa, que se tornaria uma espécie de divisa para to-

---

181. M. Proust, *Pastiches et Mélanges*, p. 16-24.
182. BTP, I, p. 711.

dos os que vieram depois, por meio da qual expõe suas próprias idéias sobre a literatura e a crítica, e justifica-se de antemão sobre o seu romance em projeto: "um livro é o produto de um outro eu que não o que manifestamos em nossos hábitos, em sociedade, em nossos vícios"[183].

Essa argumentação desdobra-se em duas outras. De um lado, Proust apóia-se nessas análises de cunho biográfico para devolver a moeda e, examinando, por sua vez, a trajetória de vida de Sainte-Beuve, dizer-nos que foi por ter cortejado os poderosos, para ser aceito entre eles e progredir, transformando-se no dono dos destinos das letras francesas por quase um século, que ele errou tanto em suas avaliações. Todos os autores realmente importantes à sua volta – Balzac, Baudelaire, Nerval e Flaubert, enumera – foram por ele desconsiderados, ao passo que sobram nomes desimportantes em suas recensões, o conde fulano, o marquês sicrano... De outro lado, ataca a própria pretensão à objetividade de Sainte-Beuve, lembrando-nos que ele acalentou, por toda a vida, um ideal ridículo: fazer ciência da literatura. "Ele definia a crítica como uma botânica moral", acusa[184]. E porque prefere pensar que não se pode sondar a natureza dos gênios, não vê nada de profundo nessa equiparação.

Embora o rascunhado projeto de *Contra Sainte-Beuve* – só editado muito tempo depois, pela Gallimard, juntamente com os pastiches e os artigos de jornal – encerre pequenos comentários primorosos em torno dos quatro grandes escritores a que, de fato, Sainte-Beuve não soube dar o devido valor, e se constitua numa peça crítica admirável[185], trata-se de uma argüição apaixonada. Isso significa dizer que Proust tem e não tem razão.

De fato, se é verdade que um livro é o produto de um outro eu que não aquele que um autor manifesta em sua vida civil, e se podemos dizer que, depois da sacudida dessa sentença lapidar de Proust, nenhuma crítica sentiu-se mais à vontade daí por diante, para identificar singelamente o autor e o herói de qualquer narrativa ou poema, é igualmente certo não ser Sainte-Beuve esse botânico das almas que Proust nos apresenta. E se é certo ainda que Sainte-Beuve formou-se médico, como o pai de Proust, e Zola disse dele que foi sua passagem pelo Hospital Saint-Louis que o moldou, que foi ali que ele se tornou "o crítico cruel e minucioso, que perscruta com seus instrumentos agudos o cerne de quase todas as nossas épocas literárias"[186], se com-

---

183. CBV, p. 221-222 (da edição Gallimard-Pléiade).
184. Idem, p. 218.
185. Volto a esse ponto no segundo capítulo. Trato também do excelente conjunto crítico de *Contra Sainte-Beuve* no ensaio Haroldo francês do volume *Céu acima – Para um Tombeau de Haroldo de Campos*. Leda Tenório da Motta (org.), São Paulo: Perspectiva, 2005.
186. Émile Zola, À propos de Sainte-Beuve, *Mélanges, préfaces et discours*, p. 108.

parado com os herdeiros que deixaria, e também são alvos tanto de Proust como do Narrador, ele está ainda muito ligado ao passado, e na prática, escreve, ainda como um clássico. Assim, embora admita – com autoridade, já que era médico, e junto com muitas das cabeças pensantes de seu século historicista e cientificista – que é preciso "que tomemos o mundo moral como fazemos com o universo e o céu físicos"[187], e embora seus autores sejam, de fato, geralmente menores, suas tomadas são verdadeiras pinturas de caracteres, à moda dos retratistas do século XVII, que Proust tanto cita.

Gostemos dela ou não, isso é literatura. De fato, aos cuidados de Sainte-Beuve, uma apresentação das *Mémoires d'outre tombe* de Chateaubriand – para citar este exemplo muito apreciado pelas histórias da literatura francesa – converte-se num pequeno tratado elegante sobre o lugar de nascimento do escritor, Saint-Malo, a estirpe da família do pai, a antigüidade da família da mãe, o nível de instrução de cada um dos progenitores, sua índole, a escola em que o poeta foi posto, seus primeiros afetos, suas primeiras escolhas. Por sua vez, esse tratado converte-se num outro tratado sobre a progenitura à época de Chateaubriand, o grau de instrução das mulheres, a educação dos jovens, as vicissitudes da política. Ao conjunto, ele chama "as leis que governam as obras"[188]. Mas ainda que insista em falar de leis, para a irritação de Proust, sentimos apenas que estamos diante de um *portrait*.

Os *portraits* estão, aliás, entre tudo aquilo que Sainte-Beuve nos deixa de melhor, já que, como poeta e romancista, que viveu à sombra de Victor Hugo, ele foi medíocre. Embora eles se disseminem por toda a obra beuviana, transbordando para os *Lundis* (1851-1862), colossal reunião de seus artigos das segundas-feiras, no jornal *Constituonnel*, ao qual deve a sua presença pública durante todo o Segundo Império e a animosidade de Proust, há reuniões deles antologizadas em obras como *Critiques et portraits littéraires* (1836), *Portraits des femmes* (1844) e *Portraits contemporains* (1846), que os cultores da literatura francesa podem ler hoje com prazer.

Mas uma outra parte de sua melhor produção é a obra de historiador. Nesse campo de trabalho – que está engatinhando então na França, sob o influxo de autores como Jules Michelet, de quem Barthes escreveu que ajudou a fundar "alguma coisa como a etnologia da França"[189] –, o homem que Proust chama de "botânico" (e podemos ver, ao lado de Michelet, como um outro etnólogo desencavador daquele passado longínquo que tanto mobiliza o Narrador) é o autor de um *Tableau historique et critique de la poésie et du théâtre français*

---

187. Charles-Augustin Sainte-Beuve, Chateaubriand, *Critiques et portraits littéraires*, p. 331.
188. Idem, ibidem.
189. R. Barthes, *Leçon*, p. 21.

au XVI siècle (1829), que se constitui numa imensa pesquisa sobre o século de Louise Labbé e dos poetas da Pléiade. Sua importância é reconhecidamente capital. Trata-se da primeira incursão de um homem de letras francês às fontes da poesia nacional. Além disso, o domínio que ele adquire sobre essas fontes da literatura francesa vai lhe permitir compreender a proposta romântica, e propor Victor Hugo à apreciação de uma cultura ainda fortemente classicista, cuja única referência é o século de Luís XIV, para a qual tudo se passa como se não tivesse havido poetas dignos de nota na França antes de Racine.

Essas não são suas únicas contribuições para a fundação dos estudos de História, quando a disciplina, na sua acepção moderna, está se forjando, e mantém ainda um pé na literatura[190]. Segue-se a esse estudo precursor uma não menos importante apresentação do jansenismo, no volume intitulado *Port-Royal* (1840-1859), que registra aulas de Sainte-Beuve sobre essa escola de gramáticos do século XVII. Também aí ele está voltado para um entendimento da tradição que elucide o campo da literatura, já que autores tão importantes quanto Pascal e Racine passaram por Port-Royal. Ele escreveria, ainda, na seqüência, *Chateaubriand et son groupe littéraire sous l'empire* (1861), em que os manuais e enciclopédias vão buscar os melhores exemplos de seu método. A obra, embora envolva um lapso menor de tempo, lança luzes sobre um outro importante romântico francês da primeira geração, Chateaubriand, e, em paralelo, sobre a gênese do romantismo francês.

A História tal como a conhecemos hoje, como campo específico de trabalho dotado de métodos próprios, é uma lenta aquisição do século do nascimento de Proust. É só depois da publicação do clássico *La Cité antique* (1864) que ela ganha foro de disciplina acadêmica, quando Foustel de Coulanges é convidado a assumir uma cátedra de História Medieval na Sorbonne. Isso se passa mais ou menos no mesmo momento em que Michelet lança sua *Histoire de France de la Renaissance à la Révolution* (1855-1867) e Alexis de Tocqueville, *L'Ancien Régime et la Révolution* (1858). Atentas à diversidade dos atores sociais, e incluidoras do *terceiro estado* – em virtude de sua fixação na Revolução Francesa, que é o pivô em torno do qual gira o próprio sentimento da historicidade –, são essas reconstituições de época, feitas por esses bons escritores, que hoje também podemos ler com prazer enquanto tais, que introduzem o povo (as *Germinie Lacerteux*) na literatura, antes mesmo que as fileiras letradas o façam.

Sainte-Beuve está na origem desse movimento, que, antes de culminar em Zola, com quem Proust também vai brigar, passa por outro crítico que ele poupa de suas farpas, um descobridor de Balzac e antecipador das sociologias da literatura – Hippolyte Taine.

---

190. François Dosse discorre sobre essa delicada passagem na subseção dedicada a Michelet de seu *A História*, p. 134-135.

Hippolyte Taine

Entende-se melhor a briga comprada em CSB com a "botânica moral" de Sainte-Beuve quando se conhecem as propostas críticas de seu continuador Hippolyte Taine (1828-1893). A rigidez que Proust atribui ao autor dos *Lundi*s, ao dizer que ele não viu o abismo que separa o escritor do mundano, nem compreendeu que o eu do escritor só se mostra nos seus livros, descreve melhor o sistema deste importante crítico francês do período, que é quem faz valer, na verdade, as ordens de Sainte-Beuve, de quem ele se declara discípulo. Como bem notou Giovanni Macchia, Taine pode ser visto à contraluz, como num negativo de fotografia, em CSB[191].

É num livro de Taine por isso mesmo clássico – a *Histoire de la littérature anglaise* (1863) – que surge a teoria dos três fatores: a raça, o meio, o momento histórico. É aí que a crítica literária se desenterioriza de fato, passando a correlacionar as obras com causas buscadas essencialmente fora delas, e alcança a generalidade do tratado científico. As obras de criação, pensa o discípulo do homem que fundou o psicologismo crítico – mas que nada tinha do psicólogo maniqueísta, já que lidava com a particularidade dos retratos e das dissertações morais –, são a manifestação da maneira de pensar e de sentir de um povo, numa determinada época, num determinado meio.

No sistema de Taine, a "raça" – palavra inofensiva, por ora, que ainda não se imbuiu da carga negativa que teria nas doutrinas da degeneração – é o povo, o grupo, a nação, a família de homens, a parentela, com suas diferenças físicas e de temperamento; o "meio" é o contexto em que evolui o grupo; o "momento" é o diferencial que faz com que as determinações da raça e do meio não incidam sobre uma *tábula rasa*, mas sobre homens nos quais a história já imprimiu suas marcas, de tal sorte que uma mesma família de homens e um mesmo clima podem gerar poetas diferentes, em razão do momento histórico[192]. Todos esses fatores se entrelaçam para explicar, numa chave completamente nova, a literatura. Assim, em *La Fontaine et ses fables* (1860), Taine define o artista como um "animal de espécie superior que produz filosofias e poemas", e propõe que vejamos a obra de arte como o "labor das abelhas"; ele melhora a abordagem de Chateaubriand por Sainte-Beuve, tratando de abarcar todos os aspectos objetivos da vida e da obra deste grande clássico, e formulando, numa síntese ousada para esses meados de século XIX, que, em termos de raça, é a encarnação do espírito francês, em termos de meio, a continuação do mundo provincial, e em termos de momento, o reflexo da vida sob Luís XIV[193].

---

191. Giovanni Macchia, Entre Taine et Bourget, *L'Ange de la nuit*, p. 56.
192. Hippolyte Taine, Introduction, *Histoire de la littérature anglaise*, XVI-XVIII.
193. Idem, *La Fontaine et ses fables*, p. 12.

Que o escritor não se reduz ao gênio de um povo e que o talento tem razões que o jogo social e o quadro de época desconhecem é o que Proust não cessa de dizer, em CSB, alvejando o mestre e acertando o discípulo, em sua investida contra os positivistas. No entanto, também neste caso, a vasta produção de Taine, que tanto empolgou seu século e parte do século seguinte, não se limita a essa tese dogmática, mas constitui-se, ela também, numa apreciável obra de historiador.

Muitos dos capítulos dessa obra histórica são igualmente cruciais. É com *Les Origines de la France contemporaine* (1876-1890), um imenso compêndio, em cinco volumes, preparado ao longo de mais de dez anos, que Taine se torna um "comedor de história", para o Barthes de *Michelet*[194]. É com *Philosophie de l'art* (1881), outro texto caudaloso, em quatro volumes, produto de suas aulas na École des Beaux-Arts, onde inicia uma classificação dos movimentos estéticos, cruzada com os diferentes momentos históricos, no tomo final, *Les Époques historiques*, que ele se faz um dos primeiros historiadores da arte e um dos primeiros historiadores da própria História.

Mas antes disso, é com seu *Nouveaux essais de critique et d'histoire* (1865) que ele rompe com o preconceito do qual Balzac ainda era objeto, nos meados do século, por seu estilo furioso e temas indecentes (o homoerotismo na novela *La Fille aux yeux d'or* e no romance *As Ilusões Perdidas*, por exemplo[195]), e se torna um escritor querido de Proust, que o poupa de seus ataques.

De fato, foi Taine quem tirou Balzac de sua clandestinidade e é por essa contribuição que o círculo de Proust – autorizado pelo de André Gide a viver sua homossexualidade e a apreciar os artistas excessivos e os *malades exquis* – não cessa de agradecê-lo. Assim, Taine é homenageado em BTP por Swann e Charlus, que falam dele com admiração e partilham suas opiniões sobre *A Comédia Humana*, que se constituem na única recepção crítica de que essa obra-mundo dispõe até então: "Quando eu falava de Balzac a Swann – conta o Narrador – ele me dizia: 'Você tem a mesma opinião de Taine!' E o saturnino Sr. de Charlus acrescentava: 'Eu não tive a honra de conhecer o Sr. Taine, mas fiquei muito honrado de partilhar seu ponto de vista'"[196].

Com Taine, abre-se uma outra nova era para os estudos da literatura francesa. Com a reabilitação de Balzac, o texto seminal de aber-

---

194. R. Barthes, *Michelet*, p. 17.

195. No tempo de Proust, escreve Claude Meunier, Balzac faz parte da biblioteca dos invertidos. A propósito, ele lembra que a abafada homossexualidade de Legrandin surge em SW sob os auspícios de Balzac. Ao convidar o jovem Narrador para jantar, cortejando-o, como faria Charlus, Legrandin alude à flor dedo-de-moça, que é, em Balzac, a flor da inversão: "O dedo de moça – ou 'sedum' – é a flor que Rubempré segura quando, no momento de suicidar-se, encontra Vautrin. Este o aborda falando do buquê [...]". Cf. C. Meunier, Flora de Proust e de Balzac, op. cit., p. 64.

196. BTP, II, p. 1052-1053.

tura da *Comédia Humana* – o famoso *Avant-propos* de 1842 – passa a ser de enorme influência sobre toda uma corrente de literatos documentalistas. É nesse frontispício, em que a arquitetura da obra nos é explicada, que Balzac propõe um grandioso painel da vida secular, a desenrolar-se por ciclos de estudos e cenas, com personagens recorrentes, que já são vistas aí como espécimens sociais. A idéia de Balzac é reagrupar tudo – cenas da vida privada, da vida política, da vida parisiense, da vida no campo, da vida militar – de modo a compor uma história dos costumes, que seria como uma história natural das espécies.

Por certo, para Proust, que dedica a Balzac um dos capítulos de CSB e se faz, assim, um outro de seus primeiros comentadores, mais que documento ou repositório de classificações naturalistas, a *Comédia Humana* é um genial mundo de papel, em que Balzac pôs o melhor dele mesmo: a sua vida interior. A propósito, ele escreveu em CSB: "É somente com essa parte que um escritor faz um livro"[197]. Mas, repita-se aqui, o que sai desse fundo de cultura é uma geração de novos escritores disposta a fazer da análise das determinações do "meio" – seja no sentido histórico-social de grupo de indivíduos, vivendo em comum que lhe deu Taine, seja no sentido de colônia, que lhe deram os biólogos – todo o projeto da literatura.

O próprio Proust, quando separa seus *côtés*, é um desses escritores. Há em Proust um historiador, um sociólogo, um médico de doenças nervosas e um especialista em problemas sexuais, como notou, com propriedade, Giovanni Macchia[198].

Não haveria nada disso em BTP se não fossem todos esses pais precursores amorosamente odiados.

Émile Zola

Com Émile Zola (1840-1902) completa-se a revolução, insuflada ainda pelo impacto das pesquisas em microbiologa de Louis Pasteur e de algumas obras que são pedras angulares do meio-século: *A Origem das Espécies* de Darwin (1859), *A Fisiologia das Paixões* de Letourneur (1864) e a *Introdução ao Estudo da Medicina Experimental* de Claude Bernard (1865)[199]. Trata-se de uma reviravolta que se dá basicamente no campo do romance, embora exista um teatro naturalista, como vimos, e até mesmo poetas naturalistas. Ela surpreende Proust, nascido em 1871, em plena juventude.

---

197. CSB, p. 265.
198. G. Macchia, Le je et le long chemin vers la *Recherche*, op. cit., p. 124.
199. Aproveito o excelente capítulo de Fulvia Moretto As Notas de Trabalho de Émile Zola, *Letras Francesas – Estudos de Literatura*.

É no negativo, por oposição a tudo o que vem antes, em matéria de romances, que Zola define as principais características do romance naturalista: ausência de todo e qualquer elemento romanesco que impeça a reprodução exata da vida, fim das idealizações que transformavam as personagens em títeres ou colossos, desaparecimento do escritor em benefício da ação[200].

Introdutor de uma doutrina, que tem a ambição de ser "o utensílio do século"[201], Zola é o primeiro a reconhecer que vem nos ombros de alguns gigantes que, segundo ele, já haviam começado a trocar a imaginação pela realidade. Desses antecessores, o primeiro é Taine. De fato, a pequena teoria do romance naturalista acima resumida subscreve completamente este pensamento de Taine:

> Nossa geração, como as precedentes, foi atingida pela doença do século. Até aqui, nos nossos julgamentos sobre o homem, havíamos tomado por mestres os reveladores e os poetas, e como eles, havíamos tomado por verdades certeiras os nobres sonhos de nossa imaginação e as sugestões imperiosas de nosso coração. Nós nos fiávamos nas divinações religiosas e na inexatidão das divinações literárias. [...]. Mas a ciência aproxima-se enfim. Neste emprego da ciência e nesta concepção das coisas há uma arte, uma moral, uma política, uma religião novas, e é nossa missão, hoje, persegui-las[202].

Mas Balzac e Flaubert, com sua sede de informações objetivas, também são donos de um certo "senso do real", que os distingue de folhetinistas como Alexandre Dumas, Eugène Sue e o próprio Victor Hugo, e faz de suas obras uma influência remota.

Balzac, que já empregava a palavra *milieu*, no *Avant-propos* da *Comédia Humana*, para falar do conjunto de condições externas em que vivem e se desenvolvem os indivíduos, tem para Zola o dom da ambientação:

> Lembremo-nos de Balzac determinando exatamente a rua e a casa onde vive Grandet, analisando as criaturas que o cercam, estabelecendo os mil pequenos fatos que decidiram acerca do caráter e dos hábitos de seu avarento. Não se trata aí de uma aplicação absoluta da teoria do meio e das circunstâncias?[203].

Por sua vez, por ser um pesquisador incansável, Flaubert é para ele um exemplo do romancista documentador:

> Gustave Flaubert trabalha como um beneditino. Baseia-se unicamente em anotações precisas, cuja exatidão ele mesmo verificou. Se acontece de seu trabalho pedir uma pesquisa em obras especiais, ele se condenará a freqüentar por semanas as bi-

---

200. É. Zola, Gustave Flaubert, *Do Romance*.
201. Cf. Colette Becker, Aux sources du naturalisme, em Pierre Cogny (org.), *Le Naturalisme, Colloque de Cerisy*, p. 14.
202. H. Taine, La poésie moderne em Angleterre, *Revue des deux mondes*, 15 de outubro de 1862. Cito apud Colette Becker, idem, ibidem.
203. Idem, ibidem.

bliotecas [...], não recuará diante de vinte, trinta volumes que tratem da matéria; além disso, irá interrogar quem tenha competência no assunto, chegando ao ponto de visitar [lugares] para poder abordar seu tema com completo conhecimento de causa[204].

Desse círculo de influência não faz parte Stendhal. É a consideração do meio que faz falta ao autor de *O Vermelho e o Negro*, para quem vão homenagens menos entusiásticas:

> É verdade que [Stendhal] soube levar em conta a raça e que nos deu italianos reais, e não franceses disfarçados, no entanto, jamais, a paisagem, o clima, a hora do dia, o tempo que estava fazendo, numa palavra, a natureza, haveria de agir sobre suas personagens. [...] O meio não aparece nunca[205].

Entre os mais próximos estão os Goncourt, segundo Zola, autores de "romances verdadeiros" e não de "romances falsos":

> Para melhor me fazer compreender, acrescentarei que os Goncourt não contam, de modo algum, com a imaginação. Outrora, um escritor indicava, por exemplo, que seu herói passeava num fim de tarde, num jardim; e cabia ao leitor imaginar o jardim [...] Os Goncourt mostram o jardim, usufruem dele, estão imersos no frescor da tarde. E eles não estão falando do prazer que deviam experimentar os antigos poetas descritivos ao analisar belas frases bem-feitas. A retórica nada tem a ver com essa aventura. Os Goncourt guiam-se, simplesmente, por essa fatalidade que não lhes permite separar uma personagem dos objetos que a cercam; eles a vêem em seu *meio*[206].

A lógica do enquadramento naturalista é, portanto, a apresentação do meio.

É com Zola que escrever se torna, por excelência, uma arte da inserção do meio. Mas o meio zolaniano é um operador mais complexo, trata-se de um campo de forças materiais inseparavelmente sociais e biológicas, naturais e históricas. Em *O Romance Experimental* (1880), o escritor se pergunta se a literatura poderia tornar-se uma ciência capaz de cruzar tudo isso, e responde afirmativamente. Toda a ambição de sua obra auto-reinvindicada científica será, assim, estudar a vida como se disseca um micróbio no laboratório, os indivíduos em suas reações químicas. Claramente enunciado no subtítulo desta saga genealógica em 20 tomos que é *Les Rougon-Macquart* (1871-1893): *História Natural e Social de uma Família sob o Segundo Império*, esse programa desenvolve, com grande sucesso de público, em cada um de seus romances, todos eles afrescos da França popular, de *Thérèse Raquin* (1867), outro manifesto da escola, a *L'Assomoir* (1877), passando por *Nana* (1880). E embora Zola não se reduza ao esquematismo que Breton, à frente dos surrealistas, lhe imputaria, chamando

---

204. É. Zola, Gustave Flaubert, op. cit.
205. Idem, *Les Romanciers naturalistes*, *Oeuvres critiques*, p. 262.
206. Idem, Edmond e Jules de Goncourt, op. cit., grifo meu.

tais ambientações de "quadro mesquinho" e "imagens de catálogo"[207], essa é uma ambição de tipificação. O hiper-realismo naturalista busca o *tipo*.

Vinda de setores letrados que se produzem, agora, fora do lugar de poder representado pelo salão, e que vendem sua *mercadoria* diretamente ao grande público, essa vulgarização das ciências, de que os naturalistas se encarregam, apaixona tanto mais esse público quanto as ciências estão se tornando aplicadas nesse momento e, por isso mesmo, se popularizando. Na virada de século em que Zola e Proust escrevem, na Paris haussmanniana das lojas de departamento e das passagens comerciais, revoluções tecnológicas importantes estão em curso, introduzindo novidades como o telégrafo, o telefone, o cinema, e modificando consideravelmente a vida das pessoas.

Proust não tem como fugir disso... nem quer. Fazendo-nos passar do tempo das equipagens movidas a cavalo para a era do automóvel, também o romance proustiano está, de algum modo, interessado em dar conta desses avanços técnicos, até porque eles são desencadeadores de mudanças perceptivas, e elas lhe interessam. Assim, numa bela cena de hipóstase da voz, a Avó do Narrador fala no telefone, o Narrador descobre a mágica e o engano das fotografias, Albertine serve-se de suas muitas saídas de carro para buscar outros amores, os médicos vasculham o corpo dos doentes com o raio X, enquanto um avião risca os céus, oferecendo ao Narrador mais uma metáfora para seu projeto de livro: "Como um aviador até então dolorosamente pregado ao solo que *decolasse* bruscamente, eu me elevava lentamente até as alturas silenciosas da lembrança"[208].

Não se trata só de novas possibilidades temáticas. Todas essas técnicas mudam a maneira de olhar. Não é à toa que o Narrador, assumindo a lição zolaniana, tanto insiste no olhar.

O VÍCIO COMO DOENÇA DO CORPO

Antes de tornar-se um dos temas de Proust, a "inversão" sexual – como se denomina a homossexualidade na psiquiatria do século de Zola – está no centro das preocupações do escritor. Em 1885, ele prefacia o *Roman d'un inverti* de um certo Docteur Lauptes. O prefácio sai de uma carta sua ao autor, em que ele diz, entre outras coisas, o seguinte: "Não vejo mal nenhum, ao contrário, em que o Senhor publique seu romance, e fico muito feliz de ver que o Senhor faz, como cientista, o que um simples escritor como eu nunca ousou fazer". O assunto, que é para Zola de interesse "fisiológico e social", merece tanto mais ser levado à

---

207. A. Breton, *Manifeste du surréalisme*, Oeuvres complètes, I, p. 335.
208. BTP, III, p. 858.

consideração dos leitores franceses quanto, no seu entender, o vício da inversão precisa ser entendido para ser corrigido:

talvez isso inspire um pouco de piedade pelos miseráveis que vivem o problema. [...] tudo o que diz respeito ao sexo interessa à vida social. Um invertido é um desorganizador da família, da nação, da humanidade. Por certo, o homem e mulher só estão no mundo para gerar filhos, e mata a vida quem cessa de fazer o que é preciso fazer para prossegui-la[209].

Cessam aí os pontos de contato entre Zola e Proust.

Em BTP, encontramos, por toda parte, pequenas críticas a esse aliado da militância pró-Dreyfus que, fora do campo da política, em que empunha as mesmas armas de Proust a favor de Dreyfus, se converte em inimigo. Reunidas, essa críticas nos dão uma espécie de *Contre Zola*. Tomemos alguns exemplos. O joalheiro Cartier, freqüentador do salão de Madame Verdurin, onde se mistura às personagens de ficção, tem sobre o autor do libelo chamado *J'Accuse*, que também é *habitué* da roda, uma opinião particularmente maldosa: Zola só se envolveu no Caso Dreyfus – debocha ele – para ser preso e poder assim observar de perto a vida carcerária, de modo a obter mais elementos para as suas histórias realistas. Por outro lado, o professor Brichot vem da Sorbonne dizer que Zola é ridículo por ver mais poesia num lar operário do que num monumento histórico, nisso se equiparando à besteira de seu mestre, Edmond de Goncourt, que pôs Diderot acima de Homero[210].

Mas na guerra que se trava no romance proustiano contra esse combatente das causas políticas e promotor da ilustração popular, as estocadas mais contundentes vêm do próprio Narrador. Elas se preenchem de particular importância por virem já nas derradeiras páginas de TR, onde encontramos, por exemplo, este diagnóstico sombrio sobre o realismo, que todo estudioso de Proust conhece bem: "[as artes realistas] seriam menos mentirosas se não tivéssemos o hábito de dar ao que sentimos uma expressão que difere totalmente da realidade, mas que tomamos pela própria realidade". Ainda mais que são acompanhadas da decisão do Narrador de virar definitivamente as costas para "todas aquelas teorias literárias – notadamente as que a crítica havia desenvolvido à época do Caso Dreyfus – que me haviam perturbado, por um momento, porque convidavam o artista a sair de sua torre de marfim"[211].

Mas a melhor das notas de Proust para seu *Contre Zola* não está em seu romance, está numa carta. É Julia Kristeva quem desenterra essa carta do escritor, pondo-a em destaque em seu *Le Temps sensible*.

---

209. É. Zola, Tares et poisons, Lettre-préface, *Mélanges, préfaces et discours*, p. 261-263.
210. BTP, III, p. 41 e 779, e BTP, II, p. 956.
211. BTP, III, p. 881.

Aí, Proust toma nota da impessoalidade e da frieza com que muitos de seus contemporâneos que seguem a cartilha de Zola vêem os vícios e escreve: "É terrível, o próprio vício tornou-se uma ciência exata!".

É "terrível, de fato", confirma Kristeva, dando razão a Proust, e concluindo lindamente: "a ciência exata do vício é a de Proust[212]".

DESORGANIZANDO O DOSSIÊ REALISTA

Mas tudo é ainda mais complicado. Pois se a matéria do romance proustiano é o "Querer-escrever", e se esse drama nada tem a ver com o olhar a frio dos realistas, nem por isso Proust deixa de fazer ciência exata. Aliás, como "botânico", ele chega às vezes a ser maníaco, abusando do apelo às leis do comportamento e ao vocabulário técnico.

De fato, muitas vezes, as personagens de Proust assumem a generalização do caso científico: movimentam-se dentro de *habitats* próprios, referem-se a extratos sociais bem precisos, seus corpos incidem em misérias que pedem a intervenção dos médicos. Para isso serve o *topoi* dos *côtés*, com seu álibi da realidade. E uma boa ilustração disso são as verdadeiras "cenas da vida no campo" e as "cenas da vida na cidade" que temos em SW e em CG, principalmente. Quem não leu esses dois volumes de BTP como quem lê uma boa ficção no gênero "a marquesa chegou às cinco horas"?

Mas além desses painéis de época, que refazem uma história da intimidade na França da *belle époque*, o dossiê realista proustiano explora também, com maestria, a divisão de classes e os papéis sociais, por meio de todas aquelas cenas protagonizadas por empregados que chamou de "cérémonies de bas étage"[213], e ainda todo um leque de psicopatias, por meio das muitas personagens que *sofrem dos nervos*, fazendo da mesa de trabalho de Proust "uma pequena clínica gigantesca", como notou Giovanni Macchia[214]. Encabeçados por Françoise, a Germinie Lacerteux de Proust, os serviçais proustianos, que fazem acontecer a grande vida mundana, são examinados de muito perto, como cobaias, arrisquemos dizer. De fato, o Narrador sabe de sua função social, da parte que eles têm na mecânica das recepções, assim como sabe que o dinheiro não é um valor simbólico neutro, ao contrário do que dão a entender, em sua arrogância, os aristocratas. Encabeçados pelo barão de Charlus, que põe em prática o lema de Rimbaud de que "o amor deve ser reinventado"[215], os homossexuais proustianos, os mais ostensivos que temos na literatura francesa, mes-

---

212. J. Kristeva, *Le Temps sensible*, p. 177.
213. Citado por W. Benjamin em A Imagem de Proust, op. cit., p. 44.
214. G. Macchia, Maladie et création, op. cit., p. 71.
215. A. Rimbaud, Mauvais sang, *Une saison en enfer*, p. 103.

mo que se compute Gide, excitam o olho clínico do Narrador. Como disse um crítico de Proust[216], ser *voyeur* é ser bom observador clínico, e o Narrador é um *voyeurista,* que inspeciona a sexualidade alheia.

Demoremo-nos neste último caso de figura porque é numa dessas cenas *voyeuristas* que o Narrador, enfrentando o *tornar-se mulher* do barão de Charlus, endossa a palavra sintomática: "botânica".

"Na falta da contemplação do geólogo, tinha pelo menos a do botânico", nos diz ele em SG, quando, espreitando o que se passa com os vizinhos, de um posto de observação estratégico, na escada de sua casa, que lhe permite flagar a parte externa do apartamento da duquesa de Guermantes e a entrada da butique do alfaiate Jupien, no térreo, ele vê chegar o barão de Charlus. As coisas evoluem rapidamente para um encontro amoroso entre os dois homens, no interior da loja, e é a propósito disso que vem à baila a "contemplação do botânico", com ilações entre a dança erótica do par e o vai-e-vem de um inseto que voa, no mesmo momento, entre os arbustos do terraço da duquesa, levando o pólen de uma flor para a outra. O funcionamento e a moralidade da vida vegetal em franco trabalho reprodutivo transferem-se aqui para a vida animal evoluída, com o alfaiate no papel do zangão e Charlus no lugar da flor.

De fato, o Narrador comporta-se neste caso como um professor de História natural. Sem medo de apoiar-se em Darwin – devidamente citado nesse trecho[217] –, entrega-se a uma descrição tão aparentemente neutra dos fatos que vale a pena saboreá-la:

> O que eu vi! Cara a cara, naquele pátio, o barão, que olhava com extraordinária atenção o antigo alfaiate, à porta de sua loja, enquanto este último, cravado subitamente no local ante o Sr. de Charlus, enraizado como uma planta, contemplava com expressão maravilhada a corpulência do barão a caminho da velhice. Mas, coisa mais assombrosa ainda: como a atitude do Sr. de Charlus mudasse, a de Jupien, imediatamente, como se obedecesse às leis de uma arte secreta, se pôs em harmonia. O barão, que procurava agora dissimular a impressão que havia sentido, mas que, apesar de sua afetada indiferença, parecia não afastar-se senão de má vontade, ia e vinha, olhava para o espaço da maneira que lhe parecia ressaltar a beleza de suas pupilas, adotava um ar fátuo, displicente, ridículo. Pois bem, Jupien, perdendo em seguida a expressão humilde e bondosa que eu sempre lhe conhecera, havia – em simetria perfeita com o barão – erguido a cabeça, dava a seu talhe um porte favorável, apoiava com grotesca impertinência o punho no quadril, fazia ressaltar o traseiro, adotava atitudes com a coqueteria que poderia ter a orquídea para com o besouro providencialmente aparecido[218].

---

216. Pierre E. Robert, Marcel Proust et Louis-Ferdinand Céline: un contrepoint, *Bulletin de la Société des Amis de Marcel Proust et des Amis de Combray*, n. 29, 1979.

217. BTP, II, p. 630. "Achei a mímica, de início incompreensível para mim, de Charlus e Jupien, tão curiosa como aqueles gestos tentadores dirigidos aos insetos, segundo Darwin, pelas flores ditas compostas [...]". Darwin é citado ainda em BTP, II, p. 356 e 517 e em BTP, III, p. 781.

218. Sigo a tradução de Mário Quintana, *Sodoma e Gomorra*, p. 11-14.

Não é só nesse episódio, embora ele seja uma das testemunhas mais eloqüentes que temos em BTP do olhar que naturaliza, que corolas abertas, sementes fecundadoras e zangões laboriosos ajudam o Narrador a enquadrar a homossexualidade e, de maneira mais geral, a falar de sexo. Repetidamente, as personagens de Proust se vegetalizam. Muitos viram nisso, com razão, um dos motores do cômico proustiano. A metáfora das flores no belo título *À Sombra das Raparigas em Flor*, além de evocar uma imagem juvenil, evoca também sementes, e com isso a vida reprodutiva. É nesse mesmo sentido que o Narrador chama as garotas de Balbec de "brandos tubérculos", de que sairão um dia as velhas damas em que elas se transformarão. Essa vegetalização é uma propriedade que se generaliza, em BTP, onde lemos que "nós, seres humanos, cumprimos o mesmo programa das papilionáceas e talvez tiremos de nossa família, como as papilionáceas a forma de sua semente, tanto as idéias de que vivemos como a doença de que morremos"[219]. Além de Darwin, há aí lembranças das leituras que Proust fez de duas obras bem menos conhecidas do escritor simbolista Maeterlink, o autor de *Pelléas et Mélisande*: *A Inteligência das Flores* (1889) e *A Vida das Abelhas* (1901). Samuel Beckett notou que essas são imagens desculpabilizadoras, que suspendem o julgamento do bem e do mal. Para Beckett, é significativo que a maioria das imagens de Proust sejam botânicas. "Ele assimila o humano ao vegetal. [...] Tal preocupação está naturalmente associada à sua completa indiferença para com valores morais e justiças humanas. Flor e planta não têm vontade consciente. Não têm pudor e expõem sua genitália"[220]. A visada científica de Proust é tamanha, às vezes, que isso se torna verdade, embora o sangue frio do botânico não inocente o desejo, em última instância, sempre deslocado e culpado.

Há outras ciências, em BTP, que não a botânica, e outras imagens que não as florais, sem o auxílio das quais tampouco teríamos o discurso do herói-narrador doente dos nervos, afctado de insônia e sujeito a crises alérgicas de asma e a corizas (*fièvre des foins*), que não reluta em tomar todos esses males como inerentes às suas predisposições físicas. Nem teríamos a tão grande insistência de Proust no fenômeno das "intermitências".

De extração médica e largo uso em BTP, a palavra "intermitência", tão importante para Proust, que a havia escolhido, no passado, para dar título ao romance – que se chamaria *Les Intermittences du coeur* –, nos revela um Narrador sujeito a picos de asma e de insônia,

---

219. Segundo os dicionários, a papilionácea é uma subfamília das leguminosas, constituída de ervas, arbustos ou árvores, que se caracterizam pela forma de borboleta, de onde lhes vem o nome (fr: *papillon*). Tiro todas essas interessantes observações do capítulo Princípios de Botânica Proustiana do livro de Claude Meunier *O Jardim de Inverno da S. Swann*.

220. Samuel Beckett, *Proust*, p. 72.

que se sabe ciclotímico. A vida do asmático crônico é uma sucessão de crises, separadas por remissões. Ora, Proust vai transferir esse mecanismo para o terreno do amor. Na fase aguda, o amor de Swann torna-se uma doença crônica, que flui e reflui:

> ele voltava para casa, esforçava-se no caminho em fazer diversos projetos, deixava de pensar em Odette; chegava até, enquanto se despia, a cogitar de coisas bastante divertidas; era com o coração cheio de esperanças de ir ver no dia seguinte alguma obra-prima, que se metia na cama e apagava a luz; mas logo que, preparando-se para dormir, deixava de exercer sobre si mesmo um controle de que não tinha consciência, de tal modo se tornara habitual, eis que, no mesmo instante, lhe refluía um frêmito gelado, e ele se punha a soluçar. Nem desejava saber por que, enxugava os olhos, dizendo a rir: Muito bonito! Estou virando um nevropata![221]

Acrescente-se que a própria recordação proustiana solicita o corpo, já que também é intermitente, isto é, melhora e piora. O Narrador tem "brancos" de memória, que o fazem esquecer das coisas mais simples, como ele explica:

> Ora, o que eu esqueço não é tal verso de Baudelaire [...], é a realidade mesma das coisas vulgares que me cercam – se adormeço – e cuja não-percepção faz de mim um louco; é, se me encontro acordado e saio, depois de um sono artificial [referência às drogas que Proust tomava para dormir?], não o sistema de Porfírio ou de Plotino, sobre os quais posso discutir tão bem quanto em qualquer outro dia, mas a resposta que prometi dar a um convite, lembrança substituída por um puro *branco*[222].

O próprio *flash* da *madeleine*, sobrevalorizado pelos intérpretes de Proust, corresponde, juntamente com outros pequenos choques desse mesmo gênero, que aliás se deflagram em série em TR, como veremos no segundo capítulo, a uma dessas tréguas do esquecimento que corporifica a memória. De fato, que sucede no famoso episódio da ressuscitação de Combray, naquela tarde gelada de inverno parisiense em que o Narrador engole um pedaço de bolinho molhado no chá?

Voltemos a ele. O Narrador relembra que, ao voltar para casa, nesse dia, sua mãe, vendo que ele tinha frio, lhe propôs que tomasse chá, uma bebida que não estava acostumado a tomar e que não lhe fazia bem. Ele recusa, de início, mas muda de opinião. Que significa isso? Que estamos diante de uma situação excepcional: que houve uma quebra de hábito, que o chá é um excesso em seu regime e que o seu efeito é intoxicante. Logo, que a lembrança é ela mesma uma espécie de intoxicação, algo que vem de fora para dentro, daí ser tão difusa, fugidia, parcial: "Bebo um segundo gole onde não encontro nada além do que encontrara no primeiro, um terceiro que me traz um pouco menos que o segundo. É tempo de parar, a virtude da bebera-

---

221. BTP, I, p. 317.
222. BTP, II, p. 984-985. Grifo meu.

gem parece diminuir". Só muito momentânea e exteriormente o chá desfaz o torpor em que se resguarda o olvido[223].

Que se trata de algo visto como externo é o que também nos mostram os acontecimentos que se seguem e as palavras do Narrador, que podem ser ouvidas com o ouvido do psicanalista. O que ele percebe é que a sensação maravilhosa que o primeiro gole havia provocado está passando. E o que ele se diz é que isso talvez fosse a prova de que ela estava ligada à bebida, de que dependia unicamente dela, quer dizer, de algo externo, algo que não estava nele. Mas ele reluta em pensar assim, porque, naturalmente, isso o despoja de sua felicidade, isso a afasta dele. Ele refaz então seu raciocínio e se diz que "o chá a despertou, mas não a conhece". Isso quer dizer que sua impressão de paraíso não tem que ser procurada fora, no chá, mas dentro dele mesmo. É o que ele se repete, como para se convencer do que descobriu: "a verdade que eu busco não está nele [no chá], mas em mim".

É todo um esconde-esconde que lembra a brincadeira com o carretel (*fort/da*) do bebê de Freud, no segundo capítulo de *Mais Além do Princípio do Prazer*, e nos remete à falsa impressão de plenitude que é oferecida por um objeto transicional, sempre encarregado de elaborar a vivência do desaparecimento do outro. Como muitos outros em BTP, a *madeleine* é um falso objeto. Por isso, Serge Doubrovski prefere ler toda a cena ao contrário, tomando-a como uma denegação: "a verdade que eu busco não está em mim"[224].

Nem poderia ser de outro modo. Por muitos motivos, esse coquetel é indigesto. A *madeleine* tal como o Narrador a descreve tem a forma de uma concha enrugada, semelhante à da *coquille* Saint-Jacques, logo, é claramente uma imagem sexual feminina, que evoca o nome de uma pecadora célebre, Maria Madalena. Na psicologia do amor freudiana, as pecadoras são as contrapartidas, ainda que rebaixadas, da Mãe. Por outro lado, aquela que ofereceu a bebida proibida é uma envenenadora. Além disso, se invertermos as iniciais de "Petite Madeleine", fórmula que aparece, estranhamente, no texto, com letras maiúsculas ("ela mandou buscar um daqueles bolinhos rechonchudos chamados *Petites Madeleines*"), teremos as iniciais de Proust. Ora, o nome Proust é tudo o que não aparece no romance, trata-se de um significante ausente, salvo lapso do Narrador[225]. Diante de tantas

---

223. BTP, I, p. 44.
224. Serge Doubrovski, *La Place de la madeleine*, p. 40.
225. São lapsos de escrita que começam a proliferar nos volumes finais de BTP, que Proust escreve já bastante doente. Aí, o Narrador chama, às vezes, Françoise de Celeste. Mas o mais significativo desses erros envolve o próprio Narrador. Numa carta que lhe endereça, em PR, Albertine chama-o duas vezes de "Marcel": "Como pode você imaginar que eu esteja zangada e que exista algo que possa me alegrar tanto quanto estar na sua companhia? Seria ótimo sairmos sempre os dois juntos e melhor ainda só sairmos os

interdições, tabus e sacralizações que se juntam em algumas poucas linhas, como poderia essa degustação ser alegremente assumida?

Há muita doença do corpo e da alma nessa cena que tanto se tem visto como beatífica (mas é antes *beat*, levando-se em conta o caráter de droga do chá). Tudo isso – o movimento eufórico/disfórico, o processo de intoxicação que está em curso e o sofrimento presumível do Narrador, que é tudo menos senhor da situação nesse momento – supõe um médico ou um olhar de médico por trás.

Mas ocorre ao Narrador fazer também de sociólogo. Há toda uma sociologia fina em Proust. A palavra "sociologia" já pertence, de resto, ao vocabulário do Narrador. "Meus pais eram fiéis à Sociologia de Combray", nos diz ele, em RF, aludindo com isso ao arrivismo da família de Bloch, que, infiel a si mesma, vivia batendo na porta de gente mais bem posicionada[226].

Na topografia de BTP, uma linha nítida separa os lados de Swann e de Guermantes, que se repartem internamente em outros lados solidários, assim, por exemplo, o lado de Swann engloba Combray que, por sua vez, engloba Méseglise. Esses são os dois grandes estratos sociais do romance, seus mais produtivos cadinhos de experiências culturais. Até prova em contrário, não se passa de uma cultura para outra, ninguém foge à determinação do meio, a não ser por traição. São "vasos fechados", na expressão do Narrador: "E essa demarcação havia se tornado mais absoluta ainda porque o hábito que tínhamos de nunca irmos para os dois lados no mesmo dia, num único passeio, mas uma vez para o lado de Méséglise, outra vez para o lado de Guermantes, os havia encerrado nos vasos fechados e sem comunicação entre si de tardes diferentes"[227].

Para mostrar o rigor dessa arquitetura, George Painter teve o capricho de juntar um mapa da cidade de Illiers (ele escreve antes que ela fosse rebatizada Illiers-Combray) à sua biografia e de compará-lo ao de Proust.

Tudo se superpõe. Descontada a fantasia da toponímia proustiana, é como se tudo fosse verdade.

---

dois juntos. Que bobo esse Marcel! Que bobo esse Marcel! Da sempre sua Albertine". O texto em francês é: "Quel Marcel! Quel Marcel!". Cf. PR, p. 157. Esse nome já havia aparecido, um pouco antes, numa conversa matinal entre ambos, em que ela diz: "Mon Marcel", "Mon cheri Marcel". Cf. BTP, III, p. 75. Não deixa de ser sintomático que, banido do romance, o prenome de Proust saia da boca de Albertine e, numa das vezes, quando ambos estão na cama. Como proferição inadvertida, ele sugere que é por sua mãe que o sujeito sem nome quer ser amorosamente nomeado e reconhecido.

226. BTP, I, p. 738.
227. Idem, p. 135.

HOMOSSEXUAIS & JUDEUS

As colônias de homosexuais e de judeus são tratadas com o mesmo rigor.

Também o gueto dos homossexuais divide-se em dois grandes lados, o lado dos homossexuais masculinos e o lado das lésbicas: Sodoma e Gomorra. Sua separação também é drástica já que esses *côtés*, que se referem à proscrição bíblica, são abomináveis, não podem se mostrar; sodomitas e gomorreanas vivem entre si, logo, em espaços fechados. Em BTP dois episódios principais fundam e regulam essa separação. São duas cenas de *voyeurismo* explícito envolvendo o Narrador estarrecido: o enlace de Charlus e Jupien e sua contrapartida feminina, o da Srta. Vinteuil e sua amiga Léa.

Aos homossexuais masculinos o Narrador reserva a palavra "raça", no seu sentido oitocentista de agrupamento humano, que é o denotado pelo *côté*:

> Eu compreendia agora porque, há pouco quando o havia visto saindo da casa da Sra. Villeparisis, o Sr. de Charlus me parecera ter o ar de uma mulher: ele era uma! Pertencia à *raça* desses seres, menos contraditórios do que parecem, cujo ideal é viril, justamente porque o temperamento é feminino, e que são, na vida, só aparentemente semelhantes aos outros homens; ali onde cada qual traz impressa nos olhos com que tudo vê no universo uma silhueta entalhada na pupila, para eles não é a de uma ninfa, mas a de um efebo[228].

Aqui também temos uma multiplicação em subvariedades: homossexuais monovalentes, como no caso de Jupien; ambivalentes, como no caso de Saint-Loup, que é o marido de Gilberte, mas está apaixonado por Morel, ex-amante do barão de Charlus; perversos, como no caso de Charlus, do qual Julia Kristeva nos diz que sua perversão o lançou numa sexualidade puramente carnal, sem desejo e por isso derrisória[229]. A essas divisões se acrescentam ainda sutilezas: homossexuais ostensivos, camuflados, viris, efeminados, gigolôs, pagantes, solitários, que fazem par, que flagelam, que são flagelados. Pelas leis dessa gramática proustiana, Charlus é o perverso ostensivo, viril, solitário, pagante e flagelado. Tudo isso se reúne numa das cenas mais fortes de BTP e da literatura francesa, de alto risco em sua época. Ela está em TR e se passa no bordel de homens de Jupien, onde o Narrador está novamente atrás de algum biombo protetor que funciona como um espéculo que deixa ver o seguinte: "Então [...] acorrentado numa cama como Prometeu em seu rochedo, eu vi diante de mim o barão de Charlus, recebendo golpes de um chicote semeado de pregos que lhe infligia Maurice"[230].

---

228. BTP, II, p. 615. Grifo meu.
229. J. Kristeva, *Le Temps sensible*, p. 156.
230. BTP, III, p. 820. Walter Benjamin pesquisou o estabelecimento em que isso pode ter acontecido de verdade, apresentando-se ao antigo proprietário, que os biógrafos

Já à homossexualidade feminina são reservadas paragens e eventos mais gentis, menos clandestinos. Pois, embora a surpresa de encontrar a Srta. Vinteuil aos abraços com Léa seja para o Narrador algo tão estremecedor quanto surpreender o barão de Charlus com Jupien, e se bem que ele espreite a cena de longe, escondido atrás de um arbusto, na pradaria, em frente à casa da filha do músico, neste caso, tudo se passa de modo mais franco, mais aberto. De fato, só uma moldura de janela, que retoma o tema da moldura do retrato do Sr. Vinteuil no alto da lareira, e enquadra o olho simbólico da lei, o separa das moças que formam este outro casal. E mesmo quando Léa fecha bruscamente a cortina, dizendo que está com calor, para poder criar uma atmosfera mais propícia para um encontro íntimo, nada o impede de continuar apreciando o que se passa, através desse véu que esconde e mostra.

E se os homossexuais masculinos só se revelam sem querer, quando um ato falho ou um desvio de linguagem os desmascara, as lésbicas se insinuam. Mais tarde, o Narrador não teria a menor dificuldade de acompanhar, pelo espelho, um flerte descarado, praticamente público, entre a prima de Bloch e Albertine[231]. Só Albertine, mais masculina, mantém seu segredo a sete chaves, e só por extrema inadvertência da parte dela esse segredo se dá a conhecer, como acontece quando ela mal refreia uma expressão vulgar, de um realismo cru, numa conversa com o Narrador, que sabe ouvir e interpretar o que ouve: "prefiro me estrepar" (*me faire casser le pot*)[232].

Também os mundos judaicos do romance se distribuem rigorosamente e se distinguem claramente.

Há três conglomerados judaicos em BTP: o dos judeus ricos e bem recebidos no mundo elegante, a que pertence Swann, que priva com todas as cabeças coroadas de Saint-Germain e evolui nesse mundo como um igual dos Guermantes, tão igual que se suspeita que ele seja o filho natural de um duque com a mulher também francesa de Sir Rufus Israels, um equivalente do barão de Rotschild; o dos judeus endinheirados e igualmente assimilados, mas menos introduzidos, que podemos suspeitar que é representado pela família do Narrador, embora ele raramente se diga judeu; e o dos judeus como Bloch, os

---

nos dizem ter sido amigo do escritor, como o tradutor de Proust para o alemão e entrevistando-se com ele, segundo notas de seu diário no período 1929 e 1930. É o que descubro lendo Ernani Chaves, Walter Benjamin, Marcel Proust e a Questão do Sadismo, *Revista Latino-americana de Psicopatologia Fundamental*, v. II, n. 4, dezembro de 1999.

231. BTP, II, p. 802-806.

232. BTP, III, p. 338-340. Tradução minha. Nem Manuel Bandeira nem Fernando Py traduzem "me faire casser le pot" que é, literalmente, "quebrar o pote" e assume na gíria de Albertine o sentido que proponho de "me estrepar". Roland Barthes chama esta gíria de "vocabulário de paquera grosseira" em Un petit point du nez, *Fragments d'un discours Amoureux*, p. 34-35.

judeus de gueto, "os israelitas da rua de Aboukir", como os define o próprio Bloch, deixando a pecha para os outros[233].

Para se ter uma idéia da clareza dessas separações, lemos em CG sobre uma porta de café parisiense que é especialmente concebida para a passagem em separado dos judeus, inclusive dos bem-postos, como o Narrador, que se queixa dela. Trata-se daquele estabelecimento em que o Narrador vem se abrigar do frio, numa noite gelada de inverno, na companhia do amigo Saint-Loup. Ele se instala com o marquês no salão principal, mas é imediatamente avisado pelo chefe dos garçons que deve transferir-se dali para o recinto ao lado, reservado às pessoas de sua "raça". Para esse cômodo existe uma passagem especial, a "porta dos Hebreus". A narração de Proust nos fala de um gelo na alma do Narrador escorraçado: "Por cúmulo do azar, eu fui me sentar na sala reservada à aristocracia, de onde o *maître* veio rudemente me tirar, indicando-me com grosseria, imediatamente adotada por todos os outros garçons, um lugar na outra sala. Isso me desagradou tanto mais quanto eu teria ali diante de mim a porta reservada aos Hebreus, que não era giratória e que, sendo aberta e fechada a todo instante, me enviava um frio horrível[234]".

Em *O Espírito das Roupas*, Gilda de Mello e Souza sublinhou a função de fronteira social dessa sala destinada aos judeus, para ela, boa amostra dos lugares públicos que refletem no romance proustiano, juntamente com as roupas e as atitudes, a hierarquia social[235].

Aqui também há sutilezas de uma sociologia fina a assinalar. Os acontecimentos modificam as leis estabelecidas. Com paciência e sua boa bagagem literária, o Narrador consegue, aos poucos, seduzir as donas de salão e ingressar na alta sociedade, saindo de sua condição inicial. Em contrapartida, Swann começa a perder terreno quando se envolve com uma cortesã chamada Odette.

Essas são exceções que confirmam a regra da separação.

O NARIZ HEBREU

Mas o que é ainda mais sutil em Proust é que todas essas repartições que atestam suas dívidas com os naturalistas e concorrem para o realismo de sua narrativa podem ainda se desfazer. O caso de Swann é o mais subvertedor de toda a ordenação conseguida. Quando ele se envolve com Odette, seu nariz de judeu, que ninguém via, começa, de repente, a aparecer!

O nariz de judeu é uma obsessão antiga em Proust. Ele está em pauta desde PD, onde lemos, no pastiche de Flaubert ali inserido, que

233. BTP, I, p. 738.
234. BTP, II, p. 401-402.
235. G. de Mello e Souza, A Luta de Classes, op. cit., p. 111-112.

Bouvard e Pécuchet não chegam a proscrever os judeus de sua república das letras, mas confessam que detestam estar com eles e sentenciam que "eles têm o nariz *crochu* [adunco], a inteligência excepcional e uma alma vil, voltada apenas para o interesse"²³⁶. Por meio das duas personagens mais corrosivas de Flaubert, Proust satiriza aí o manejo de todas as idéias feitas sobre a "raça" que iria desembocar no Caso Dreyfus. Ele também já está em questão em SW, onde Swann diz ao Narrador que seu amigo Bloch lembra o retrato de Maomé II feito pelo pintor veneziano Bellini, o que é sua maneira de sinalizar o judaísmo do companheiro que se faz passar por francês: "Ah! É impressionante, ele tem a mesma sobrancelha circunflexa, o mesmo nariz recurvado, a mesma maçã do rosto saliente. O dia em que deixar crescer uma barbicha, será a mesma pessoa"²³⁷. Volta, em seguida, com a força toda, em CG, onde nos é dito que "Bloch acreditava ter escolhido logicamente o dreyfusismo, mas sabia bem que seu nariz, sua pele e seus cabelos lhe haviam sido impostos por sua raça"²³⁸.

Mas é em SG, quando Swann é vencido pela doença que o mataria, que ele desponta, para nossa perplexidade, no rosto de uma das mais nobres figuras do romance. Então, temos um *blow-up* do nariz: o Narrador nos diz: "Fosse por causa das faces, que já não estavam mais lá para diminuí-lo, fosse porque a aterosclerose, que também é uma intoxicação, o avermelhasse, como teria feito uma bebedeira, ou deformasse como a morfina, o nariz de polichinelo de Swann, por muito tempo absorvido num rosto agradável, parecia agora enorme, intumescido, vermelho, feito o nariz de um velho Hebreu, antes que o de um curioso Valois"²³⁹. Dessa conexão entre o nariz, o judaísmo e a doença dá testemunho um dos muitos médicos de BTP, um eminente especialista que desenvolveu uma estranha teoria (que Fliess, o médico amigo de Freud retomaria) segundo a qual todo e qualquer mal físico, cólica, enxaqueca, diabetes ou cardiopatia, no fundo, é uma "doença do nariz mal compreendida"²⁴⁰.

O nariz (o corpo) está encarregado assim em BTP de sustentar uma causalidade genética: é-se judeu por uma questão de hereditariedade. Tudo se passa como se, por obra dele, se operasse uma volta à "essência semítica", ou como se o avanço da idade providenciasse um retorno ao "eidos" judeu, como notou Barthes, trocando de nomenclatura mas falando do mesmo determinismo²⁴¹. Já o *Dictionnaire Marcel*

---

236. M. Proust, *Les Plaisirs et les jours*, p. 62.
237. BTP, I, p. 97.
238. BTP, II, p. 297. Grifo meu.
239. Idem, p. 690.
240. Devo essa lembrança a Georges Rivane em seu *L'Influence de l'asthme sur l'oeuvre de Marcel Proust*, p. 62.
241. Lembrando esses momentos do romance proustiano em suas derradeiras aulas no Collège de France, em 1980, ao comentar a fotografia, por Nadar, do homem

Proust, sem comprometer Proust com isso, não hesita em sustentar que o Narrador tem por vezes predileção pelas teorias da hereditariedade, que é nelas que se sustentam seus desenvolvimentos em torno do hebraísmo de Swann e que esse discurso declina discursos anti-semitas[242].

Mas isso vai só até certo ponto. A natureza proustiana faz milagres. Assim, por exemplo, apesar de Bloch ser no romance proustiano o judeu caricato – o Shylock de Proust –, devendo, mais que qualquer outro, trazer no corpo a marca da sua "essência", Bloch acaba invertendo a trajetória de Swann, numa outra reviravolta inquietante. Lemos em TR sobre isso que, embora não consiga enganar o avô do Narrador, que tem faro para essas coisas e a quem não escapam seus "grilhões de Israel"[243], na época mais comprometedora do Caso Dreyfus, ele reformou-se inteiramente e liquidou todas as provas materiais de sua ascendência semita. O Narrador se admira disso: "Eu tive dificuldade de reconhecer meu amigo Bloch, que, aliás, havia adotado agora não só o pseudônimo mas o nome de Jacques du Rozier". Autorizados pela queda em desgraça de Swann, ficamos nos perguntando como ele fez para disfarçar o nariz.

Desorganizando o dossiê realista, todos os caminhos proustianos se cruzam, todas as evidências refluem, todas as posições sociais perdem sua "inviolabilidade" (para usarmos a mesma palavra a que recorre o Narrador, ao nos falar de casamentos mistos[244]). O lado de Guermantes torna-se abordável desde Méséglise, que, como vimos, pertence ao lado de Combray e de Swann, mas surge como o melhor atalho para uma viagem antes impossível, quando Gilberte anuncia, espetacularmente, que "Podemos ir a Guermantes por Méséglise. É a melhor maneira" (*c'est la plus jolie façon*)[245].

Do mesmo modo, a duquesa de Guermantes, se olhada sob certo ângulo desapaixonado, torna-se, de repente, parecida com uma popular, e acaba assumindo a feição de ninguém menos que a empregada Françoise:

> Eu tinha agora liberdade suficiente para saborear o que ela dizia com essa graça francesa tão pura que já não encontramos mais nem no falar nem no escrever dos tempos presentes. Escutava sua conversação como uma canção popular deliciosamente francesa [...]. Não é nos *frios pastiches dos escritores de hoje* [...], que reencontramos a velha linguagem e a verdadeira pronúncia das palavras, mas conversando com uma Sra. de Guermantes ou com uma Françoise[246].

---

que inspira a Proust o retrato de Charles Swann, Charles Haas. Cf. R. Barthes, Proust et la photographie – Examen d'un fonds d'archives photographiques mal connus, *La Préparation du roman*, p. 430.
    242. J. Hâssine, Anti-sémitisme, em A. Bouillaguet e B. Rogers (orgs.), op. cit., p. 70.
    243. BTP, III, p. 952.
    244. Idem, p. 1018.
    245. Idem, p. 1029.
    246. Idem, p. 34. Grifo meu.

Aí, o Narrador aproveita o ensejo para lançar farpas contra os realistas, que não pensariam nunca, como ele, em pesquisar a fala popular *chez les Guermantes*.

Por outro lado, ainda, a condição de judeu de Swann, a respeito da qual o Narrador é bem mais prolixo que a respeito da sua própria, é revertida (ou invertida) em SG. De fato, os leitores de Proust são surpreendidos, no final desse volume, com a informação de que Swann talvez fosse um bastardo do duque de Bérry, que ninguém menos era que o filho de Carlos X. Isso se explica. Seu pai, Sir Rufus Israels, um judeu riquíssimo, graças a sua brilhante situação financeira, havia podido desposar uma francesa. Esta, por sua vez, teria sido amante do duque, de quem Swann seria filho. O boato corre, desde sempre, em Saint-Germain, e lemos em BTP que é com essa versão da história, mais tragável, que preferem jogar muitos dos bem nascidos que recebem Swann em seus palácios, como um igual. Se, de um lado, o fato é feito para confirmar o anti-semitismo de toda essa *coterie*, de outro, torna implausível o nariz de judeu que o Narrador vê brotar no rosto de Swann envelhecido e enfermo, como uma espécie de revelação final de uma verdade por muito tempo ocultada[247].

É dentro dessa mesma desordem que o Caso Dreyfus é visto funcionar, ora como o deflagrador de uma solidariedade entre judeus e franceses que nunca haviam estado do mesmo lado da sociedade, ora como o pivô do surto racista que vai inimizar judeus e franceses, separando dois *côtés* que sempre estiveram nos mesmos lugares sociais. Nós dedicamos a estes outros giros possíveis do caleidoscópio proustiano, em seu enfoque de um mundo em convulsão, todo um capítulo.

Do espetáculo dessa desorganização fazem parte ainda todos aqueles casamentos entre nobres franceses de cepa e ricas judias americanas (as *japs, jewish american princess*, como diriam hoje os nova-iorquinos) que começam a acontecer no romance, a meio caminho de TR. Gershom Scholem, o grande estudioso da cultura judaica e amigo de Benjamin, chamou essas alianças, que segundo ele enfraqueciam ainda mais os judeus da diáspora, de "sangria"[248]. Em Proust, elas entram como parte do anedotário judaico. Segundo Patrick Brunel, porque são verdadeiros *coups de théâtre*, dos que mais favorecem a "estética lúdica" de BTP[249]. Assim, vemos essas uniões serem ridicularizadas, numa seqüência particularmente cômica de BTP, pelo duque

---

247. BTP, II, p. 578.
248. Gershom Scholem, *Fidelité et utopie*, p. 90.
249. Patrick Brunel, Une esthétique ludique, *Le Rire de Proust*, p. 62. Os casamentos mistos, no entanto, não se fazem só com as judias ricas. O conde Robert de Montesquiou, que, como vimos, é o inspirador de Huysmans, de Mallarmé e de Proust, era filho de um pai aristocrata no limite de seus recursos e de uma riquíssima mãe burguesa protestante, que vai permitir ao marido e ao filho manterem seu padrão de vida. Cf. P. Zima, op. cit., p. 281.

de Guermantes, que surge de "pijama rosa e *peignoir* de banho" para dizer o seguinte: "Tenho certeza de que em todos os palacetes se podem ver agora judias americanas com aqueles seus deliciosos colares de pérolas por entre os seios, que haverão de lhes abrir caminho para desposar um duque infeliz no jogo"[250]. Também as judias francesas entram nesse processo de promoção social. Gilberte, a filha do judeu Swann, torna-se a mulher do marquês de Saint-Loup, entrando para a impenetrável família do barão de Charlus e da duquesa de Guermantes, ao herdar do pai a soma de oitenta milhões de francos[251]. A feudalidade católica não subsiste, em suma, senão graças ao capitalismo e sua ética protestante.

É dentro dessa mesma lógica da reviravolta que Sodoma e Gomorra se fragmentam em posições de inversão sexual, que evocam um terceiro sexo indiferenciado, ou uma perversão polimórfica, cancelando a regra bíblica da separação entre homens e mulheres, oportunamente evocada pelo Narrador, quando lembra a história de Sansão – "Os dois sexos morrerão cada um de seu lado"[252] –, e derrubam, por fim, a oposição dos atributos de masculino e feminino. Assim, embora vegetalizado e animalizado pela bateria de metáforas botânicas e zoológicas de que se socorre o Narrador – besouro, orquídea, inseto, planta, pólen – o espetáculo do enlace sexual de Charlus e Jupien é tudo, menos um evento natural.

Arrojado tanto para as letras francesas que emergem do grupo de Gide como para as que seguem o modelo da pintura de Zola, trata-se de um surpreendente encontro entre dois homens que é também, de modo aparentemente inverossímil, um encontro entre o masculino e o feminino, já que, sob a ótica do Narrador, uma das partes é fecundante e a outra, fecundada. O que significa que não estamos, simplesmente, diante de parceiros do mesmo sexo, nem do amor estéril de dois invertidos debruçados sobre o espelho narcísico de seu próprio corpo, mas às voltas com um caso de figura infinitamente mais complicado, em que cada uma das partes tem os dois sexos, mas separados, como no caso das plantas hermafroditas, de sorte que é a parte feminina de um que vai entrar em contato com a parte masculina do outro. Estes são sexos parciais, nunca unos, nunca totais. É o que nos explica, em seu discurso de falso botânico, e de seu posto de *voyeur*, o Narrador:

dando-me conta de que ninguém podia me ver, resolvi não tornar a mover-me, de medo de perder, se devia realizar-se o milagre, a chegada, quase impossível de esperar, do inseto, enviado de longe como embaixador à virgem que desde tanto tempo prolongava sua espera. Sabia eu que essa espera não era mais passiva do que na flor-macho, cujos estames se haviam voltado espontaneamente para que o inseto pudesse recebê-la com mais facilidade; nem mais nem menos como a flor-fêmea, que ali estava, se chegasse o inseto,

---

250. BTP, III, p. 759.
251. BTP, II, p. 747.
252. Idem, p. 616.

arquearia faceiramente os seus "estilos" e, para ser melhor penetrada por ele, andaria imperceptivelmente metade do caminho, como uma rapariga hipócrita mas ardente[253].

Em matéria de homossexualidade, a diferença entre o enquadramento de Proust e o dos escritores realistas é a que vai da tara para o *vício*. A tara se explica, se corrige, se debela, como uma falha de uma natureza controlável, que, momentaneamente, se desnaturou.

O vício, no sentido proustiano, é uma ferida, não do corpo mas da alma, e uma ferida que não fecha.

MÉDICOS, FILÓLOGOS, GRAFÓLOGOS, CARTEIROS

Haveria muito mais a dizer.

Se é verdade, como muitos notaram, que as grandes obras de arte costumam chocar-se com os horizontes científicos de seu tempo, o romance de Proust arruína a cosmologia saída dos avanços oitocentistas por nutrir ainda um certo desprezo por todas as ciências aplicadas, e inseparavelmente disso, pelas profissões que aplicam essas ciências. A atitude é bastante compreensível da parte de alguém que se faz representar por um Narrador comovido até as lágrimas pela vida nobre, cuja característica é passar-se, justamente, de trabalho profissional. O próprio Proust, por causa de sua saúde frágil, jamais teve qualquer *emprego* que não o de escritor, se é que o termo convém.

Dentre os *métiers* para os quais o Narrador franze o cenho, surge, em primeiríssimo lugar, a medicina. Para alguns, isso se explica facilmente. Na condição de doente crônico, que é filho e irmão de médicos, o escritor tem tudo a ver com essa profissão e a medicina só poderia ocupar um lugar excepcional em sua obra, notou Robert Soupault, médico e autor de um extenso trabalho sobre o assunto[254].

Como detrator de médicos, até porque se viu na mão deles, durante toda a vida, Proust entra numa tradição cômica. A medicina, como notou Vladimir Propp, é uma profissão especialmente popular nas literaturas sarcásticas, ela é a preferida dos satiristas, da *commedia dell'arte* italiana a Gógol, passando por Molière[255]. Sem ser popular nem satirista, o próprio Mallarmé ironiza sete médicos, em sete quartetos de uma das subseções de seus *Vers de circonstance*[256]. Na sátira

---

253. BTP, III, p. 612-613. Socorro-me aqui da tradução de Mário Quintana, *Sodoma e Gomorra*, p. 12.
254. Robert Soupault, L'influence médicale, *Marcel Proust du côté de la médecine*, p. 233.
255. V. Propp, A Ridicularização das Profissões, op. cit., p. 83.
256. Um desses quartetos é o seguinte: "Si tu veux um médecin tel/ Sans perruque ni calvitie/ Qu'est le docteur Hutinel/ Treize, entends – de la Boétie". (Mal traduzindo: Se você quiser um médico que é o tal/ Sem careca nem peruca/ É o doutor Hutinel/ No treze, ouça bem, da Boétie.) Cf. S. Mallarmé, Médecins, *Vers de circonstance*, *Oeuvres complètes*, p. 92-93.

médica proustiana, em que o Dr. Dieulafoy e o Dr. Du Boulbon não são poupados, o Dr. Cottard é um alvo predileto de ataques, que fazem dele uma das figuras mais caricatas da galeria de retratos de BTP.

Nessa campanha contra a medicina, que se reveste também de aspecto sintomático, tendo algo do desafio à lei do pai, já que se trata da profissão do Dr. Adrien Proust, muito se convoca Molière. Ele é chamado, por exemplo, a comentar a maneira como o Prof. E... dirige-se ao Narrador, perguntando-lhe, a propósito do calor que está fazendo, se "não o incomoda essa hipertermia?". O pedantismo do termo técnico é imediatamente registrado pelo paciente e provoca este seu comentário malicioso: "é que a medicina fez alguns progressos em seus conhecimentos depois de Molière, mas nenhum em seu vocabulário"[257]. De modo geral, o que se satiriza é o linguajar destes cientistas aplicados, cujo "oráculo" entra em contradição com seus tiques de linguagem.

Em BTP, somente se salvam do desprezo que Proust nutre pelos médicos, mas mesmo assim não completamente, aqueles profissionais da área, especialistas em neurastenias ou psicanalistas *avant la lettre*, que levam mais a alma que o corpo em consideração. É o caso do Dr. Du Boulbon, autor do esplêndido elogio dos nervosos que encontramos em CG, entrelaçando artes e sintomas.

> Tudo o que conhecemos de grande nos vem dos nervosos. Foram eles e não outros que fundaram as religiões e compuseram as obras-primas. Jamais o mundo saberá o quanto lhes deve e o que eles sofreram para lhe dar o que deram. Apreciamos as finas músicas, os belos quadros, mil delicadezas, mas não sabemos o que isso custou, aos que os inventaram, em insônias, em lágrimas, em risos espasmódicos, em urticárias, em asmas, em epilepsias, e numa angústia de morrer que é pior que tudo isso e que a senhora talvez conheça, acrescentou, sorrindo, para a minha avó [...][258].

Essa verificação antecipadora do freudismo do Doutor Boulbon relaciona-se maravilhosamente com uma pequena frase do lindo préfacio de Proust para sua tradução de *Sésame et les lys* de Ruskin, em que encarrega a literatura de fazer as vezes da medicina, endereçando, desta vez, seus sarcasmo às literaturas que encamparam a medicina: "Os livros desempenham um papel análogo ao dos psicoterapeutas para certos neurastênicos"[259].

A briga com as especializações e os especialistas não pára por aí. Mesmo os etimologistas da Sorbonne são atacados no romance, por meio da figura de acadêmico do Professor Brichot, por quererem fazer ciência exata com uma matéria tão pouco exata como as palavras. Neste caso, vemos o Narrador chegar ao requinte de pôr especialista contra especialista. Assim, faz Brichot atacar as interpretações filo-

---

257. BTP, II, p. 641.
258. Idem, p. 305.
259. M. Proust, *Les Hautes et fines enclaves du passé. Sur la lecture. Préface à Sésame et les lys de Ruskin*, p. 50.

lógicas de um rival incômodo, o cura de Combray, e ridiculariza o sorbonista ao envolvê-lo na seguinte demonstração, que evolui para um desenlace inglório para todas as partes:

> O nome "*bricq*" entra na formação de uma série de nomes da região normanda. O bravo eclesiástico teve a idéia passavelmente estabanada de que ele vem de "*briga*", altura, lugar fortificado. Ele já o vê atuando nas povoações célticas, "Latobriges", "Nemetobriges" etc.; e segue perseguindo-o até em nomes como "Briand", "Brion", etc. Ora, não é nada disso, pelo simples motivo que "*bric*" é uma velha palavra da região norte que significa simplesmente ponte [...]. Mas devo aduzir que a toponímia, domínio em que sou, aliás, bastante ignaro, não é uma ciência exata[260].

Mas se passarmos do universo da Sorbonne para o das Forças Armadas, e entrarmos na política francesa da época, veremos o descrédito das verdades científicas recair, dessa vez, sobre a grafologia. Essa ciência da era da frenologia, que hoje tem estatuto universitário e ampara confiavelmente as perícias criminais, estava então engatinhando, porém já se prevalecia de poder tirar conclusões identificatórias e informações psicológicas da caligrafia das pessoas. Como veremos mais adiante, é com base nessas novas técnicas grafológicas, realizadas por um perito da Prefeitura de Polícia de Paris chamado Bertillon, inventor de um sistema de fichamento antropométrico que passaria à história com o nome de *bertillonage*, e que vemos hoje como uma das mitologias ou paranóias da identificação do final do século XIX[261], que Dreyfus é condenado, em 1894. O laudo de Bertillon é todo falseado. Proust, que acompanha o Caso Dreyfus de perto, como também veremos, teria a oportunidade de extrair desse episódio mais uma lição sobre a relatividade, quando não sobre a falta de objetividade das ciências positivas.

Hoje referência obrigatória nas apresentações históricas da fotografia e seu emprego nas antropometrias, catalografias e nosografias do século do positivismo científico[262], não há menção ao criminalista e grafólogo Bertillon nos índices onomásticos de JS e BTP, em que as referências a Dreyfus são abundantes. Mas um episódio de BTP envolvendo, justamente, a letra da mulher amada, pode nos ajudar a adivinhar o que o Narrador diria da arte de julgar alguém pela escrita, já que,

---

260. BTP, II, p. 890.

261. Cf. o capítulo O Retrato do Corpo Humano: a fotografia, os detetives e os primórdios do cinema do livro de Leo Charney e Vanessa Schwartz, *O Cinema e a Invenção da Vida Moderna*.

262. Há uma seção de capítulo sobre Bertillon, O Corpo e seus Fantasmas, no livro de Philippe Dubois *O Ato Fotográfico*. Lemos aí que Bertillon tem um estudo sobre o assunto, recolhido numa obra de título impressionante: *Antropométrie métrique: conseils pratiques aux missionaires scientifiques sur la manière de mesurer, de photographier et de décrire les sujets vivants et les pièces anatomiques*, Paris: Imprimerie Nationale, 1909. Mas podemos ainda reencontrar o perito do Caso Dreyfus no ensaio de Tom Gunning, O Retrato do Corpo Humano: a fotografia, os detetives e os primórdios do cinema, em L. Charney e V. Schwartz, op. cit.

através dele, ficamos sabendo o que ele pensa da capacidade que têm as palavras, quando escritas em certas circunstâncias particulares, e principalmente quando recebidas em certas circunstâncias particulares, de nos enganar. Trata-se daquele episódio no qual, sentindo-se abandonado por Gilberte, o Narrador espera, ansiosamente, um aceno da parte dela, que tarda a chegar. Quando chega, finalmente, na Páscoa, na forma de uma carta, que lhe traz sua mãe, seu "estado de nervos" não lhe permite identificar a assinatura. Por mais que examine a carta, ele não se convence da veracidade do que vê, porque sente, interiormente, que não cabe a Gilberte lhe escrever. Para piorar a situação, Françoise, que intervém com seu cruel olho de lince, acha que a assinatura não pode ser mesmo de Gilberte, porque o "G" caligrafado e apoiado num "i" sem pingo mais parece um "A". E se a letra de Gilberte, muito característica, termina por se impor, nem assim a mensagem tem qualquer efeito calmante. Paira uma ameaça de mentira no ar, senão o medo de que o texto seja um texto falso (um pastiche!), preparado pela mãe, que não quer vê-lo sofrer. E essa mentira está, de algum modo, relacionada à letra de Gilberte, já que ele a perscruta como um grafólogo:

> Ora, na parte de baixo do papel [...] simplesmente porque o corte dos *t*, feito não através deles, mas acima deles, passava um traço sobre a palavra correspondente na linha de baixo, foi justamente a assinatura de Gilberte que eu vi. Mas como a sabia impossível numa carta endereçada a mim, a vista dela, não acompanhada de crença, não me causou alegria nenhuma. Por um momento, ela projetou na irrealidade tudo em volta [...][263].

A mesma situação se repete numa outra oportunidade, quando o Narrador recebe uma carta de Albertine, que é a amada da vez, e confunde a assinatura dela com a de Gilberte, até porque, no balé onomástico de BTP, os dois nomes são anagramas um do outro[264]. A lição dessas seqüências, como de tantas outras no romance que põem em dúvida o alcance de qualquer observação, apaixonada ou desapaixonada, é que o observador não pode não estar no campo do objeto observado. Para alguns bons psicanalistas de Proust, isso é tão menos possível quanto ele e seu Narrador são asmáticos crônicos, e asmáticos de fundo alérgico, que têm, portanto, o "caráter alérgico", vale dizer, uma predisposição para reagir ao mundo de modo particular[265]. Para Barthes, é essa diferença que é englobada pela literatura e permite defini-la, por oposição aos discursos científicos, como uma "erótica"[266].

---

263. BTP, I, p. 500-501.
264. BTP, III, p. 641.
265. G. Rivane, op. cit., p. 58-59.
266. R. Barthes, De la vie à l'oeuvre, *La Préparation du roman*, aula de 2/12/78, p. 33.

Mas há muito mais em Proust a respeito de escritas irreconhecíveis e de mensagens insólitas que suspendem a realidade do mundo. É o caso, ainda, em AD, de duas cartas enviadas por Albertine ao Narrador, logo depois de deixá-lo, em resposta a um telegrama seu, em que ele lhe pedia para voltar, e de um outro telegrama da tia de Albertine, passado na seqüência imediata, com a notícia de sua morte acidental, num passeio a cavalo. Para entregar toda essa correspondência fantasmagórica, Françoise faz duas entradas, não muito distantes no tempo uma da outra, nos aposentos do Narrador. Na primeira, traz o terrível anúncio da morte de Albertine, que, por ter sido telegrafado, chega antes. Na segunda, traz as explicações dela, que, nessas alturas, já está morta, e sua promessa, ainda mais estarrecedora, de voltar para casa. Aqui, outra vez, essa pequena trapaça do destino, que agencia de tal modo as coisas que acaba fazendo voltar o morto, projeta tudo na dúvida, tornando as últimas palavras de Albertine – a última verdade de Albertine[267] – inacreditável. É logo depois da segunda entrada de Françoise que Proust nos faz surpreender o Narrador em pleno exame de consciência, diante de todas essas escrituras, dizendo para si mesmo, outra vez, o que pensa das palavras: "há, por vezes, palavras que instauram uma realidade diferente no mesmo lugar daquela que está perto de nós, que nos atordoam como uma vertigem"[268].

Num capítulo conhecido de seu comentário do texto de Lacan que abre os *Escritos*, o "Seminário sobre A Carta Roubada", Derrida notou a duplicidade da palavra francesa *lettre*, que é, ao mesmo tempo, a letra e a carta, o continente e o conteúdo de uma correspondência, e acusou Lacan de apelar para um carteiro providencial, inserindo dentro do envelope de Poe a sua própria mensagem[269]. Proust, como todo bom poeta, é um desconstrucionista nato. Seus carteiros não batem nunca à porta certa. Para ele, as palavras são eternamente dúbias, enigmáticas, fascinantes. Prestam-se assim a uma decifração interminável, que nenhuma ciência, nem a grafologia nem a psicologia mais fina, podem estancar. Em Proust, viver no imaginário é irrealizar o outro, escreveu Serge Doubrovski[270].

---

267. Melhor seria dizer a penúltima. Com a publicação, em 1987, do manuscrito inédito que a sobrinha-bisneta de Proust e sua editora intitularam *Albertine disparue*, toda a história do acidente seria alterada, introduzindo-se novas dúvidas sobre a personagem e fazendo-se recuar ainda mais a possibilidade de uma conclusão sobre o destino que tomou ao deixar o Narrador, suas intenções em relação a ele e suas preferências sexuais. Apresento o trabalho de Nathalie Mauriac e a polêmica criada em torno das reais modificações trazidas pelo manuscrito no primeiro capítulo de meu livro *Catedral em Obras*, que dá título ao volume.

268. BTP, III, p. 476-478.

269. Jacques Derrida, *La Carte postale*.

270. S. Doubrovski, op. cit., p. 82.

Irrealizar o outro pede uma outra colocação em cena, capaz de ultrapassar o "palco italiano da narrativa", para lembrarmos a definição do realismo por Adorno[271].

Há em BTP uma enorme quantidade de instrumentos de precisão cuja irônica função é justamente trabalhar em prol dessa dispersão. Telescópios, microscópios, lunetas, lentes de aumento, radioscópios e outros medidores estão aí destinados a sempre falhar na hora *h*. Nenhum deles aperfeiçoa, de fato, a visão. Ao passo que uma boa dose de malícia da parte de Françoise – que não é só uma provinciana perdida no meio de tanta ciência, mas um aprendiz de feiticeiro – lhe confere um sexto sentido. Sendo o contrário mesmo do observador neutro, Françoise vê longe. Muitas vezes, ela enxerga o que o seu jovem patrão não consegue enxergar nem com o auxílio de uma lupa. Como acontece logo depois que ele é abandonado por Albertine e está perturbado demais para perceber que dois anéis de ouro e rubis muito parecidos, que Albertine havia deixado numa gaveta, ao partir, lhe haviam sido oferecidos por uma mesma pessoa, muito rica e de muito bom gosto – um rival, certamente –, já que o requintado trabalho de ourivesaria das duas pequenas peças é o mesmo. É o que percebe Françoise. "Eu não sei quem pode ter lhe dado isso, mas mesmo sem olhar muito de perto, sente-se a mesma maneira de trabalhar o ouro, a mesma forma", verifica ela, impiedosamente, sugerindo a existência desse rival, na pior hora, e arremata: "de longe, eu teria jurado que eles vinham da mesma pessoa. É reconhecível como a cozinha de uma boa cozinheira"[272].

Há regimes de visão, os mais aparelhados, que se revezam em BTP, sem garantir nenhum resultado final verdadeiramente auspicioso, embora ali estejam para vencer a distância material entre o objeto e o olho. Enxergar o mundo através do telescópio é tudo ver de longe, na busca de leis gerais, que tornam tudo distanciado demais. Enxergar o mundo através do microscópio ou do radioscópio é tudo ver de perto demais, e assim, de modo avantajado demais, pormenorizado demais. São dois detalhismos que não resolvem o problema do *novo romancista* que o Narrador quer ser. "Quando eu buscava as grandes leis me tachavam de vasculhador de detalhes", ele reclama de seus críticos imaginários. Isso não impede uma crítica das pequenas leis: "Por mais que eu jantasse fora, não via os convivas, porque, quando pensava que os via, os estava radiografando"[273].

Juntando as duas coisas, Deleuze nos dá uma das mais justas descrições do verdadeiro *modus operandi* buscado por Proust, que tem a vantagem de recobrir o trabalho da memória proustiana: o tempo

---

271. Theodor Adorno, Posição do Narrador no Romance Contemporâneo, *Notas de Literatura*, I, p. 61.
272. BTP, III, p. 463.
273. Idem, p. 718-719.

perdido distancia objetos próximos, o tempo reencontrado aproxima objetos distantes[274]. Quer dizer, seja como for, o objeto está sempre distante. Georges Poulet passou perto da agudez dessa formulação ao chamar a retrospectiva proustiana de "prospectiva invertida"[275].

De fato, em Proust, o objeto nunca *está lá*. Jean-Pierre Richard chama assim os objetos proustianos de "objetos hermenêuticos", quer dizer, "não acabados"[276]. Tudo concorre para isso. O caráter milimetricamente autobiográfico ("imaculadamente factual", diria Truman Capote, um século depois, do "romance de não-ficção" *A Sangue Frio*[277]) dessa autoficção que é a narrativa proustiana, que não deixa de atestar o esgotamento da máquina imaginária do romance no século dos folhetins e dos *best-sellers* de Zola. Sua estrutura móvel, de temporalidades e espacialidades interpoladas, que obrigam o leitor a saltar de um lugar para outro, e de uma época para outra, até perder-se numa trama em que os acontecimentos não são datados, as personagens de ficção se misturam às reais, e o Narrador não se situa, apenas aparece, *ex abrupto*, num tempo que não é precedido por nada, dizendo "eu". E ainda o fato de que o romance proustiano carrega sua própria escólia, ou comenta a si mesmo, sendo assim um meta-romance, ou um anti-romance, ou um não-romance, ou o primeiro romance em crise profunda de um anti-herói-narrador *raté* de que temos notícia.

É esse anti-herói que se pergunta se seria um romancista. "Será que eu posso chamar este livro um romance?", lemos numa nota prévia a JS[278]. É esse escritor em crise que trabalha, francamente, com a hipótese de um outro gênero que não o romance: "Eu gostaria de escrever um artigo sobre Sainte-Beuve, gostaria de mostrar que seu método crítico, que tanto admiramos, é absurdo, que se trata de um mau escritor, e talvez isso pudesse me levar a dizer verdades mais importantes". Ou nega categoricamente que seja capaz de escrever um romance: "Eu não sou um romancista", diz o Narrador a Albertine, ao longo de uma conversa com ela sobre Dostoiévski, acrescentando que lhe causa espécie que esse excelente ficcionista russo fale tanto em assassinatos... sem nunca tê-los cometido. "É possível que os criadores sejam tentados por certas formas de vida que não experimentaram pessoalmente, mas tudo isso está longe demais de minhas possibilidades, a menos que haja em mim partes que ainda ignoro, pois só nos realizamos sucessivamente"[279].

É claro que o leitor não precisa acreditar piamente em tudo o que lhe diz um escritor sobre si mesmo, e há teorias críticas que postulam a

---

274. Gilles Deleuze, *Proust et les signes*, p. 156-157.
275. G. Poulet, Proust, op. cit., IV, p. 323.
276. Jean-Pierre Richard, Proust et l'objet hermeneutique, *Revue Poétique*, n. 13, 1975.
277. Gerald Clarke, *Capote – Uma Biografia*, p. 338.
278. JS, p. 181.
279. BTP, III, p. 379.

idéia, muito próxima da de CSB, de que o depoimento do escritor sobre si mesmo é o mais frágil. Proust, seja dito em seu favor, nos poupa da dificuldade de interpretá-lo em sentido unívoco, já que tem essa elegância de não encerrar suas questões, como na frase acima sobre Dostoiévski. Mas, ainda assim, talvez possamos tomar por verdadeiras as duas afirmações que aí temos – de que não é um romancista e de que, ao contrário de Dostoiévski, não saberia falar do que não viveu –, justamente porque elas denunciam seu conflito com o padrão do romance realista. E embora o seu mundo possa ser, por vezes, tão *baixo* quanto o dos naturalistas, com seu séquito de doenças e taras, vícios e neurastenias, patrícios e vassalos da sociedade burguesa, a tendência de Proust é inverter a regra da objetividade: "Eu me havia dado conta – nos diz o Narrador em TR – que só a percepção grosseira põe tudo no objeto, quando tudo está no espírito"[280]. São palavras fortes que se tornam ainda mais malcriadas neste outro trecho: "[...] a literatura que se contenta em 'descrever as coisas', de dar somente um apanhado miserável de suas linhas e superfícies, é aquela que, embora se chame realista, está mais longe da realidade"[281].

O próprio Proust volta a dizê-lo, numa carta, a propósito da escola italiana correspondente à de Zola: "meu respeito escrupuloso pela verdade de uma impressão nada poderia ter do verismo[282]". Para Proust, em briga com a catalogação científica do mundo, o bom pintor não pinta objetos, mas a visibilidade. Noutra parte, ele vai chamar o verismo de "paródia da verdade"[283]. Ele nada tem contra a paródia mas, sim, contra a pretensão à verdade.

Como Baudelaire, Proust detesta o mundo controlado e sem transcendência dos realistas. Sua briga com a objetividade cientificista é a mesma briga do poeta com os "positivistas", que ele ataca sem rodeios no *Salão de 1859*, distinguindo entre realistas positivistas e imaginativos:

a imensa classe dos artistas [...] divide-se em dois campos: o que se intitula *realista*, palavra de dupla chave, cujo sentido não é muito bem determinado e que chamaríamos, para melhor caracterizar seu erro, de *positivista*, diz: "Quero representar as coisas como elas são, ou como deveriam ser, supondo-se que eu não existisse". É o universo sem o

---

280. BTP, III, p. 912.
281. Idem, p. 885.
282. Carta a Henry Bordeaux, de 16/04/1913. Cf. P. Kolb, op. cit., XII, p. 143.
283. "Mas tudo numa vida de artista encadeia-se segundo a implacável lógica das evoluções interiores. Existe em Reynaldo Hahn essa tendência a renunciar a todas as graças e 'facilidades', que ele imola, como vítimas sedutoras e escolhidas, no altar de uma divindade mais severa: a Verdade. Não o Verismo, essa paródia da verdade em que o neo-italianismo encontrou o meio de suprimir toda realidade verdadeira e profunda, mas a verdade íntima, psicológica". Cf. Reynaldo Hahn, *Essais et articles*, edição de ensaios de M. Proust, no volume *Contre Sainte-Beuve*, p. 556.

homem. O imaginativo diz: "Quero iluminar as coisas com meu espírito e projetar seu reflexo sobre os outros espíritos"[284].

De acordo com essa classificação, Proust está no rol dos "imaginativos". Não poderia ser de outra forma, por muitos motivos. Primeiramente, porque, sendo um sensualista, ele está sempre no campo de seus objetos sensíveis ou, como quer Baudelaire, bem presente ao que diz, sem pretender que quem diz não conta. Segundo, porque a linguagem não é para ele um *medium* neutro, como provam os muitos chistes de que vem o cômico proustiano (como veremos mais adiante) e o próprio vôo, meta de BTP. Terceiro, porque ele tem o "ouvido musical" que sabe apreender as verdades mais complicadas, que são as que não se parecem com a verdade:

> O verossímil, pense o que pensar o mentiroso, não é de modo nenhum o verdadeiro. Quando, ao ouvirmos algo de verdadeiro, escutamos algo que é apenas verossímil, sendo talvez mais verossímil que verdade, que é talvez por demais verdadeiro, o ouvido um pouco musical sente não ser bem assim, como sente um verso falso[285].

Em briga com a cosmologia oitocentista, apoiada em dados científicos, a visão de mundo proustiana parte para uma redefinição do que seja a realidade autêntica. Curtius entendeu perfeitamente, e muito cedo, esse desafio de um novo realismo que está no âmago da revolução proustiana do romance:

> educado numa época em que reinava a concepção científica do universo, no interior da qual não se admite como realidade autêntica senão o que pode ser submetido à retórica da ciência, Proust, graças a longos anos de meditação e um esforço pessoal intenso para elucidar as experiências artísticas e espirituais, logrou reconquistar todo o domínio do real[286].

SINFONIA INTERPRETATIVA

De aristocratas encastelados, de *gays* enrustidos, de judeus inassumidos, de esnobes que querem *chegar lá*, mas estão sempre disfarçando suas verdadeiras intenções, os guetos proustianos voltam-se assim, em larga medida, para si mesmos, explicam-se pelos seus espécimens. São mundos esquadrinhados e esquadrinháveis. Mas desfazendo a sua própria concertação científica, podem ainda desenquadrar-se, estilhaçar seus contornos como se fossem os fragmentos espelhantes de um caleidoscópio.

---

284. C. Baudelaire, *Salon de 1859*, *Curiosités esthétiques*, op. cit., p. 772. Grifos do autor.
285. BTP, III, p. 179.
286. Ernst Curtius, *Marcel Proust*, p. 97.

Não por acaso um ancestral dos engenhos que puseram a imagem em movimento, o caleidoscópio desponta em BTP como artefato especialmente concebido para tal sabotagem da arquitetura realista do romance. Instrumento produtor de ilusões de ótica que é um dos mais caros ao observador proustiano (como já veremos, principalmente a propósito do Caso Dreyfus), muitas vezes, basta um giro do caleidoscópio para que todos os rigores de BTP venham abaixo. Basta um outro olhar, uma segunda análise dos fatos – aquela que não está na tela naturalista, cujos fatos são brutos –, para que todos esses focos chamados *côtés* se tornem destópicos. Então, fora da influência de qualquer espírito de sistema, o Narrador entrega-se à *suspensão da incredulidade* que leva a uma outra visão dos fatos.

É ao embaralhamento caleidoscópico dos fatos que devemos àquele outro regime de visão do Narrador ou àquela outra epistemologia que procede por acumulação de hipóteses, que valem juntas, depois de uma primeira, uma segunda, uma terceira análise.

Trata-se de uma outra orquestração do ponto de vista que pede o derramamento sintático, cuja unidade é a frase longa, inflada por dentro, no limite do fôlego, como é a frase proustiana típica. Ela mobiliza técnicas de duplicação – inversões, antíteses, quiasmas, anáforas, comparações, concessões, consecuções – de que resultam efeitos de retardamento e de desdobramento, já desvendados por abordagens clássicas, a exemplo dos estudos de proustianos como Léo Spitzer, Ernest Curtius e principalmente Jean Milly, que vê nesses movimentos um sistema de variações e nessas variações a "música" de Proust[287].

Esse estilo do extravasamento, em que outros autores de estudos igualmente clássicos viram a contrapartida formal da respiração de asmático do escritor[288], é uma tendência fortemente apoiada, em BTP, em certos conectivos recorrentes, como o *soit que* (fosse por isso... fosse por aquilo), que cindem em ramos o tronco central das orações principais, multiplicando as orações circunstanciais e introduzindo uma eternidade entre o sujeito e o predicado, que nos obriga a reajustar constantemente a atenção. A exposição dos motivos pelos quais desponta o nariz de polichinelo judeu de Swann (fosse por causa das faces... fosse porque a aterosclerose...) é um começo desse comentário disposto a distender-se desesperadamente, no dizer de Benjamin, "como uma sintaxe que segue o ritmo de uma crise de asfixia"[289].

Trata-se de um desenvolvimento que interessou também a muitos dos melhores intérpretes de Proust, ao longo do último século.

---

287. Jean Milly, Chaînes thématiques, *Proust et le style*, p. 162.
288. Há um tratado sobre a asma proustiana no livro de Georges Rivane *L'Influence de l'asthme sur l'oeuvre de Marcel Proust*, indicado na bibliografia final. Sem aprofundar-se no assunto, Benjamin escreveu que "(a sintaxe de Proust) imita o ritmo de suas crises de asfixia". Cf. W. Benjamin, A Imagem de Proust, op. cit., p. 48.
289. Idem, ibidem.

Benjamin, que reparou nos *soit que*, dizendo-nos que eles mostram, de maneira "cansativa e deprimente, cada ação à luz dos inumeráveis motivos que podem tê-las determinado", chamou-o de "fuga paratáxica", e viu nela, lindamente, a marca do "ceticismo" e da "renúncia intelectual" de Proust. Julia Kristeva, que também chama a atenção para as subordinadas proustianas, cujas bifurcações põem nossa memória à prova, chamou-o de "polifonia interpretativa", segundo ela imputável à "tradição talmúdica" a que Proust tinha tudo para ser sensível[290].

Esse é um emaranhado de motivos inintegráveis e de razões insuficientes, que não deixam a ninguém, nem mesmo ao Narrador, a última palavra. O resultado é o desarranjo de todos os enclaves de ordem que havíamos começado a classificar. Nesse sentido, o *côté* proustiano é só um pedaço de mundo autárquico, por um breve momento, regido por leis próprias. Dependendo do ponto de vista de quem o observa, já ninguém mais aí é o fruto de seu meio, já ninguém mais aí se submete à sua lei. Pelo contrário, cada habitante de cada um desses lados tomados como vasos fechados, mas, na verdade, engrenados num fantástico jogo de encaixe transversal, como observou Deleuze[291], termina por revelar-se um ser duplo, que traz em si o seu desmentido e o seu outro.

Contra o pano de fundo do romance realista, na era das certezas científicas, o texto de Proust vai instabilizar, assim, as leis do gênero, que busca a lógica do meio e o nexo causal. Esta é uma revolução que começa pelo herói-narrador – "de uma tagarelice incomensuravelmente ruidosa e vazia", no dizer de Benjamin[292] –, que aí fala sozinho, desfiando suas intermináveis suposições, e atingindo o coração mesmo da narração com essa sua sinfonia inacabada.

É a essa hiperlexia, que Benjamin chamou de "tagarelice", que se deve a impossibilidade de realmente erguer uma catedral do romance, apesar de Proust sonhar seu romance como arquitetônico.

Em Proust, o espaço e o tempo deixam de ser o quadro externo em que se dão os acontecimentos para serem eles próprios os acontecimentos. Esse é seu último refinamento.

---

290. J. Kristeva, op. cit., p. 273.
291. G. Deleuze, Boîtes et vases, op. cit., p. 151.
292. W. Benjamin, op. cit., p. 46.

2. A Comédia Proustiana da Consciência Dividida

> *"Todos os incrédulos de melodrama, os malditos, os danados, fatalmente marcados por um ríctus que vai de orelha a orelha, estão na ortodoxia do riso".*
>
> CHARLES BAUDELAIRE[1]

A ESCOLA DO *BOULEVARD*

Ria-se muito na *belle époque* de Proust. A Terceira República recém-fundada havia sido palco de uma série de pequenos e grandes escândalos, fraudes públicas e casos financeiros e políticos. Citem-se, entre eles, o Caso Panamá, deflagrado por ocasião da liquidação da Companhia (francesa) do Canal do Panamá, envolvendo o suborno de parlamentares e altos funcionários do governo; o Caso das Fichas, que incriminou um ministro da Guerra, o General André, acusado de instalar um sistema de levantamento de informações que atrelava as promoções na carreira militar às opiniões políticas e religiosas dos oficiais franceses, recolhidas em fichas, daí o nome do escândalo; o Caso Lemoine, ridícula história de falsificação que Proust retomaria em sua primeira leva de pastiches, como veremos mais adiante; e o Caso Dreyfus, o mais longo e, de longe, o pior deles. Todos ganharam as páginas dos jornais, e mais que isso, desenrolaram-se, em boa medida, na imprensa, mobilizando completamente a opinião pública e prestando-se ao olhar agudo de alguns observadores vindos do mundo das letras.

Em seu *As Origens do Totalitarismo*, Hannah Arendt não entra no Affaire Dreyfus – que, como uma boa escritora, também sabe observar: "um caso de oficiais do Estado-Maior disfarçados com barbas

---

1. Charles Baudelaire, De l'essence du rire – Et généralement du comique dans les arts plastiques, *Curiosités esthétiques*, *Oeuvres complètes*, p. 70.

postiças e óculos escuros, espalhando suas estúpidas falsificações à noite, nas ruas de Paris"[2] –, sem antes examinar esse período convulsionado da história francesa. Trata-se de uma era de passagem: passagem do século, passagem do Império para a República, passagem das derradeiras mecânicas da vida de corte para as engrenagens da vida burguesa, em nomenclatura proustiana, passagem dos Guermantes para os Verdurin. Talvez por isso, ela seja tão marcada por esses escândalos, de que já não nos lembraríamos – à exceção da pior delas, o Caso Dreyfus, porque este haveria de se prolongar no século seguinte, sendo mesmo, como nota Arendt, a antevisão dele – não fossem os artistas que os enfocaram, sob as luzes da comédia ligeira.

O próprio Proust evocou, numa de suas séries de pastiches, o impagável *fait-divers* que foi o Caso Lemoine, em torno de um falsificador de diamantes e de uma tentativa de golpe financeiro contra a Bolsa de Valores (em que o próprio escritor tinha ações, o que torna as coisas ainda mais cômicas), antes de passar, já nas páginas de BTP, ao terremoto político do período.

Mas, se o divertido vigarista Lemoine deve aos pastiches de Proust falarmos nele, ainda hoje, não é só Proust que está retratando, nesse momento, esses tumultos da sociedade francesa a caminho de seu aperfeiçoamento republicano. Há na Paris que emerge das campanhas bismarkianas e se afunda no Caso Dreyfus uma notável escola de comediantes, dispostos a caricaturar o que se passa. Muitos desses humoristas são mundanos consumados, como Proust, que também sabem tirar proveito de sua posição no mundo para explorar esses acontecimentos, especializando-se numa crítica de costumes que faz a alegria dos assim chamados *théâtres du Boulevard*.

Essa é a mais próxima tradição cômica francesa a exercer influência sobre a obra proustiana, num arco de autores que gira a partir de Molière, alcançando, a meio caminho, o Baudelaire defensor das pantomimas em *De l'essence du rire*.

Trata-se de uma constelação de humoristas representantes do que se convencionou chamar ainda de *vaudeville*, numa referência ao gênero, ao passo que a expressão "teatro de bulevar" se refere ao lugar da representação, a avenida onde se concentram os teatros que abrigavam esses autores de comédias ditas leves, mas caracterizadas por um humor que poderíamos dizer pesado, como é pesado para o Narrador o humor de Swann. Em sua maioria, eles vivem e escrevem nos últimos decênios do século, atuando fora da rota da tradição conservadora da Ópera e da Comédie Française, e longe das propostas de vanguarda de salas como o Théâtre de l'Oeuvre, por exemplo, onde Alfred Jarry (que Proust, estranhamente, não cita, embora acompanhe de perto tudo

---

2. Hannah Arendt, A Terceira República e os Judeus da França, *Origens do Totalitarismo*, p. 177 e s.

o que se passa no teatro) estréia seu *Ubu Rei*, em 1896 (ano da publicação de PD). Originalmente *outsiders*, eles vão, aos poucos, fazendo-se respeitar, e terminam por serem recebidos na Casa de Molière, a Comédie Française, graças à abertura de espírito de Jacques Copeau, escritor saído do círculo sofisticado de Gide, que se torna diretor dessa respeitada instituição, em 1936[3]. Para Proust, que também sabe reconhecer seu valor, nenhum deles se confunde com aqueles teatrólogos vulgares, muito ao gosto de Odette – um Serge Panine, por exemplo –, de que ouvimos falar com desprezo em SW. Ao contrário, o Narrador os defende dos ataques daqueles pedantes que os consideram indignos de sua atenção, por terem caído no gosto do público e pelos *imbròglios* delirantes que caracterizam sua dramaturgia. Proust antecipa-se assim à visão de alguns críticos contemporâneos para os quais os artistas do *vaudeville* estão em sintonia com Bergson quando percebem, com suas chacotas sociais, o quanto o riso deve ao lado maquinal da existência[4].

Citem-se os principais autores desse teatro parisiense que é o equivalente do West End londrino e da Brodway nova-iorquina, igualmente renovadores da tradição dramatúrgica francesa e, em sua origem, anticonformistas, em que pese estarem sujeitos à sanção financeira do gosto burguês, confundindo-se, à primeira vista, com o cabaré e o folhetim[5]. Escrevem para essa cena teatral autores como Alphonse Allais, que Proust não cita mas que Breton inseriu na Antologia do humor negro saudando-o por sua "atividade terrorista contra o espírito"[6]; Henri Meilhac, parceiro do compositor Halévy, o autor das conhecidas óperas *Carmen* e *La Juive*, esta última objeto das muitas brincadeiras do Narrador com a namorada de Saint-Loup, a *Rachel quand du Seigneur*; Eugène Labiche, a cujas personagens Swann compara as criaturas, a seus olhos ciumentos, tão grosseiras do salão Verdurin; Georges Feydeau, que é considerado, ao lado de Labiche, o grande mestre do *vaudeville*; a dupla Flers e Caillavet, formada por dois grã-finos, como Proust, suficientemente bem postados na alta sociedade parisiense para se permitir rir dela; Georges Courteline, o autor do grupo de maior sucesso comercial, com suas sátiras da vida cotidiana nas repartições públicas, onde também fervilham pequenos escândalos administrativos; Tristan Bernard, que explora menos as comédias de situação, que são o forte de todos os demais, e mais um cômico discursivo, apoiado nas tiradas que os tradutores franceses do *Witz* freudiano chamam de *mot d'esprit*, e nós traduzimos por chiste.

3. Cf. Paul Louis Mignon, *Le Théâtre au XX siècle*, p. 47.
4. Cf. Ben Singer, Modernidade, Hiperestímulo e o Início do Sensacionalismo Popular, em Leo Charney e Vanessa Schwartz (orgs.), *O Cinema e a Invenção da Vida Moderna*, p. 138.
5. Idem, p. 58.
6. André Breton, Alphonse Allais, *Anthologie de l'humour noir*, Oeuvres Complètes, II, p. 1019.

Com alguns desses nomes nos deparamos várias vezes na obra de Proust, tanto a juvenil como a madura. Por ordem de importância decrescente, são aí citados, primeiramente, Labiche, com quem o escritor costuma cruzar nos salões do Faubourg Saint-Honoré, citado nada menos que seis vezes em BTP, e defendido, de fato, duas vezes aí. A primeira quando o Narrador ironiza os cultores de fórmulas estéticas vazias e diz, em alto e bom som, que eles são incapazes de entender "o valor intelectual dos Labiche". A segunda, quando se indigna com o pai de Bloch por desprezá-lo[7]. Mas vale lembrar ainda que o biógrafo Painter nos conta que a mãe de Proust, Jeanne Weil, o teria citado em sua agonia, como a avó do Narrador cita Molière em seu leito de morte, o que pode significar que as mulheres letradas da família punham Labiche no mesmo patamar que este grande clássico[8].

Cite-se, em segundo lugar, Robert de Flers, um amigo de Proust, com quem ele mantém uma alentada correspondência, devidamente atestada por Philip Kolb. Dos críticos deste velho companheiro do grupo do Liceu Condorcet poderíamos dizer, como Benjamin disse dos críticos de Proust, que se equivocam ao pensar que sua obra é só um "anexo divertido do Gotha"[9]. Flers é um mundano tão especial para Proust que ganha um capítulo nos seus *Essais et articles*, em que lemos que ele "não deixa passar um [...] fato sem disso extrair sentido e poesia"[10], e um lugar de destaque na biografia de Jean-Yves Tadié, na qual é o assunto de uma subseção. Ele tem a ironia, o senso da sátira e da paródia dos Guermantes, escreve Tadié[11].

Vem em terceiro lugar Feydeau, cujo *Hôtel du libre échange* (1894) é citado em TR, onde o príncipe de Guermantes menciona a decadência do Hôtel Ritz, invadido por judeus ricos, e o compara ao dessa peça[12]. E em quarto lugar, Meilhac, com quem Proust também se encontra nas altas rodas, notadamente no salão de Madame Strauss, uma das inspiradoras da duquesa de Guermantes, e cujo humor cortante ele empresta à personagem, falando-nos de seu "espírito Meilhac-Halévy"[13].

Mas a defesa da escola do bulevar patenteia-se ainda na obra de Proust pelo fato de a personagem Berma ser ela mesma uma estrela desse panteão, uma diva da Opéra Comique, que, ao encenar a *Fedra* de Racine, só está abandonando momentaneamente as luzes

---

7. BTP, I, p. 733 e 775.
8. Cf. George Painter, II, p. 66; BTP, II, p. 312.
9. Walter Benjamin, A Imagem de Proust, *Obras Escolhidas*, p. 41.
10. Marcel Proust, Robert de Flers, artigo inserido em *Contre Sainte-Beuve précédé de Pastiches et mélanges et suivi de Essais et articles.* O artigo é alusivo à entrada de Flers na Academia Francesa, em 1898.
11. Jean-Yves Tadié, Robert de Flers, *Marcel Proust*, p. 375-376.
12. BTP, III, p. 759.
13. BTP, I, p. 334; BTP, II, p. 207 e 495-496; BTP, III, p. 1009.

da Avenida. "Desde que deixara a grande cena e se transformara na glória de um teatro de bulevar, de que era a estrela, ela já não protagonizava mais clássicos", lemos em RF[14]. De resto, não é tanto Sarah Bernhardt que está por trás desse retrato, mas a grande atriz Réjane, que é quem encarna Germinie Lacerteux no Théâtre de l'Odéon, onde Proust descobre o mundo *sem beleza* dos Goncourt[15], e que também atua na ópera cômica. Esse pertencimento da todo-poderosa Berma ao mundo da comédia ligeira não compromete sua divindade aos olhos do jovem Narrador proustiano, que faz tudo para convencer os pais do grande interesse de ir vê-la, na companhia da Avó[16].

Tudo isso estabelece interessantes relações entre a *vanity fair* literária de Proust e o *castigat mores* dos teatros populares da Terceira República. Há mais influências dessa cena cômica sobre a obra de Proust do que deixa ver a *madeleine*. Com maior ou menor felicidade, alguns críticos perceberam isso.

Benjamin Crémieux, um velho crítico de Proust (e seu parente pelo lado dos Weil[17]), afirma que há episódios em BTP, como aquele em que o Narrador confunde os nomes de Gilberte e Albertine num telegrama, que são de um *"vaudeville* patético"[18].

René Girard, pertencente a uma geração intermediária de comentadores franceses de Proust, que entra em ação nos anos de 1960, nos fala dos "qüiproquós" dos objetos que se prestam às mais diferentes percepções, a começar por este objeto, segundo ele, nada isolável, nem como grupo, nem como classe, nem como categoria sociológica, que é o Faubourg Saint-Germain[19].

Mais contemporaneamente, Roland Barthes, a quem é preciso sempre estar voltando, admitiu a possibilidade de uma leitura "ingênua" de BTP, que, embora ele não o diga, é uma leitura divertida, que equivale a um desenlace de drama de bulevar. Ela respeita a lição de vida do *vaudeville*, cujos desenlaces equivalem a exclamar esta mesma frase com que o crítico resume o sentido do romance de Proust: "como o mundo é pequeno!"[20].

Ela é hoje, de certo modo, corroborado pelo *Dictionnaire Marcel Proust*, que, rompendo um longo silêncio sobre o assunto, prevê um verbete sobre o "Cômico" proustiano, em que lemos: "à releitura,

---

14. Idem, p. 441.
15. Cf. o artigo de Proust, Sur Réjane, pertencente à antologia *Essais et articles*, inserida em CSB, p. 600.
16. BTP, I, p. 438-445.
17. Proust é seu sobrinho, como lemos em J-Y. Tadié, De Jean Santeuil à Dreyfus, op. cit., p. 368.
18. Benjamin Cremieux, *Du côté de Marcel Proust*, p. 44.
19. René Girard, *Mensonge romatique et vérité romanesque*, p. 221.
20. Roland Barthes, Première épreuve, le choix, le doute, *La Préparation du roman*, aula de 5/01/1990, p. 239.

descobre-se que BTP é um texto eminentemente divertido [*drôle*], que joga com todos os tipos de cômico, do mais grosseiro ao mais sutil"[21].

RIDÍCULOS MENORES E MAIORES

Quem for pesquisar por esse lado vai se surpreender com a fartura do material existente.

Citem-se, na desordem, alguns acontecimentos e meandros de acontecimentos pândegos que encontramos por toda parte em BTP. Bergotte é atarracado, míope e tem um nariz vermelho que se encaracola, sendo o contrário do que se poderia esperar do escritor sublime que instiga a imaginação do Narrador. A princesa Sherbatoff, que tem problemas de pronúncia com o "r", parecendo sair de uma história em quadrinhos contemporânea, chama os Verdurin de "Veldulin". Apesar de ser um esteta, Swann é sujeito a ataques de burrice e passa por ignorante no salão dos Verdurin. Françoise toma o trem errado para Balbec e deixa o Narrador e sua avó a ver navios no Grande Hotel, aliás, descrito como um cenário neoclássico perfeito para o segundo ato de uma farsa. A nobre avó do Narrador, que recita de cor Madame de Sévigné, tem um viés mesquinho, é apegada ao dinheiro, tem mais a ver, nesse sentido, com o avarento de Molière do que com a bela alma da marquesa-escritora pela qual quer se guiar na vida. Bloch é tão letrado quanto vulgar. Um funcionário do Castelo de Blois disserta que, ali naqueles aposentos onde, antes, uma rainha fazia sua toalete, agora, se guardam as vassouras. O barão de Charlus é um príncipe de sangue que prefere passar por barão, reservando o título para a eventualidade de uma viagem de trem em que tenha que permanecer incógnito nessa França de nobreza napoleônica em que todo mundo virou Alteza.

Tudo isso explica o fato de haver tantos críticos de BTP, em todas as épocas, a rir com Proust, bem mais que Crémieux, Girard, Zima e até mesmo Barthes, o mais irreverente dos *novos críticos*, até porque ele é o mais escritor.

Entre os primeiros grandes comentadores do romance, Walter Benjamin, a cuja "imagem de Proust" também convém sempre retornar, chamou de "subversiva" a "fisiologia da tagarelice" proustiana e corrigiu Léon-Pierre Quint ao nos dizer que preferia falar em "cômico", a propósito do que se passa em BTP, do que em "humor", como ele.

No tesouro dos preconceitos e das máximas caras a essa sociedade (que Proust descreve), não há um único que não se reduza a pó. O primeiro a interessar-se por esse cômico foi Léon-Pierre Quint, ao escrever que, "quando se fala de obra humorística, pensa-se em geral, em livros curtos e agradáveis, com capas ilustradas. Esquecemo-

---

21. F. Leriche, Comique, em Annick Bouillaguet e Brian Rogers (orgs.), op. cit., p. 223.

nos de Dom Quixote, Pantagruel e Gil Blas [...]". Comparação seguramente insuficiente para traduzir a força com que Proust critica essa sociedade. Para ele, não se trata de humor, mas de *cômico*: seu riso não suprime o mundo mas o faz derrapar, o faz correr o risco de se partir em pedaços, diante dos quais só o que resta é chorar. E o que se esfacela assim é a unidade da família e da pessoa, da moral sexual e da honra ligada à posição social[22].

Essa percepção de que a crítica proustiana vai até o efeito do cômico tende a aumentar nos grandes comentários modernos, franceses ou não.

Gérard Genette chama a atenção, em suas *Figuras*, para o enorme arsenal de lapsos, chistes e atos falhos de BTP, dizendo-nos que o cômico proustiano é, dominantemente, um cômico discursivo, e que, muitas vezes, só o que descreve uma personagem de BTP são seus acidentes de linguagem[23]. O Doutor Cottard, com seus trocadilhos infames e gracejos sem graça, é um bom exemplo desse tipo de comicidade, e um dos prazeres que temos lendo BTP é acompanhar a trajetória desse gênio da medicina que é também um idiota falando em público, porque vacila no desempenho daquilo que é o forte dos salões de Proust, e é puro manejo de linguagem: o *esprit*.

Julia Kristeva fala-nos do efeito cômico produzido pelas interpretações rabínicas do Narrador que se desprendem de suas frases intermináveis, regadas a suspeitas sobre si mesmo. Voltando às frases inacabáveis de Proust, ela escreve:

> A polifonia interpretativa produz logicamente um efeito de contradição que, psicologicamente, tem tudo de uma sideração. Sabemos que a tradição judaica, e particularmente a talmúdica, a que Proust foi sensível, multiplica as interpretações, do que decorre uma compreensão do sentido e do sentido divino que inclui o riso e talvez até não se dê senão nele[24].

Harold Bloom sublinha a maneira como o Narrador foge ao ponto nas questões da identidade sexual e do judaísmo, figurando no romance como não invertido e como gentio (e não gentil). Trata-se de uma tangente cômica, nos diz ele, e de um cômico que é fundamental para o entendimento do romance, já que depende dele o próprio andamento da obra. "Como Shakespeare, Proust é um mestre da tragicomédia: surpreendo-me rindo, mas tenho de concordar com quem diga que o modo cômico é fundamental para Proust, porque lhe permite distanciamento representacional ao explorar a então, em parte, proibida questão do homossexualismo". Mas Bloom fala-nos de uma outra fonte de riso igualmente poderosa no romance:

> Devido ao fantástico gênio cômico de Proust, ele também rivaliza com Shakespeare no retratar o ciúme sexual [...]. Proust nos dá três magníficas sagas de ciúme: as

---

22. W. Benjamin, A Imagem de Proust, op. cit. Grifo meu.
23. Gérard Genette, Proust et le langage indirect, *Figures*, II.
24. Julia Kristeva, Questions d'identité, *Le Temps sensible*, p. 273.

provações, seguidas, de Swann, Saint-Loup e Marcel [...]. Essas três angústias tragicômicas, obsessivas, são apenas um dos fios de uma obra enciclopédica, e, no entanto, se pode dizer que Proust, como Freud, se junta a Shakespeare, e ao Hawthorne de *A Letra Escarlate*, ao confirmar a comicidade do ciúme sexual. É um inferno na vida humana mas um esplendor purgatorial como *matéria poética*[25].

No ponto em que alcança um de seus melhores comentários filosóficos, com Gilles Deleuze, é ainda o rabino cômico que está interessando, parece, já que também Deleuze faz de Proust um eterno intérprete de signos, a quem a verdade só se apresenta de supetão e *après coup*, misturada à emoção de um observador nunca neutro, sempre ultrapassado pelos acontecimentos, que só pesquisa angustiadamente. Esse movimento, que é o contrário da ascese socrática e que ele chama "antilogos", é, para ele, ao mesmo tempo, o movimento de um pensador judaico, que marca uma clara oposição entre Atenas e Jerusalém, com sua abordagem da sexualidade como abjeta, que deve contas à maldição bíblica[26].

Outros estudiosos tentaram sistematizar todo esse material. Passemos em revista esses trabalhos de sistematização, que são tão antigos como únicos no seu gênero, até onde chegamos.

Para Roland Donzé, há três modalidades diferentes de cômico proustiano. Uma primeira é a que ele chama de cômico "de fantasia", e define como um jogo de imaginação verbal, que rende formas engraçadas. Esse tipo de comicidade nada tem a ver com o caráter das personagens, explica ele. O leitor ri de gratuidades, de brincadeiras com as palavras, como os trocadilhos do Dr. Cottard. Não há aqui menção a Freud, mas poderíamos acrescentar que se trata de chistes (e corrigir a idéia de que sejam gratuitos).

Uma segunda modalidade é o cômico "caricatural", que nos dá traços de caráter. Neste caso, o efeito cômico vem da ruptura do nível de dignidade das personagens. Em BTP, Françoise dirige-se ao mercado do Halles em busca da melhor carne, como Michelangelo ia às montanhas de Carrara para escolher seus blocos de mármore, e isso nos faz rir[27]. Esse tipo de comicidade começa a se insinuar a partir do segundo volume do romance, quando uma verve sarcástica toma o lugar da alegria terna dos primeiros momentos do Narrador, continua Donzé. Provocando passagens inesperadas do grave e do sublime para o superficial e o banal, ele atinge a própria personagem da Avó, uma mulher discreta e extremamente cultivada, leitora de Madame de Sévigné e conselheira do neto em matéria de gosto literário, que assume, a horas

---

25. Harold Bloom, Proust: a verdadeira crença do ciúme sexual, *O Cânone Ocidental*, p. 380. Grifo do autor.
26. Gilles Deleuze, Antilogos, *Proust et les signes*.
27. Roland Donzé, *Le Comique dans l'oeuvre de Marcel Proust*, p. 1. O autor cita uma passagem de SW, I, p. 312 e 313.

tantas, uma outra faceta, a de colecionadora de velharias. A essa sua característica a família deve o fato de ter a casa entulhada de móveis e objetos em ruínas, e de todos correrem o risco de desabar de uma poltrona de equilíbrio instável, que continua sendo mantida no seu lugar, e jamais será removida, só porque evoca, para a simpática matriarca, alguma imagem do passado. Donzé toca aí na questão do descompasso entre a idéia do objeto e o objeto, que é um fator certeiro de comicidade, bem notado por Vladimir Propp em seu *Comicidade e Riso*[28].

Essa não é a única queda de nível da personagem. Desse apego a objetos a certa mesquinharia a distância é curta, assim, a Avó, tão nobre, despenca, novamente, de sua dignidade de leitora dos clássicos, perfeita seguidora das regras de sobriedade do *Grand Siècle*, quando, no Grande Hotel de Balbec, se vê no centro de uma cena que deixa o Narrador constrangidíssimo. O episódio desenrola-se no saguão majestoso desse palácio estival, quando, ao dar entrada, ela se põe a reclamar dos preços e a pedir um desconto, bem na frente dos veranistas engalanados, na frente dos quais o neto gostaria de fazer bonito, ao invés de passar por pobre.

Mas há outros bons momentos caricaturais de Bloch, por exemplo, que se dirige ao Narrador em estilo homérico. Trata-se de uma declamação que soa tão mais ridícula quanto se trata do Homero vertido para o francês pelos parnasianos, em sua língua afetada. E isso implica numa segunda caricatura (e em mais um pastiche proustiano, poderíamos também dizer), a caricatura do tradutor de Homero, o poeta Leconte de Lisle.

Uma terceira modalidade é a que ele chama, simplesmente, de "humor". Também neste caso o caráter está implicado. Ao contrário do que acontece com as caricaturas, porém, as personagens são aqui menos risíveis, seus defeitos e suas qualidades se equilibram, trata-se de um riso que simpatiza mais com o seu objeto. É toda a diferença que vai do duque para a duquesa de Guermantes, por exemplo[29].

Para Lester Mansfield, há uma comicidade em Proust que vem dos gestos maquinais e surte toda aquela gama de ridículos descritos por Bergson. É dessa comicidade que participam as criaturas proustianas que assumem formas vegetais, como o alfaiate Jupien, enraizado como uma planta no pátio do palácio dos Guermantes, na primeira vez que se depara aí com o barão de Charlus. São caricaturas agressivas, nota Mansfield, que colocam sempre o outro em posição de inferioridade.

Mas, para ele, o cômico proustiano deve-se, principalmente, ao fato de não haver um progresso dramático da ação, embora haja um progresso espiritual do Narrador, que passa da ilusão para a desilu-

---

28. Vladimir Propp, Um Pouco de Metodologia, *Comicidade e Riso*, p. 19.
29. R. Donzé, op. cit., p. 41 e s.

são[30]. Essa inação cômica deve-se à confusão das cronologias – presente da narração, passado que a narração envolve, futuro do romance em perspectiva –, que rende um tempo não linear, durante o qual nada acontece, o que impede qualquer efeito patético. A ilustração mais perfeita desse vazio dramático é um jantar na casa da duquesa de Guermantes, em CG, que ocupa quase todo o volume (como acontece, por vezes, nas memórias de Saint-Simon).

Em sentido contrário, ressalta ainda Mansfield, há um certo burlesco nas ações que se aceleram bruscamente, fazendo a narração avançar, quando avança, por solavancos. Assim, encontramos, às vezes, num romance em que nada acontece, uma trama inacreditável de coincidências e encontros fortuitos, dignos de uma intriga de teatro de avenida. Como exemplo, Mansfield cita esta precipitação de acontecimentos de que o Narrador faz depender seu destino e o próprio destino de seu livro:

sem Swann eu não teria nunca conhecido os Guermantes, pois minha avó não teria encontrado a Sra. de Villeparisis, nem teria conhecido Saint-Loup e o Sr. de Charlus, o que me levou à duquesa de Guermantes e, por meio dela, à sua prima, a princesa de Guermantes, de tal modo que minha presença, naquele momento, em casa do príncipe de Guermantes, quando acabava de acudir-me a idéia de minha obra, me vinha também de Swann.

Nesse caso, o escoamento não linear do tempo fez com que o tempo real de onde fala o Narrador invadisse o tempo da ação. O efeito burlesco deve-se a essa mudança de registro.

Finalmente, para a psicanalista francesa Lucette Moulines, que assina uma das primeiras interpretações do romance proustiano à luz de Freud, é a inversão sexual que explica um certo riso discreto, em BTP. Sem trabalhar com *Os Chistes e Sua Relação com o Insconsciente de Freud* (1905), ela joga com um "desdobramento da personalidade" que a inversão sexual, ao mesmo tempo, ostenta e esconde, e nos fala de um humor que é feito para obliterar a dor dessa situação. "O riso toma em Proust o lugar de um olhar severo que é dirigido a si mesmo e ao mundo em volta", escreve num ensaio para um dos antigos *Boletins da Sociedade de Amigos de Marcel Proust*[31].

A abordagem é tímida, mas meritória. Por estranho que pareça, até hoje, faltam incursões psicanalíticas à altura do desafio lançado por BTP, ao passo que sobram os estudos psicológicos, como notou Jean-Yves Tadié, num de seus livros sobre Proust anteriores à biografia[32]. Uma das exceções honrosas é o longo e clássico trabalho de Serge Doubrovski sobre o significado inconsciente da *madeleine*[33].

30. Lester Mansfield, *Le Comique de Marcel Proust*, p. 29.
31. Lucette Moulines, *Bulletins de la Société des Amis de Marcel Proust et des Amis de Combray*, Illiers-Combray-Paris, n. 15, 1965.
32. J-Y. Tadié, De la psychologie à la psychanalyse, *Lectures de Proust*, p. 121.
33. Serge Doubrovski, *La Place de la madeleine – Écriture et fantasme chez Proust*, obra que já tem seus trinta e tantos anos, sendo datada de 1974.

A estes primeiros apanhados parciais e corajosos do cômico proustiano, acrescenta-se, em 1997, um livro saído de uma tese de doutorado feita na França, que nos parece único, por sua ótica dominantemente voltada para o que o autor chama a "estética lúdica" de BTP: *Le Rire de Proust*, de Patrick Brunel. Voltando ao Cocteau das homenagens póstumas da Gallimard, o autor nos lembra algo importante: não escapa a nenhum dos autores que entram no tributo da *Nouvelle Revue Française*, em 1923, que Proust amava rir. É partindo dessa constatação que Brunel desenvolve sua pesquisa sobre o que chama "o pensamento infinitamente sorridente [*rieur*] de Proust, que, segundo ele, salta à vista, até porque o próprio *Gotha* [o anuário genealógico publicado na cidade do mesmo nome, em alemão e francês ou a relação das celebridades européias de A a Z] já faz Proust rir"[34].

O MUNDO É UM PALCO

Mas há uma comédia bem mais aberta em BTP do que presumem esses precursores. O melhor riso de Proust é o riso do observador que vê o mundo como um grande teatro, principalmente por meio deste subgênero da comédia que é a farsa. Este é um filão que subsume todos os outros.

Num trecho dos mais instrutivos de SW, o Narrador nos diz que, afastado de seu meio, por causa de Odette, Swann podia vê-lo de fora, "como uma seqüência de pequenos quadros"[35]. Mais tarde, ele veria a própria Odette de fora, com suficiente clareza para perceber que sua grande paixão por ela era o resultado de uma maquinação dele próprio. Mas, mesmo antes de se desapegar dela, lhe ocorre pensar que os convivas do salão da Sra. Verdurin desempenham papéis: "Francamente, essa gente é de uma burguesia sublime, não deve existir de verdade, deve ter saído de uma peça de Labiche"[36].

A melhor maneira de rirmos com Proust é vendo o Narrador ver o mundo como Swann: de fora e através de quadros. Quem nos convida a fazê-lo é o próprio Narrador, ao nos dizer, como um moralista clássico que contempla a vaidade de tudo, e vê as máscaras caírem dos rostos das pessoas, que a vida em sociedade lhe parece um "festim de bárbaros". Como festim, o mundo proustiano é uma eterna *mise-en-scène*. Nesse grande teatro do mundo, se os Verdurin saem de uma peça de Labiche, o duque de Guermantes, gagá e enamorado de Odette, que se tornou sua amante, e agora o trai, como fazia com Swann, passa "de Júpiter a personagem de Molière"[37].

---

34. Cf. Patrick Brunel, Introduction, *Le Rire de Proust*, p. 11 e 41.
35. BTP, I, p. 323.
36. BTP, I, p. 286. Volto a esse momento de Swann no quarto capítulo.
37. BTP, III, p. 1020.

Harold Bloom, que faz entrar Molière no seu exíguo cânone francês, juntamente com Proust e Montaigne, notou que esse tipo de ultrapassagem da realidade pela imaginação é tipicamente molieresco: "As peças de Molière mostram que a vida de todo mundo é um romance, uma farsa, uma desgraça"[38]. Sob o signo de Molière, Proust leva adiante a consecução de um romance em que o teatro do mundo é uma arte da farsa. Com cenas, por vezes, de bufonaria explícita, como é o caso de muitas das melhores cenas de Charlus.

Foi Rimbaud quem disse que "a vida é a farsa a ser encenada por todos". Proust certamente conhecia mais essa divisa acintosa de *Uma Estação no Inferno*[39]. Mas foi Shakespeare, com seu apreço pela farsa, o primeiro a introduzir piadas no cerne mesmo da tragédia. Isso se torna exemplar em *Hamlet*, em que a *play scene* dirigida pelo herói é duplamente cômica, primeiro porque é o próprio Hamlet quem, em conversa com os atores, levanta a possibilidade de uma comédia ou de uma tragicomédia, segundo, porque é ele mesmo quem a chama de brincadeira ou pilhéria (*jest*). De fato, quando resolve adaptar *A Ratoeira* para encená-la diante do rei seu tio, de modo a poder denunciá-lo publicamente, Hamlet a descreve como um envenenamento de brincadeira (*poison in jest*)[40]. Mas, como sabemos, a encenação termina sendo séria, não só porque derruba a máscara do tio, que veste a carapuça, mas porque o próprio Hamlet admira-se de que os atores, a quem encomendou a representação, chorem melhor por suas dores fingidas do que ele por suas dores de verdade, fazendo-o sentir-se um fingidor, que não cessa nunca de *atuar*, no sentido de representar, para finalmente começar a *atuar*, no sentido de agir. Não haveria melhor maneira de um escritor nos dizer que é brincando que se dizem as verdades.

Proust dá novo alento à divisa do barroco shakespeariano segundo a qual o mundo é um grande palco em que nós atores gesticulamos[41]. Dizer as verdades mais terríveis brincando é o que ele mais faz, por meio de seus atores da vida real, que se agitam no *stage* e no *backstage* dos salões. No centro dessa cena, os invertidos sexuais de BTP ecoam vozes do Globe Theatre. O marquês de Saint-Loup é um dos mais bufões. Como militar francês que fez a primeira guerra mundial e recebeu, pela bravura, a Cruz de Honra (esquecida no

---

38. H. Bloom, Montaigne e Molière, a Evanescência Canônica da Verdade, op. cit., p. 158.
39. Arthur Rimbaud, Mauvais sang, *Une saison en enfer*, *Oeuvres complètes*, p. 99.
40. "Have you heard the argument, is there offense in it?"(Conheces bem o enredo? Nada existe nele de ofensivo?) – pergunta o tio. "No, no, they do but jest, poison in jest" (Não, não. Tudo é pura diversão; veneno de brinquedo.) – responde Hamlet. Cf. Shakespeare, *Hamlet*, ato 3, cena 2, p. 673 (do original inglês) e p. 576 (da edição brasileira).
41. Ver a respeito de Shakespeare barroco: Jean Starobinski, Para Quem Escrevemos então?, *Montaigne em Movimento*, p. 11.

bordel de Jupien[42]), ele encarrega-se, em nome de todos, de parodiar o "ser ou não ser", jurando que não é quem estão pensando que ele é: "A questão não é como para Hamlet ser ou não ser [*être ou ne pas être*], mas *ser* ou não *ser* [*en* être *ou ne pas en* être] Você *é,* meu tio Charlus *é.* Que fazer?, eu nunca gostei disso, não é culpa minha"[43].

No teatro de Proust, os melhores atores, encabeçados por Charlus, riem melhor do que choram por suas dores de verdade.

MOLIÈRE EM PROUST

Há 25 referências a Molière em BTP, contra quatro em JS e uma infinidade na correspondência proustiana. Os manejos de salão, os deveres da polidez, a hipocrisia social são particularmente visados nessas citações, que recobrem, muitas vezes, de fato, cenas de pura farsa. São cenas que, associadas às cenas da vida parisiense que as inspira, dão conta de uma loucura geral, de sentido crítico tanto mais acerbo.

Molière funciona em Proust como o interpretante perfeito para eventos desconcertantes de toda espécie. Aqui, é a avó do Narrador que percebe a presença de uma antiga companheira de escola, a marquesa de Villeparisis, no saguão do Grande Hotel de Balbec, e, embaraçada com a figura dessa grande dama de sangue azul, com quem fizera o Sacré-Coeur, finge não vê-la, até para não constranger uma nobre a cumprimentar uma plebéia. No *crescendo* cômico do episódio, ela é correspondida pela marquesa, que, devolvendo a ofensa, também simula não dar acordo de sua presença. Fugindo assim uma da outra, ambas desenvolvem um tal balé no *hall* do hotel que acabam se encontrando. O Narrador escreve:

> Minha avó e a Sra. de Villeparisis deram de cara uma com a outra numa porta e foram obrigadas a se falar, não sem antes fazerem gestos de surpresa, de hesitação, de executarem movimentos de recuo, de dúvida, até passarem, por fim, aos protestos de polidez e alegria, como em certas cenas de Molière em que dois atores monologam há um bom tempo, cada um num canto do palco, e a um passo do outro, como se não dessem pela presença um do outro, e de repente se vêem, e mal podem acreditar na surpresa[44]

Acolá, as coisas se invertem, já não são duas senhoras de diferentes classes ou castas que fingem não se conhecer, ou não ver o que vêem, porém dois invertidos que acabam caindo, praticamente, nos braços um do outro, e namorando em público, só por terem visto muito bem o que viram: que ambos *são*. Temos assim uma outra se-

---

42. BTP, III, p. 841.
43. BTP, II, p. 1022. Grifos meus. Respectivamente às p. 400 e 838 de suas traduções de *Sodoma e Gomorra*, Mário Quintana e Fernando Py traduzem o "en être" por "ser deles".
44. BTP, II, p. 694.

qüência em que contracenam o barão de Charlus e um certo duque de Sidonia: o barão é apresentado ao duque, reconhece nele, de imediato, um igual, transmite ao outro algum tipo de sinal que faz com que comecem a gesticular e a se dizer coisas incompreensíveis, em meio a tanta excitação. E o Narrador arremata: "eles faziam aquele mesmo barulho que fazem nas comédias de Molière várias pessoas falando ao mesmo tempo"[45].

Na vida real, o próprio Proust é capaz de dirigir-se, em carta, a seu amigo e comediográfo Robert de Flers chamando-o de Escapino[46].

Seria fastidioso reproduzir aqui os muitos *encontrões* do mesmo tipo que se multiplicam no romance. E nunca seria tão prazeroso quanto acompanhá-los, em seu contexto pleno e na letra do texto, diretamente em Proust.

Sem insistir nos exemplos, só resta observar, associando a vertigem dessas embrulhadas à fuga interpretativa proustiana, que essas são outras maneiras de o Narrador nunca terminar de nos dizer o que tem a dizer de seu *monde*.

A COZINHA PROUSTIANA

É em CSB que Proust associa seu livro, pela primeira vez, indireta, mas expressamente, a uma catedral gótica, quando seu Narrador nos fala de um romance que refizesse as catedrais esfumaçadas de Monet, com tudo que isso implica de incorporação da luz mais irrealizante: "Imaginemos hoje um literato a quem ocorresse tratar vinte vezes, com luzes diversas, o mesmo tema, e que tivesse a sensação de fazer algo de profundo, de sutil, de poderoso, de esmagador, de original, de arrebatador, como as cinqüenta catedrais ou os quarenta nenúfares de Monet"[47].

Pela sua própria grandeza, as catedrais góticas antigas (mas também as modernas; pensemos na de Gaudí, em Barcelona) são sempre inacabadas, o que, por si só, já coloca a ambição proustiana em dificuldade. Mas adicione-se a essa primeira dificuldade uma segunda: a interferência do modelo da pintura no modelo da catedral, graças à conexão com as catedrais de contornos nebulosos de Monet, que projeta, de imediato, o romance ambicionado não só numa nebulosa de cores, mas numa fragmentação genérica.

As coisas são ainda mais complicadas que isso. Pois concorrem, no romance, com esse modelo nobre já fragmentário das *fine arts*, alguns outros modelos francamente prosaicos ou pedestres, saídos

---

45. BTP, II, p. 693.
46. "Ah, Escapino, como você me deixa feliz", carta de julho de 1894. Cf. Philip Kolb, *Correspondance de Marcel Proust*, III, p. 488.
47. CSB, p. 276.

de ofícios femininos que vêm se somar ao da zeladora, evocado por Barrès (o "poeta persa posto de zeladora").

É de enfiada, nas derradeiras páginas de BTP, que essas metáforas baixas aparecem. Quando, ainda incerto em relação às chances de seu romance, o Narrador nos diz, primeiro, que há livros que jamais serão concluídos, dado o tamanho de seu projeto. Segundo, que esse não é, certamente, o caso do seu, que padece da fraqueza contrária de não ter um plano preciso, mas só alguns materiais esparsos. Terceiro, que será necessário, por isso mesmo, renunciar ao escopo da catedral e pensar em algo mais modesto. É nesse ponto que ele faz apelo ao ofício das costureiras (deixando o exemplo para os futuros oulipianos, já que em *Ouvroir de littérature potentielle*, a fórmula com que Raymond Queneau batizou a sua dissidência, que abreviadamente dá OuLiPo, a palavra *ouvroir* alude, insolentemente, aos ateliês de costura, onde se recortam e rejuntam partes[48]) e ao das cozinheiras.

As costureiras – nos explica ele –, porque sabem atar partes avulsas, de modo a construir com elas um vestido: "[assim também] eu construiria meu livro, não ouso dizer ambiciosamente como uma catedral mas modestamente como um vestido". As cozinheiras, por influência de uma criatura muito próxima, a empregada Françoise, que o socorria, bondosamente, em seu trabalho de escritor, organizando e colando papeizinhos (as *paperolles*) nas extremidades de seus manuscritos, o que, de um lado, vem confirmar a técnica rapsódica da colagem, e, de outro, lhe permite saltar do escritório para a cozinha, adicionando a esse *patchwork* da Françoise ajudante de escritório à química dos molhos bem feitos da Françoise quituteira:

> Assim como as individualidades (humanas ou não) são feitas num livro das numerosas impressões que temos seja de muitas raparigas, seja de muitas igrejas, seja de muitas sonatas, com as quais fazemos uma só sonata, uma só igreja, uma só rapariga, por que não fazer o meu livro como Françoise fazia o seu *boeuf mode*, que o Sr. de Norpois tanto apreciava, com aquela gelatina enriquecida por tantos pedaços de carne[49].

Dificilmente, o imaginário do romance, mesmo ultramoderno, terá esbarrado em comparações tão inesperadas. (À exceção talvez de Céline, quando nos diz que as palavras lhe saem da boca em "jorros moles", numa "dicção cloaca"[50]). Buscando entender tecnicamente a passagem decisiva que Proust faz deste proto-romance que é CSB para BTP, Barthes aceita o desafio de pensar obras de arte a partir de referenciais do domínio da cozinha e, depois que o Dr. Cottard sugeriu ao Narrador que fizesse tricô para se acalmar, Benjamin viu em Proust

---

48. Caio Meira escreve que temos aí "um acrônimo que poderia significar de forma irônica algo como Sala de Costura de uma literatura potencial". Cf. sua orelha para o livro de Jacques Roubaud, *Algo: Preto*, tradução de Inês Oseki-Depré, São Paulo: Perspectiva, 2005.
49. BTP, III, p. 1033-1035.
50. Louis-Ferdinand Céline, *D'un chateau l'autre*, Romans, II, p. 14.

uma bordadeira, voltando, à sua maneira, à faina da costureirinha [51], introduz mais uma metáfora baixa no molho de Proust.

Num dos *Nouveaux essais critiques*, ele nos diz que o deslanche da máquina escritural proustiana, em algum misterioso momento do ano de 1909, deve-se às providências práticas que toma Proust, primeiro, de desvincular o herói do narrador e, segundo, de dar os nomes certos às pessoas certas, fazendo passar a linha de separação dos *côtés* pelos significantes, num golpe de mimologia perfeita, que organiza castas e consonâncias: os "Verdurin", os "Legrandin", os "Brichot", os "Norpois", aqui, e os "Guermantes", os "La Tremoïlle", os "Laumes", os "Agrigente", ali. É nesse ponto, escreve Barthes, referindo-se à química dos nomes e valendo-se de uma palavra que as cozinheiras empregam, que o texto "dá liga" (*prend*).

Note-se que é o mesmo verbo que ressurge na retomada do tema da *démarrage* no Collège de France, e o mesmo tipo de recurso que o levaria ali, num outro contexto, quando examina as fotografias do mundo proustiano pelos Nadar (Félix e Paul, o pai e o filho, cuja obra se confunde), a chamar a fascinação de Proust pelas personagens aristocráticas do Faubourg de Saint-Honoré de "intoxicação". Nos rascunhos dessas aulas sobre o *monde* proustiano fotografado por Nadar, os editores encontraram esta nota de Barthes, que encerra a decisão de não submeter suas imagens a qualquer apreciação que as diluísse em expansões retóricas:

nem idéias, nem observações literárias, nem observações fotográficas, nenhuma tentativa de localizar a passagem de *À la recherche du temps* que corresponde à pessoa representada (ou muito pouco disso). Somente algumas breves informações biográficas sobre cada pessoa (emprestadas a Painter). Algumas informações e algumas imagens. Seminário distrativo: folhear imagens. Qual o interesse profundo, sério, qual a chance de *kairós* [em grego: o tempo propício, da oportunidade] dessas sessões? Trata-se, na minha idéia, de produzir uma *intoxicação*, uma fascinação, ação própria à imagem[52].

Há coisas ainda mais fortes que "intoxicação" nessas últimas aulas de Barthes, que está então elaborando uma poética da fotografia, baseada no efeito de silêncio do *punctum* cortante, que faz a pessoa por trás da moldura do retrato saltar de seu quadro representacional, e dispensa a legenda, ou aquilo que os antigos chamavam de "écfrase". (Estamos falando de *La chambre claire*, 1880). Voltando ao bloqueio de escrita de Proust, nesse final dos anos 1870, ele passa então em revista seu antigo ensaio, confirma as soluções técnicas que fazem a diferença no romance da maturidade, e vai, agora, mais longe, dando o nome do

---

51. Refiro-me, claro, à imagem da Penélope que faz a urdidura e o contrário da urdidura em sua faina caseira à espera de Ulisses. Cf. W. Benjamin, A imagem de Proust, op. cit.

52. R. Barthes, Proust et la photographie – Examen d'un fonds d'archives photographiques mal connus, *La Préparation du roman*, p. 391.

molho providencial, que encorpa e salva o texto de seu *état de déliaison* (desandamento), depois de apontar sua função, que é a de misturar, unir, transformar a matéria líqüida em matéria grossa e aveludada. Esse molho, ele não teme dizer, porque sabe que não há saber sem sabor, é a *mayonnaise*. "Num certo sentido, Proust só poderia morrer depois disso – escreve Barthes –, senão, provavelmente, nada mais teria escrito de novo, nada mais teria feito senão *adicionar* coisas incessantemente a sua obra, por mergulhia [*marcottage*]: papeizinhos e mais papeizinhos; num aumento ao infinito da maionese"[53].

Toda essa figuração alimentar convém ao texto de um sensualista como Proust e não negligencia uma comédia que passa pelo claro apontamento do corpo. A própria recordação proustiana, que é involuntária, isto é, nasce das sensações, e está sujeita a declinar intermitentemente, sendo, ao mesmo tempo, o agente que restitui as experiências mais antigas e o véu que as encobre, envereda pelo plano baixo do corpo. Assim, a memória "afetiva" ou "involuntária" é, ao mesmo tempo, o que dá e o que retira o *tableau vivant* do passado. Isso explica porque, no episódio da *madeleine*, se misturam dois estados tão contraditórios e cômicos quanto ao êxtase e à vigilância.

Existe aí uma "luz sobre fundo de decomposição", nos diz Philippe Sollers, que atribui a "decomposição geral", para a qual caminha o romance, justamente ao fato de que nenhum daqueles sucessivos pequenos choques anamnésicos que se sucedem em TR, e repetem a experiência só aparentemente decisiva da *madeleine*, envolve o olhar, ou encampa o sentido nobre da visão, que é por onde fala a voz da "revelação". Ainda que possa haver, aqui e ali, de modo intempestivo e descontinuado, alguma experiência da transcendência, nada nesse modo de recordar é realmente iluminador, acrescenta Sollers. Não há em Proust a possibilidade de uma presença totalmente percebida[54].

De fato, se bem examinado, todo o jogo da memória proustiana parece fugir à dimensão intelectualizada do olhar para refugiar-se no corpo; a onda de reminiscências sendo tão mais poderosa quanto nasce do tato, do paladar, do olfato, da audição, e regressa ao ponto de partida, quando declina a euforia. Só aparentemente a alegria trazida pelo gosto do bolinho molhado no chá, naquele ponto de SW em que o passado volta, por um breve instante, num fluxo de imagens florais ou, como prefere Painter, numa "primavera fluviátil"[55], é uma decolagem para o infinito. Pois se é verdade que a *madeleine* provoca uma certa alteração momentânea do estado de consciência do Narrador,

---

53. Idem, aula de 2/02/1980, p. 209. A "*marcottage*" ou "mergulhia" ou "mergulho" a que Barthes alude é o processo de introduzir na terra uma vara para obter a multiplicação de uma planta.
54. Philippe Sollers, Sur Proust, *L'Éloge de l'infini*.
55. G. Painter, op. cit., II, p. 26.

tão mais vulnerável à ação desse excitante que é o chá preto quanto está proibido de ingeri-lo, por causa de sua insônia, e que isso nos dá, num certo sentido, a idéia de *flash* luminoso; é igualmente verdade que esse *flash* não impede a ironia vigilante do Narrador, que, como vimos, se pergunta o que está acontecendo, sem se entregar completamente ao depoimento de suas próprias sensações. Retomando a cena-fetiche da *madeleine*, Julio Pimentel Pinto nota que "a própria realidade da lembrança é duvidosa"[56].

Por outro lado, a maior parte desses golpes de recordação envolvem objetos que nada têm de sublimes. Assim, se em JS um cheiro delicioso se desprende do veludo de um velho mantô de sua mãe, fazendo Jean voltar, por um instante, ao dias de sua juventude, quando ela se arrumava para sair, jovem, brilhante e feliz[57], acontece-nos também de passar com Proust dos perfumes do *boudoir* para os cheiros mais pesados dos toaletes públicos. Assim, por exemplo, o "odor fresco de fechado" que se desprega do mictório subterrâneo do jardim dos Champs-Elysées, na abertura de RF, traz de volta o sótão da casa da Tia Léonie, onde o garoto Narrador se masturbava, às escondidas. Ele é o primeiro a envergonhar-se de que um cheiro de mofo o deixe momentaneamente enlevado[58].

Assim também, todos os demais choques dessa mesma natureza que se sucedem em TR, com uma freqüência que não deixa de nos fazer sorrir, são experiências da falta. Não por acaso eles fazem ressurgir imagens que vêm encasuladas uma na outra, em cascata de metonímias, o que fala por si só de uma totalidade partida.

Há uma primeira dessas ocorrências no pátio do "hotel" do príncipe de Guermantes, para onde o Narrador se dirige, a caminho de sua última recepção. Ao desviar-se, ali, de um carro que entrava ao mesmo tempo, ele tropeça num desnível do pavimento, leva um solavanco e, de chofre, lhe acodem recordações de coisas muito antigas, que lhe vêm numa onda de sensações, trazendo "um pouco de tempo em estado puro". Depois, uma segunda, já dentro do palacete, enquanto espera, na biblioteca, que os músicos acabem de tocar, para que possa entrar no salão, quando ouve o tilintar de uma colher batendo na porcelana de uma xícara de chá e é tomado por um novo acesso de felicidade, uma impressão de que o tempo atual se conecta com o tempo passado, que recebe como um "segundo aviso". Finalmente, uma terceira, ainda na biblioteca, quando, servindo-se de uma laranjada e de uma porção de *petits-fours* que lhe trouxera um dos copeiros, leva à boca o guardanapo engomado, e, nesse mesmo instante, ao sentir o

---

56. Julio Pimentel Pinto, Três Outras Leituras: Proust, Bioy Casares, Camilleri, *A Leitura e Seus Lugares*, p. 144.
57. JS, p. 419-420.
58. BTP, I, p. 494.

contato do tecido, se vê projetado para o Grande Hotel de Balbec, em cujo restaurante luxuoso desfilavam, no tempo de suas férias juvenis, outros serviçais, que subitamente reaparecem na sua frente.

Esses são paroxismos intermitentes cujo "aviso" o Narrador pessimista interpreta, não como uma visão enfim revelada (o sentido fechado de sua vida!), mas como uma advertência de que seus dias estão contados, e de que ele ainda tem um livro para escrever. Para ele, de fato, o mais palpável nessas estranhas experiências de paraíso, sobrevindas num presente que nada tem de paradisíaco, é o seu esvaecimento e a sua ameaça: "[...] o que o ser, que por três ou quatro vezes ressuscitara em mim, acabava de experimentar [*goûter*] eram por certo fragmentos de existência subtraídos ao tempo, mas essa contemplação, embora eterna, era fugidia"[59].

Não há em Proust nenhuma adesão feliz a essas imagens do passado, nenhuma rememoração. Há, sim, a evidência de que a memória trabalha, de que é ela que as constrói, pior, de que ela as embaralha, já que faz um fragmento de tempo se chocar com outro fragmento de tempo, ou telescopar o outro, entrando violentamente no campo do outro. Daí o Narrador sair tão aturdido desses seus transportes, de um lado, se dizendo que "compreendi que todo o material da obra literária seria a minha vida passada", de outro, se perguntando se "não seria tarde demais"?[60].

Na primeira passagem acima, "experimentar" (no sentido de saborear, exigido por *goûter*) modifica o aspecto visual da experiência, insinuado em "contemplação", enquanto que "eterno" se choca frontalmente com "fugidio", corrigindo o desenlace feliz que pareciam prometer todos esses sinais. Podemos, portanto, ver sinais disfóricos, e não eufóricos, no tropeção, no tinido da colher e no guardanapo endurecido pelo amido de sua goma. E podemos, em conseqüência, apontar a comicidade dessas cenas, não só pela decepção que carregam, pelas imagens que mobilizam e pelo tipo de embate físico a que todas estão relacionadas, mas pelo caráter mecânico de sua repetição ou pelo fato mesmo de serem em série. Foi Bergson – um contraparente de Proust, como Benjamin Cremieux[61], e para muitos um autor de enorme influência sobre seu pensamento acerca do tempo – quem nos ensinou que o riso vem do automatismo instalado na vida.

Confirmação dessa possível comédia é o que se segue a esses golpes de memória. Isto é, aquela dança macabra dos mortos com que se depara o Narrador, ao ingressar, uma última vez, no salão do

---

59. BTP, III, p. 867-875.
60. Idem, p. 899 e 1044. .
61. Há inúmeras referências ao parentesco de Proust com o autor de *O Riso* (1900) na biografia de Jean-Yves Tadié como na de George Painter. Cf., por exemplo, G. Painter, II, p. 18 e 319, e J-Y. Tadié, *Marcel Proust*, p. 875.

príncipe de Guermantes, e ao surpreender-se com o envelhecimento geral da *coterie*. Tudo nessa passagem é tétrico, teatral, tragicamente cômico. Em seu novo aspecto, as pessoas parecem estar vestidas para um "baile a fantasia", uma animação de "marionetes" (*poupées*), uma cena de "fantoches". O Narrador pensa:

> Num primeiro momento, não compreendi por que hesitava em reconhecer o dono da casa, os convidados, e por que todo mundo parecia estar disfarçado [...]. O príncipe tinha ainda, ao receber, aquele ar bonachão de rei de feeria que havia percebido nele da primeira vez, mas agora, como se pactuasse com a etiqueta imposta aos convidados, colado no rosto uma barba branca[62].

RISO ENTRE LÁGRIMAS

"Pois toda a sabedoria do melancólico vem do abismo, ela deriva da imersão na vida das coisas criadas e nada deve às vozes da Revelação", escreveu Benjamin[63]. Não deveria essa reflexão sobre a melancolia, sempre ilustrada por sujeitos pensativos e cabisbaixos, alertar-nos para o perigo de envolver a depressão do Narrador proustiano com a gargalhada?

Muitos viram na morte da mãe de Proust, no ano de 1905, o fator desencadeador de seu romance, cuja escrita só começa a fluir, no sentido desejado por ele, em algum momento do ano de 1909. George Painter nos diz que, nesse momento, ele está saindo de uma crise de asma, de um abscesso dentário e de uma febre misteriosa[64].

Com a mãe morta e todas essas doenças que cumprem um visível trabalho de luto, mas que não deixam de evocar também este traço blanchotiano da literatura que é o *arrêt de mort*, que Blanchot certamente deve a Proust[65], será que poderíamos continuar falando em comédia?

PASSADO

Vendo as coisas de certa perspectiva, não há como não reconhecer que todo o movimento retrospectivo que desponta no processo introspectivo do romance, fazendo do Narrador aquele sujeito que sofre de insônia e dá voltas na cama, desenterrando velhas histórias, é o movimento "para baixo" dos melancólicos. Nesse sentido, há um travo amargo em BTP, um sabor de morte, que nem o efeito da *madeleine* molhada no chá

---

62. BTP, III, p. 924.
63. W. Benjamin, A *Origem do Drama Barroco Alemão*, p. 175.
64. G. Painter, II, 186.
65. De fato, também Blanchot foi afetado pela doença, durante toda a vida, como mostra Christophe Bident, notando algo que vale para Proust: que ela é assumida como a chance diabólica da escritura, impossível para os sãos, porque eles não se consumiram, justamente, na exploração das coisas "irrespiráveis". Cf. Christohpe Bident, La maladie, *Maurice Blanchot, partenaire invisible*, p. 28.

consegue remover. Curtius, que assina um estudo pioneiro sobre Proust, escrito entre 1922 e 1924, e traduzido para o francês em 1928, nota a respeito que as contínuas mudanças operadas pelo tempo no romance proustiano são como uma morte, uma "necrologia que se constrói incessantemente"[66]. Essa presença da morte vê-se, de resto, claramente explicitada numa reflexão do Narrador que é duplamente mortífera, porque nos fala da morte, mas também do esquecimento do morto, a segunda morte do morto. Trata-se de uma das máximas mais tristes de BTP, que, no fundo, tem a ver também com a inclinação de Proust aos pastiches, já que o livro é visto aí como um cemitério e a arte de pastichar não deixa de ter algo de fúnebre, ao trocar a criação pela imitação. O Narrador nos diz: "um livro é um grande cemitério onde, sobre a maioria dos túmulos, já não podemos ver os nomes apagados"[67]. É uma reflexão que continua neste estranho recitatório do Narrador, proposto ao barão de Charlus já decrépito, em TR, como uma terrível contagem dos mortos ou um inventário da mortalidade: "Hannibal de Bréauté, morto! Antoine de Mouchy, morto! Charles Swann, morto! [...]"[68]. E principalmente neste excerto de SW, em que o luto é geral: "eu passava a maior parte do tempo lembrando a nossa vida de outrora em Combray, na casa de minha tia, em Paris, em Balbec, em Veneza [...]"[69].

Funcionando como marcas deixadas por uma perda irreparável e fundadora, há no romance de Proust uma série de ondas de rememoração que sequer passam pela breve felicidade desencadeada pelo sabor da *madeleine*. Ligados à sintomatologia proustiana, esses acontecimentos mostram-nos que o passado dói fisicamente.

Dessa "máquina de epifanias", como a chama Deleuze, inspirado em Joyce[70], retenha-se, pela sua pungência, a lembrança que se desencadeia no Grande Hotel de Balbec, quando o Narrador volta a se hospedar ali pela segunda vez, agora sem a Avó, já morta. Provocado por um objeto dos mais prosaicos, este pequeno abalo sísmico rememorante, que aliás nos sugere reler com olhos menos otimistas a cena da *madeleine*, eclode quando, ao curvar-se para tirar as botinas, ele se lembra, de sopetão, de que era a Avó, no passado, quem o ajudava nessa tarefa, porque ele estava sempre doente demais para realizar sozinho essas pequenas coisas. O texto diz:

> Eu me abaixei [...] para tirar os sapatos. Mas foi só tocar o primeiro botão de minha botina e meu peito inchou, invadido por uma presença desconhecida, divina, eu

---

66. Ernst Curtius, *Marcel Proust*, p. 168.
67. Triste constatação, lembrada, por exemplo, por Léo Bersani no ensaio De la mort considérée comme source d'autorité, em Denis Hollier (org.), *De la littérature française*, p. 807.
68. BTP, III, p. 862.
69. BTP, I, p. 9.
70. G. Deleuze, Les trois machines, op. cit., p. 187.

me pus a soluçar, lágrimas começaram a correr dos meus olhos [...]. Acabava de ver em minha memória, debruçada sobre o meu cansaço, o rosto de minha avó, tal como na primeira noite de nossa chegada[71].

No *Dictionnaire Marcel Proust*, lemos no verbete "Catolicismo" que há algo de sacramental nessa maneira de a Avó abaixar-se até os pés do neto, como para beijá-los[72].

O movimento para trás e para baixo é antigo em Proust. Maurice Blanchot encontra essa mesma desolação nas obras de juventude de Proust e as comenta como só poderia fazê-lo um crítico que viu a literatura como "o canto das sereias"[73]. Em JS – nota ele – Proust já sabe que a essência do tempo é a fuga dos instantes, mas não sabe ainda como dizer isso. É com muita paciência que ele descobre a maneira de fazê-lo, interiorizando a própria fuga. Quanto mais o romance proustiano demora a resolver-se menos diferente é em relação a qualquer autoridade externa, qualquer idéia já dada do que seja escrever.

> O que impressiona no fracasso de *Jean Santeuil* é que, querendo nos tornar sensíveis aos instantes, o autor os pinta como cenas e assim, em vez de surpreender suas criaturas em sua aparição, ele acaba fazendo o contrário, retratos delas. [...] Se quiséssemos, em poucas palavras, distinguir esse esboço que é *Jean Santeuil* da obra que se segue, poderíamos dizer que enquanto *Jean Santeuil*, para nos dar o sentimento de que a vida é feita de horas estanques, lança mão de uma concepção despedaçada em que o vazio não encontra figuração, mas segue sendo vazio, a *Recherche*, obra massiva e ininterrupta, consegue acrescentar o vazio como plenitude a esses pontos estiolados e a fazer cintilar as estrelas, dessa vez maravilhosamente, porque já não lhe falta mais a imensidão do vazio espacial. De tal modo que é pela continuidade mais densa e mais substancial que a obra consegue representar o que há de mais descontínuo, a intermitência desses instantes de luz, de que lhe vem a possibilidade de escrever.

À figura descrita por essa movimentação, que imprime função ao vazio, Blanchot dá o nome de "esfera". O segredo da escritura proustiana é para ele sua rotação[74].

Isso referenda a visão caleidoscópica e a circularidade do romance, comprometendo o mito redentor da memória. Se há uma *essência* do tempo em Proust, é a sua fuga.

FUTURO

Mas não há só movimento para trás em Proust, o Narrador olha também para a frente, para o futuro. De fato, BTP avança e recua no

---

71. BTP, II, p. 756-759.
72. A. Beretta Anguisola, Catolicisme, em A. Bouillaguet e B. Rogers (orgs.), op. cit., p. 196.
73. Esse Blanchot da morte da e na literatura é magnificamente apresentado por Roland Barthes no artigo aqui já citado *Ou/ où va la littérature*.
74. Maurice Blanchot,. L'expérience de Proust, *Le Livre à venir*, p. 34-35.

tempo, conforme toma o caminho do livro ou da vida. No plano da *ação*, o livro é o futuro. Ora, como esse sonhado livro é tudo o que também escapa ao Narrador, e como o futuro proustiano é, nesse sentido, incerto, também ali onde há prospecção, e não retrospecção, tudo é duvidoso e sombrio.

Decerto, há alguma esperança no ar, ainda assim, já que o futuro é, por si, uma grande tela em branco que pode ser preenchida. Desde PD, apesar das "melancolias graves", assinaladas, com maldade, pelo crítico Jean Lorrain, encontramos em Proust passagens em que os narradores sentem a vida prestes a começar a jorrar. O ainda não experimentado, o desconhecido carrega promessas de felicidade e de beleza, porque uma nova existência renova a percepção das coisas, e é nessa originalidade que a alma de artista dos narradores proustianos tudo deposita. Citada por muitos comentadores, a cena em que o Narrador vê uma vendedora de leite de um vagão de trem é plena de esperança, porque o rosto da moça é absolutamente novo:

esquecemos sempre que [os rostos] são individuais e, atribuindo-lhes em nosso espírito um tipo de convenção a que chegamos fazendo uma média dos diferentes rostos que nos agradaram, só chegamos a imagens abstratas, desmaiadas e pálidas, porque justamente lhes falta o caráter de coisa nova, diferente do que já conhecemos, esse caráter que é próprio da beleza e da felicidade[75].

Ainda assim, há dúvidas do Narrador a respeito de conseguir, de fato, desvencilhar-se do peso do passado, já que ele sabe que é um ser de hábitos, que carrega o passado nas costas. Ouça-se esta frase arrastada e sinuosa do repertório das considerações finais, na qual estão resumidas todas as mazelas e os pecados capitais que atrapalham o avanço de sua obra, e na qual recorre a palavra "doença":

A *doença*, que, fazendo-me, como um rude diretor de consciência, morrer para o mundo, me havia prestado serviço […], a *doença*, que, depois que a preguiça me havia protegido contra a facilidade, ia talvez me salvar da preguiça, a *doença* tinha acabado com minhas forças e, como notara já, há algum tempo, quando deixei de amar Albertine, com a força de minha memória[76].

Tanta hipocondria, tanto nervosismo nada prometem de bom. Mas, pior que isso, o que também se poderia dizer do futuro proustiano é que ele é o álibi de uma fuga para frente, pelo que o refúgio na escritura comporta de tentativa de escapada do tempo e, no limite, da morte[77]. O medo da morte está dado na dança macabra das perso-

---

75. BTP, I, p. 655-656
76. BTP, III, p. 1044. Grifos meus.
77. Devo essa observação a Susana Kampff Lages, que, a propósito de Baudelaire, cita P. Szondi na subseção Melancolia na Modernidade: de Proust a Baudelaire de seu livro *Walter Benjamin – Tradução e Melancolia*, p. 138-139.

nagens mortas-vivas da *matinée* do príncipe de Guermantes, pois não podemos pensar que o Narrador não cogite de sua própria morte ao surpreender todos os seus velhos conhecidos às portas dela[78]. Diante da morte, nem a realização de uma bela obra traz um verdadeiro consolo (o que significa que o Narrador está desconsolado por não a escrever e por escrevê-la!). Assim, deparamo-nos com este outro trecho de TR, com ares de epitáfio, e não totalmente isento de blague, mas doloroso, em que cai por terra a idéia romântica da eternidade da arte. É uma daquelas longas frases proustianas sem respiro:

> Digo que a lei cruel da arte é que os seres morrem, que nós mesmos morreremos esgotando todos os sofrimentos, para que cresça a árvore, não do esquecimento, mas da vida eterna, a erva hirta das obras fecundas, sobre as quais as gerações vindouras virão, tranqüilamente, fazer, sem nenhuma consideração por aqueles que dormem embaixo, seu *déjeuner sur l'herbe* [almoço na relva][79].

A perspectiva de um futuro negro agrava-se ainda, por outro lado, dada a velocidade com que o tempo passa. De todas as características do futuro proustiano, notou Georges Poulet, a mais notável é a sua proximidade, a sua "iminência", a sua ameaça de logo vir a desabar sobre o Narrador. Desse ângulo, poderíamos dizer que é o futuro que parece olhar o Narrador (e Proust) de um ponto fixo.

Não se trata de um futuro hipotético, abstrato e inofensivo, mas de um sentimento da urgência que o traz para muito perto. É esse tempo perigosamente próximo que absorve a atenção do protagonista, como uma febre amorosa. É no minuto seguinte que o destino pode se revelar, para o bem e para o mal. Assim, é daqui a pouco que tudo pode estar perdido, que a vida pode ter passado, e passado em branco, sem que tenha sido recolhida numa obra que, finalmente, a realize, a desrealizando em escritura.

Sob esse aspecto – observa ainda Poulet, alinhando Proust com os escritores de diários, que escrevem justamente porque vivem sob o mesmo tipo de ameaça –, Proust é um igual de Gide, Claudel, Valéry e até mesmo Péguy[80].

PRESENTE

É nesse tempo da iminência que o Narrador se faz aquelas perguntas dramáticas que encontramos em TR, no ponto em que ele começa a ter sobressaltos que lhe parecem avisos sobre a chegada de

---

78. É Paul Ricouer quem chama a atenção para isso: "Que anunciam todas essas caras de mortos senão a aproximação da morte do herói?". Cf. Paul Ricoeur, À la recherche du temps perdu: le temps traversé, *Temps et récit*, II, *La Configuration dans le récit de fiction*, p. 274.
79. BTP, III, p. 1038.
80. Georges Poulet, Proust, *Études sur le temps humain*, IV, p. 310.

sua hora final: "haveria ainda tempo para mim? Não seria tarde demais?[81]" Essas são perguntas que só podem ser feitas no presente, e que o romance de Proust faz em *tempo real*.

Diante delas, não há muito mais a dizer sobre o presente proustiano, a não ser que, para o sujeito que nos diz que vai escrever, mais para frente, sobre o que ficou lá atrás, temendo não poder fazê-lo, ele é o único tempo palpável, exatamente por ser tão aflitivo.

Jogando todas as cartas proustianas no presente, Samuel Beckett escreveu que o passado não é em Proust um marco superado, mas faz irremediavelmente parte da atualidade, pela deformação que impôs às suas vítimas. As criaturas de Proust são prisioneiras do tempo que as modificou, o que faz com que ontem seja uma dimensão ainda mais próxima que a dimensão do futuro, uma ameaça que já se realizou, pensa ele. "Não há como fugir das horas e dos dias. Nem de amanhã nem de ontem", acrescenta[82]. É no presente que não se foge nem de amanhã nem de ontem.

De todas as ameaças e aflições que convergem para o presente proustiano, a questão do controle técnico do romance por escrever não é das menores. É também no presente, quando lhe acodem lembranças dolorosas, como a do silêncio sepulcral de Norpois diante de seu pequeno poema em prosa, escrito em estado de euforia, que o Narrador continua perseguido pelo fantasma de uma grande obra, temendo o fiasco. É aqui-e-agora que ele se submete a seus juízes, briga com seus ídolos, os exalta, se sente diminuído diante deles, se desilude deles, é dissuadido por eles de continuar, é extraviado pelos "festins de bárbaros chamados banquetes".

Uma sua consideração das mais ensimesmadas pode nos ajudar a entender melhor tudo isso: "Teoricamente sabemos que a terra gira, mas, na verdade, não o percebemos, o sol parece não se mexer e vivemos tranqüilos"[83]. Ora, ninguém em melhor posição que o pensador sensibilíssimo que assim se expressa para perceber que o sol, na verdade, se mexe, e ninguém mais intranqüilo que ele diante da fuga das horas na qual esse movimento implica.

Como poderia uma comédia introduzir-se nessa inquietude?

PSICANÁLISE DA PIADA

Embora presida historicamente à entrada de Proust em escritura, a morte de Madame Weil, que é todo um outro drama inseparável desse tempo sensível do qual estamos falando, não impede o romance proustiano de resvalar para a comédia, bem ao contrário.

---

81. BTP, III, p. 1044.
82. Samuel Beckett, *Proust*, p. 9.
83. BTP, I, p. 482.

Roland Barthes mostrou que há um mito da inauguração da obra literária por uma grande crise pessoal na vida do escritor, e que esse tipo de argumento é uma espécie de "tic" dos manuais de literatura, que precisam associar a vida dos autores a um grave evento central, para poder entendê-los. Esse desencadeador extraliterário varia de manual para manual, podendo ser de ordem política, histórica, sentimental, espiritual, escreveu ele. Assim, para Baudelaire, faz-se apelo ao recasamento da mãe, para Victor Hugo, à morte de Léopoldine, para Flaubert, à epilepsia, para Gide, às viagens de iniciação, para Mallarmé, ao *breakdown* nervoso de 1866, para Proust, à morte da mãe. Essa lógica da grande crise tem sua ideologia: dela decorre sempre uma renovação da obra, uma regeneração do autor, um entendimento da arte como triunfal[84].

Esse alerta (que não deixa de ser auto-referente já que ele próprio não deu início mas pôs fim a sua carreira de escritor depois da morte da mãe) faz todo o sentido no caso de uma obra tão pouco triunfal como a de Proust, que se sabota o tempo todo e volta, no desenlace, à estaca zero. De fato, não parece haver nada aí que nos permita tomar o luto como doador de *sagesse*.

Freud pode nos ajudar a entender isso. Em *Os Chistes e Sua Relação com o Inconsciente*, obra crucial de 1905, que teve de esperar por Lacan e pelos anos de 1950 para obter direito de cidade entre os psicanalistas[85], ele estabelece semelhanças e diferenças entre o cômico, o chiste e o humor. O traço comum mais notável é que o ponto de partida para todos esses casos de figura é sempre alguma tristeza que busca desdizer-se.

Na metapsicologia freudiana, que tudo refere ao benefício de prazer ligado a uma economia psíquica, o "cômico" enfrenta as representações desagradáveis, sua função é economizar ou afugentar uma idéia que sobrevém (o sujeito desvia bruscamente o curso de seus pensamentos, o Narrador dirá que ele "finge de morto", já veremos); o "chiste" enfrenta as inibições e os recalques, sua função é atrever-se a tocar no intocável (por um momento, o sujeito ousa fingir que não está impedido de desejar); já o "humor" é a economia de um afeto, de um sentimento, geralmente de humilhação (o sujeito consola-se em relação a uma

---

84. R. Barthes, Démarrages, *La Préparation du roman*, aula de 2/02/1980.

85. Recentemente, Joel Birman mencionou essa prestação de Lacan: "Devemos a Lacan, sem dúvida, a restauração da importância dessa importante problemática no pensamento psicanalítico, no seu já célebre retorno a Freud. Assim, desde o ensaio Função e Campo da Palavra e da Linguagem em Psicanálise, de 1953, Lacan já destacava o que existia de fundamental em *Os Chistes e Sua Relação com o Inconsciente*. Enunciava então que esta era "a obra mais incontestável porque a mais transparente em que o efeito do inconsciente nos foi mostrado nos confins de sua sutileza. Isso porque o chiste evidencia, na sua atividade criativa, a gratuidade absoluta da linguagem, pela qual a dominação sobre o real se exprime no desafio do não sentido." Cf. Joel Birman, Frente e Verso: o trágico e o cômico na desconstrução do poder, em Abrão Slavutzky e Daniel Kupermann (orgs.), *Seria Trágico se não Fosse Cômico*, p. 96.

experiência de rebaixamento). São diferentes graus de socialização e diferentes situações de colóquio: o cômico envolve, pelo menos, duas pessoas, aquela que ri e aquela de quem se ri; o chiste ou, como preferem alguns, o dito espirituoso[86], que é, por definição, essencialmente verbal, envolve três pessoas, aquela que produz ou "solta" a piada, num repente, como sem querer, aquela que é o objeto ou o pretexto dela, e um ouvinte, que é quem a decodifica e ri primeiro; já o humor é solitário, é autocentrado, o sujeito ri de si mesmo, duplica-se para se ver de fora, num desdobramento onipotente do eu, que faz de invulnerável.

Diversas quanto ao alvo, essas elaborações do sofrimento são idênticas quanto à descarga de tensão produzida. É por essa distensão que, para Freud, o riso se equipara ao sonho. Estamos diante do mesmo provisório relaxamento da lei – que em psicanálise é sempre a lei do Pai – que mantém os sujeitos sob controle. O que acontece é da ordem do complexo central da psicanálise: num movimento que podemos chamar de edipiano, o sujeito ou os sujeitos gozam (nos dois sentidos) de seus próprios impedimentos. Daí boa parte do material selecionado por Freud ser, além de agressivo e obsceno, como são geralmente as anedotas, ainda que as chamemos *de salão*, pleno de efeitos de estilo. Foi a propósito dessa desconstrução poética de Édipo que Charles Mauron, autor de um estudo pioneiro no campo das relações entre as literaturas cômicas e a psicanálise – *Psycocritique du genre comique* (1964) –, falou-nos do "júbilo orgulhoso" dos filhos que vibra nas comédias clássicas, de Aristófanes a Molière, seja pelo pacto, no fundo amoroso, que eles fazem com as mães contra os pais (*As Troianas*), seja pela vitória que eles obtêm contra os Harpagon velhacos com que disputam a heroína (*O Avarento*).

É na análise dos chistes, porque são ditos ou fatos de discurso, que Freud emprega todo um cabedal de conhecimentos retóricos, dedicando-se ao exame de uma enorme variedade de figuras de linguagem – ironias, inversões, contradições, contra-sensos, trocadilhos, hipérboles – que surpreenderam os semanticistas e os lingüistas modernos. Todo o catálogo dos tropos foi por ele reencontrado, escreveu Émile Benveniste[87]. É aí que a psicanálise freudiana mais se aproxima da poesia, assim, essa parte do livro é particularmente interessante para quem trabalha com literatura. No caso do romance proustiano, ela simplesmente ajuda a equacionar todas aquelas *brincadeiras* com palavras que eclodem na situação extremamente socializada e, por isso mesmo, extremamente tensionada da vida de salão.

---

86. É a tradução preferida, por exemplo, por Haroldo de Campos que a põe em circulação no capítulo O Afreudisíaco Lacan na Galáxia de Lalíngua, em Oscar Cesarotto (org.), *Idéias de Lacan*.

87. Claude Lévi-Strauss, La communication, em Émile Benveniste, *Problèmes de lingüistique générale*, I, p. 86.

No entanto, tudo o mais nesse Freud do *Witz*, que tem raízes no romantismo alemão e não cessa de trazer à nossa consideração momentos de Goethe e de Heine, pode ser de utilidade para um exame do que acontece em BTP. É o caso também da surpreendente coleção de anedotas judaicas por meio das quais o judeu Freud – que trabalha, como Proust, num campo social altamente anti-semita, a Viena do começo do século XX – encaminha, na prática, a sua tese sobre a função de transcendência da humilhação pelo riso. Sabemos que, ao deixar a Áustria, em 1938, quando as autoridades nazistas o fizeram assinar um documento declarando não ter sido maltratado, Freud encarnou um dos heróis de seu tratado sobre o riso, ao acrescentar de próprio punho esta frase sibilina: "Posso recomendar altamente a Gestapo a todos"[88].

Para a psicanálise contemporânea, essa trapaça é, aliás, a função precípua do humour judaico. "A agressividade necessariamente contida de um grupo desarmado e indefeso [...], mas provido de formidáveis reservas de inteligência, encontrou no humor um canal de expressão cuja função psicológica é evidente: restaurar seu narcisismo ferido", notou Renato Mezan[89]. Recentemente, Joel Birman tirou disso conseqüências para a própria preservação da cultura judaica:

> Pode-se afirmar que o célebre humor judaico foi uma das formas criativas de reação da cultura judaica ao anti-semitismo, mas ao mesmo tempo foi um constituinte dessa tradição. [...] O humor e o chiste judaicos são emblemáticos da tradição judaica, na medida em que impediram que esta fosse engolida [...]. Transformar a agressão mortífera em chiste e gozar ainda com o que assim se realiza, pelo riso que provoca, com efeito, implica, para a tradição judaica, não se identificar com o agressor e esvaziar em ato, na cena social, o aniquilamento presente no gesto anti-semita[90].

Ora, nada se poderia entender do Proust que ri e faz rir do judeu, em plena cena social e em plena convulsão política, sem a ajuda dessa cultura psicanalítica que, partindo das *piadas de judeu* de Freud, pode hoje formular com clareza o dom precioso e a dimensão ética dessa forma de resistência.

Mas se a teoria freudiana para o cômico e para os ditos graciosos pode amparar o Proust sociável, que é um animal de salão, uma pequena bateria de reflexões sobre o humor, acrescentada numa última seção de *Os Chistes...*, em 1927, deixa-nos visar em cheio ao Proust que se fecha sobre si mesmo. Apoiado num anterior tratado de Bergson – *O Riso* (1899) –, que é outro judeu a dedicar-se ao assunto, em outro campo europeu minado pelo anti-semitismo – a França *belle époque* –, que Freud vai ver no humor um mecanismo não de ataque,

---

88. Peter Gay, *Freud – Uma Vida para o Nosso Tempo*, p. 567.
89. Renato Mezan, Humor Judaico: sublimação ou defesa?, *Interfaces da Psicanálise*.
90. J. Birman, op. cit., p. 104.

mais de defesa, que se verte em provocações mais brandas e assume o aspecto da sublimação. Freud escreve: "O humor parece dizer: Olhe! Veja bem o mundo que parecia tão perigoso! Nada mais é que uma brincadeira de criança"[91]. Trata-se, neste caso, do sorriso, mais que do riso, que vem sublinhar o amargor do sujeito contemplativo. Sabe-se da particular importância que Bergson atribuiu aos efeitos de humor advindos do automatismo dos corpos reificados pelas normas sociais. Posto em eterna meditação diante dessas mesmas normas, o Narrador pessimista tem tudo a ver com isso.

Cômico, chiste, humor: nada de todo esse humor paradoxal que nos desvenda a psicanálise da piada é estranho a Proust. Ele abusa de todas as modalidades: seja difundindo pensamentos políticos por uma "alegria judaica" que está longe de se limitar à intervenção de Swann ("a alegria judaica era em Swann menos fina que os gracejos do mundano"), mas faz do Caso Dreyfus um inesgotável motivo de deboche; seja disseminando uma problemática sexual que ensaia, como nunca se fez antes em literatura, derrubar as ordenações genéricas; seja encarregando o Narrador da tarefa auto-irônica de se contemplar ao mesmo tempo dentro e fora de toda essa confusão.

BAUDELAIRE EM PROUST

"Em almas serenas não há nenhum chiste". "O chiste indica um desequilíbrio perturbado", escreveu Novalis (para voltarmos aos românticos) num dos fragmentos de *Pólen*[92]. Baudelaire não discordaria dessa afirmação. O grande riso baudelairiano quer ser excessivo, desequilibrado. O dândi ri entre lágrimas: "o dândi pode ser um homem que sofre, mas, neste caso, sorrirá"[93]. Assim, é Baudelaire quem nos guiará, daqui por diante, neste nosso acercamento do riso, sempre convulsionado, de Proust.

Que Proust faz cumplicidade com Baudelaire é o que podemos depreender não apenas das inúmeras referências explícitas do escritor ao poeta – e entre elas, muito especialmente, o estudo que lhe dedica em CSB, como quem se decide, finalmente, a entrar em literatura por seu intermédio –, mas da referência inexplícita, e tanto mais decisiva, porque subterrânea, que não cessa de fazer, por toda parte, a sua estética da duplicidade.

Sabemos que é Baudelaire quem introduz no comentário da literatura, e, de maneira geral, no comentário das artes, a idéia de "modernidade" (e a palavra), definindo a modernidade como o lugar de uma

---

91. Sigmund Freud, *Le Mot d'esprit et ses rapports avec l'inconscient*, p. 408.
92. Friedrich Novalis, *Pólen*: fragmentos, diálogos, monólogo, tradução de Rubens Rodrigues Torres Filho. São Paulo: Iluminuras, 1988, p. 30.
93. Charles Baudelaire, Le dandy, *Curiosités esthétiques*, p. 899.

duplicidade, precisamente, numa formulação célebre, que nunca é demais relembrar: "a modernidade é o transitório, o fugidio, o contingente, a metade da arte, cuja outra metade é o eterno e o imutável"[94].

Proust contrai uma dívida com essa arte eternamente partida, eternamente volúvel, que busca o ideal quando o mundo é sentido como real demais, e retorna à realidade quando sente que se perde no ideal. No arsenal de objetos que o seu romance manipula, o telefone e a lanterna mágica prestam-se particularmente ao jogo da consciência dividida entre a modernidade e a eternidade. Pertencente ao inventário de apetrechos arcaicos com que lida o Narrador num dos tempos históricos de BTP, este ancestral dos *slides* que é a lanterna mágica serve para congelar o tempo, reconduzir ao passado de legenda da Rainha Geneviève de Brabant – cujas figurinhas podem ser projetadas sobre tudo que fizer papel de tela num quarto de menino, as cortinas, as paredes, a porta –, e, ao mesmo tempo, para quebrar a dimensão desse passado, e chamar de volta à realidade, do modo mais insidioso: quando as figurinhas de luz assumem a forma dos relevos sobre os quais foram projetadas, produzindo imagens encavaladas que são o próprio passado interferido pelo presente, a própria coisa dúbia, a própria arte das metades[95]. Saído de um outro arsenal de objetos tecnicamente avançados, o telefone serve para hipostasiar a voz da Avó, para tomá-la em si, na medida em que a isola, a conduz separada do corpo, à distância da pessoa, e para prenunciar a sua morte, dando ao Narrador a impressão de seu esvanecimento, pelo excesso mesmo de realidade que viabiliza[96].

Todos os grandes comentadores de Proust se dão conta desse duplo trânsito do fugidio para o imutável e do imutável para o fugidio, que passa longe da revelação de um tempo zero ou de um grau zero do tempo, saída das gavetas teóricas dos primeiros exegetas de BTP.

No mesmo sentido, Maurice Blanchot observa que, se é certo que a revelação proustiana tudo deve à experiência da duração, isto é, da imbricação de um tempo no outro, o que, segundo ele, nos dá um tempo "fabuloso", é igualmente verdade que essa experiência só é possível porque essa duração escapou ao Narrador, eternamente presente, mas também eternamente ausente ao passado que desenterra:

---

94. Idem, La modernité, ibidem, p. 884.
95. "O próprio corpo de Golo, de uma essência tão sobrenatural quanto seu enquadramento, aproveitava-se de qualquer obstáculo material, de qualquer objeto incômodo que encontrasse no caminho, tomando-o como ossatura e tornando-o interior, ainda que fosse a maçaneta da porta, à qual logo se adaptava e onde sobrenadava invencivelmente sua veste vermelha, e seu rosto sempre tão pálido e tão melancólico, mas que não deixava transparecer nenhuma inquietude proveniente daquela transverbebração". BTP, I, p. 9-10.
96. Idem, p. 134-135.

Mas o que é que o Narrador reconstitui? O que é que ele salva? O passado imaginário de um ser já completamente imaginário e separado de si mesmo por toda uma seqüência vacilante e fugidia de "eus" que o despojam de si, o livram do passado e, por esse sacrifício heróico, o colocam à disposição do imaginário de que pode agora dispor[97].

Walter Benjamin escreveu que quem quer que tenha familiaridade com Baudelaire reencontra nele a experiência proustiana[98].

Todos querem dizer não só que há duplicidade em Proust, mas que só há duplicidade em Proust.

A hipótese é tão mais verdadeira quanto Baudelaire – poucos sabem, até porque ele clama contra a estupidez dos diretores teatrais no *Spleen de Paris*[99] – quis um dia escrever para o teatro. Sem levar a idéia adiante, ele nos deixa quatro esboços dramatúrgicos, hoje devidamente recolhidos[100], que permitem pensar, como fez Barthes, que toda essa poderosa teatralidade, que está longe de se reduzir aos jogos de espelho do dandismo, difunde-se subterraneamente por toda parte em sua obra[101].

Todo o jogo de cena de Proust refere esse teatro de um mundo insubstancial.

CORTANDO AS ASAS DA ELOQÜÊNCIA

Investiguemos uma série de referências explícitas a Baudelaire que vêm atestar a dívida de Proust para com a sua eternidade partida.

Nos índices onomásticos dos 21 tomos da *Correspondência Completa* de Proust estabelecida por Philip Kolb, Baudelaire é uma referência constante, o que nos mostra que o escritor está sempre debruçado sobre o poeta. Numa carta de 1913, por exemplo, ano em que sw é editado pela Grasset, depois de ter sido rejeitado pelo círculo bem-pensante da Gallimard, vemos Proust associar, claramente, o destino de sua obra ao de *As Flores do Mal*, ao reconhecer, em suas tratativas com o editor Bernard Grasset, que o publicava mediante pagamento, que "*Swann e as Flores* eram heresias comerciais"[102].

97. M. Blanchot, op. cit., p. 29-30.
98. W. Benjamin, Sobre Alguns Temas em Baudelaire, *Um Lírico no Auge do Capitalismo*, Obras Escolhidas.
99. "Vida horrível! Vida horrível! Recapitulemos o dia [...] ter que fazer a corte a um diretor de teatro que me diz, me pondo para fora: Você deveria procurar Z...; é o mais pesado, o mais tolo e o mais célebre dos meus autores". Cf. C. Baudelaire, À une heure du matin, *Le Spleen de Paris*, Poésie, p. 285.
100. Trata-se de *Ideolus*, peça inacabada em versos alexandrinos de 1843, escrita em colaboração com Ernest Praron e de três "scénarios": *La Fin de Don Juan, Le Marquis du premier houzards* e *L'Ivrogne*, cujo argumento vai reaparecer nas *Flores do Mal* em Le vin de l'assassin.
101. R. Barthes, Le théâtre de Baudelaire, *Essais critiques*, Oeuvres complètes, I, p. 1194.
102. Carta de 24/02/1913 a Bernard Grasset. Cf. P. Kolb, op. cit., XII, p. 95.

Toda a *juvenilia* de Proust está repleta de apelos a Baudelaire. Os primeiros deles aparecem em PD, no qual temos três citações do poeta, que podemos considerar proféticas. No capítulo intitulado "Mélancolique villégiature de Madame de Breyves", que é um resumo antecipado de SW e de PR, a personagem do título é cortejada por um admirador, numa de suas muitas *soirées* mundanas; considera-o, inicialmente, pouco atraente, e ainda menos espirituoso que belo, faz-se de rogada e o afugenta. É só quando, dissuadido por ela, o admirador lhe vira as costas para sempre, que Madame de Breyves se dá conta de que já não pode viver sem a consideração do homem que desprezava enquanto o tinha a seus pés, sente-se desesperada com sua partida e entra num trabalho de luto que a faz abandonar a sociedade, ao mesmo tempo em que tenta, por meio de uma amiga, voltar a conquistá-lo. Antecipação, em todos os pontos, de *Un amour de Swann* e *A Prisioneira* – no qual Odette e Albertine também são as mulheres certas porque são as erradas, que também crescem desmesuradamente em importância quando escapam –, o argumento desse rascunho ou prototexto de SW tem uma conexão direta com Baudelaire. De fato, no final da novela, a título de arremate, Proust evoca um dos poemas em prosa de *O Spleen de Paris*, "O Confiteor do Artista", para explicar o que se passa aí de insólito:

> ela maldizia esse inexprimível sentimento do mistério das coisas em que nosso espírito se abisma num clarão de beleza, como o sol poente sobre o mar, por ter aprofundado seu amor, tê-lo imaterializado, alargado, infinitizado sem torná-lo menos torturante pois [como disse Baudelaire falando dos crepúsculos de outono] há sensações que não são menos intensas por serem vagas e não existe ponta mais acerada que a do infinito[103].

Por outro lado, no longo "La confession d'une jeune fille" encontramos muitos dos motivos que seriam, depois, inconfundivelmente proustianos, como bem notou Edmund Wilson[104]. Proust projeta-se completamente em sua personagem, nesse capítulo de seu primeiro livro (dando razão ao crítico Jean Lorrain, quando insinua que ele é um *delicado*), ao nos contar a história de uma filha às voltas com uma paixão sacrílega, que não se perdoa por magoar a mãe, entregando-se a um amor que ela desaprova, e que vem então nos falar, como o Narrador de BTP diante da revelação do vício da filha de Vinteuil, de "alegrias envenenadas na sua própria fonte".

Amparando a narração, encontramos aí duas claras remissões a *As Flores do Mal*. Na primeira delas, dois versos do poema (do rol dos condenados) "Mulheres Malditas" resumem a filiação do jovem Proust à visão baudelairiana da carne como abjeta, a que se liga, visivelmente, o título *Sodoma e Gomorra*, flagrante remanejamento de *As Lésbicas*, o título inicialmente cogitado por Baudelaire para seu livro de poemas:

---

103. PD, p. 75.
104. Edmund Wilson, *O Castelo de Axel*, p. 183.

"E ao vento furibundo da concupiscência/ Vossa carne se esgarça qual bandeira velha". Na segunda, é o refrão final do poema "Os Cisnes", que termina do mesmo modo tétrico de "O Corvo" de Edgar Alan Poe, que nos sugere a remeter às perdas sem remédio[105]: "em alguém que perdeu o que o tempo não traz/ Nunca mais, nunca mais".

Mas prosseguindo na exploração, vemos Baudelaire ser praticamente divinizado por Proust num necrológio de John Ruskin, que ele escreve, no ano de 1900, para o *Figaro*, e figura entre aqueles textos, produzidos entre 1900 e 1908, que a Gallimard reuniria sob a rubrica de *Essais et articles*[106]. Entusiasta da obra de Ruskin, Proust o é ainda mais da de Baudelaire. Assim, nessa homenagem fúnebre ao autor de *Praeterita*, ele nos pede para considerar a grandeza do morto em função da veneração que sempre lhe inspiraram as coisas belas. E para nos dar a exata medida do valor de Ruskin, o inclui na categoria dos estetas que devemos perdoar por praticarem o crime da idolatria em relação a certos artistas de envergadura invulgar, tomando como exemplo Baudelaire: "[John Ruskin] soube cercar um objeto ínfimo de respeito religioso só por ter pertencido a Baudelaire"[107].

É a mesma veneração que localizamos num dos últimos esboços de capítulo do inacabado JS, intitulado "La vie mondaine et la création littéraire", no qual lemos, a propósito da vida dissipada do herói Jean, que o pecado da preguiça é desculpável... se for a preguiça baudelairiana: "O mal era [para Jean] tudo o que endurecia o espírito [...]. Ao passo que a preguiça, quando balouçada no charme da hora e que merece o nome de fecunda que lhe deu Baudelaire, era o bem a perseguir"[108]. Trata-se de um aproveitamento destes versos do poema "A Cabeleira":

> Mergulharei a fronte bêbada e amorosa
> Nesse sombrio oceano onde o ouro está encerrado
> E minha alma sutil que sobre as ondas goza
> Saberá vos achar, ó concha preguiçosa!
> Infinito balouço do ócio embalsamado[109].

Se em Proust a preguiça dá combate às soluções de facilidade, que o levaram a dar-se pressa em PD, mas atrasaram JS e BTP, como notou Maurice Blanchot[110], é porque ele se deixa guiar, em tudo, por Baudelaire. Já presente nos textos anteriores a BTP, a importância do

---

105. PD, p. 90 e 92. Apelo para as traduções de Baudelaire por Ivan Junqueira, em *As Flores do Mal*, p. 513 e 329.
106. M. Proust, *Contre Sainte-Beuve précédé de Pastiches et mélanges et suivi de Essais et articles*.
107. Idem, John Ruskin, *Essais et articles*, p. 136.
108. JS, p. 703.
109. C. Baudelaire, *As Flores do Mal*, tradução de Ivan Junqueira, p. 161.
110. M. Blanchot, op. cit., p. 39.

poeta só faz aumentar daí para frente. Tanto assim que, quando chegamos nesta obra limiar que é CSB, encontramos nela todo um capítulo dedicado a Baudelaire. Trata-se de um pequeno e belo ensaio crítico de Proust, que está hoje entre os mais refinados textos já escritos sobre *As Flores do Mal*, sendo referência, de resto, para o Walter Benjamin dos "Temas Baudelairianos"[111], e que a *Nouvelle Revue Française* publicaria, em separado, em 1921, um ano antes da morte do escritor[112].

Que se lembre a apologia que o já não tão jovem Proust faz nesse livro deliciosamente desabusado ao maior poeta de um século que foi, para efeitos de autoridade crítica, beuviano, e a denúncia que ele encaminha, em paralelo, a um Sainte-Beuve que Baudelaire, de seu lado, respeita (ou finge que respeita) e chama de "poeta-jornalista"[113]. Proust sente-se indignado com o tratamento que o crítico lhe inflige. Ele começa por nos lembrar todos os pequenos gestos propiciatórios que Baudelaire se via constrangido a fazer na direção de Sainte-Beuve, na esperança de obter dele algum empurrão que o fizesse ser respeitado, como artista, por seus contemporâneos, indo, nesse passo, da oferenda de poemas em missivas afetuosas a pãezinhos doces. Nesse sentido, lembra este trecho patético de uma carta do poeta obscuro ao crítico famoso, que os editores da obra baudelairiana completa para a coleção Pléiade desenterraram para nós: "Há alguns dias, precisando muito vê-lo [...] fui a Montparnasse. No caminho, passei por uma venda onde fazem o *pain d'épices* [pãezinhos doces] e me veio a idéia fixa de que o Sr. aprecia essas iguarias [...]"[114]. Depois, irrita-se com o fato de não haver menção a Baudelaire nos artigos semanais de Sainte-Beuve, ao passo que sobram ali menções a artistas menores, mas de projeção social:

> O maior poeta do século XIX, e o que é pior, seu amigo, não figura nos *Lundis*, em que tantos condes isso e barões aquilo têm seu lugar. E quando, no momento do processo contra *As Flores do Mal*, o poeta lhe implora uma carta em sua defesa, Sainte-Beuve considera que suas relações com o regime imperial o impedem de fazê-lo [...].

Finalmente, sobre o conhecido processo judicial movido contra as *Flores*, em 1857, por atentado à moral e aos bons costumes, Proust ridiculariza, ainda, a carta supostamente elogiosa que Sainte-Beuve acaba enviando a Baudelaire, a título de consolação, no lugar de uma resenha no jornal que tem nas mãos, o *Constitutionnel*, usando-a, covardemente, como a prova de sua boa vontade.

---

111. Cf. W. Benjamin, Sobre Alguns Temas em Baudelaire, *Um Lírico no Auge do Capitalismo*.
112. Cf. George Painter, II, p. 401.
113. C. Baudelaire, Une réforme à l'Académie, *L'Art Romantique*, *Oeuvres complètes*, p. 1131.
114. Carta localizada pelos editores de CSB para a Pléiade. Cf. p. 242 e 843.

Mas melhor que esse ataque ao crítico é a defesa do poeta. Ela constitui-se numa enfiada de apontamentos, os mais agudos, sobre alguns poemas célebres de *As Flores do Mal*, em que Proust realça certas práticas baudelairianas nunca antes percebidas nessas peças canônicas.

Fazendo o crítico finalmente à altura de Baudelaire, ele começa por chamar a atenção para a infinita ambigüidade do poeta, põe suas contradições em destaque. E não só aquelas contradições que sempre se soube que os poemas das *Flores do Mal* primam por desfiar – alto e baixo, divino e diabólico, perfumes e carniças, *spleen* e ideal, secreto e revelado... –, mas todas aquelas outras, invisíveis, que se acham escondidas sob as palavras. Assim, percebe que os sentimentos são em Baudelaire tão mais fortes quanto, paradoxalmente, externos, o que arma uma nova tensão dentro/fora. "Nas mais sublimes expressões que dá a certos sentimentos, [Baudelaire] parece fazer uma pintura exterior de sua forma, sem simpatizar com eles". Cita como exemplo o poema "O Rebelde", em que o poeta fala de caridade, mas cujos versos lhe parecem muito pouco caridosos. Haveria algo menos caridoso – pergunta-se Proust – que o sentimento em que isto é dito:

> Um anjo em fúria qual uma águia cai do céu,
> Segura, a garra adunca, os cabelos do ateu
> E, sacudindo-o, diz: – À regra serás fiel!
> Sou teu anjo guardião, não sabias? És meu!
> Pois é preciso amar, sorrindo à pior desgraça,
> O perverso, o aleijado, o mendigo, o boçal,
> Para que estendas a Jesus, quando ele passa,
> Com tua caridade um tapete triunfal[115].

Com a mesma fineza, percebe também, na sua melhor *sacada* crítica, que Baudelaire não hesita em cortar as "asas da eloqüência", assim que seus versos começam a voar alto demais. Tanto que muitos deles que têm tudo para chegar ao apogeu são, subitamente, freados, e passam a pender para baixo.

> Versos que seu gênio, transportado desde o hemistíquio precedente, se prepara para, com toda a força, preencher em sua gigantesca carreira, e que dão a mais alta idéia da riqueza, da eloqüência, do ilimitado de um gênio [...], são bruscamente paralisados, como se ele não tivesse a força de continuar.

Ilustrações disso são para Proust estes versos de "Os Sete Velhos", de fato, censurados em sua grandiloqüência: "E a cujo pobre aspecto esmolas choveriam/ Não fosse o mal que lhe brilhava no olho incréu", finalizados por estes outros, de fato, decrescentes: "E minha alma, ó náufrago, dançava, dançava/ Sem mastros, sobre um mar fantástico e sem bordas!". E estes outros de "Os Cisnes": "o fio

---

115. C. Baudelaire, *As Flores do Mal*, tradução de Ivan Junqueira, p. 467.

d'agua/ Soturno e pobre espelho onde esplendeu outrora/ De tua solidão de viúva a imensa mágoa", finalizados por estes, igualmente contidos: "Penso em marujos esquecidos numa praia,/ Nos párias, nos galés... e em outros mais ainda!"[116]. Em seu *La Mélancolie au miroir*, Jean Starobinski referenda essa visada crítica proustiana, lembrando que Baudelaire faz Andrômaca aparecer curvada sobre o túmulo de Heitor, na posição, portanto, do sujeito melancólico[117].

O que é preciso dizer dessa desmontagem tão sutil como percuciente da máquina poética baudelariana é que ela é uma outra forma, mais avançada que o pastiche, de iniciação à literatura. O pastiche, como notaram todos os autores que se ocuparam dessas imitações proustianas, é uma iniciação negativa, que mistura fascinação e agressividade, funcionando, ao mesmo tempo, como exercício de estilo e antídoto contra o que vem com a fascinação: a imitação inconsciente. Proust sabe que é preciso imitar antes para não continuar a fazê-lo depois, até porque, num outro plano, todos os seus esnobes nada mais são que imitadores. Dar a Baudelaire tratamento crítico em CSB, ao invés de imitá-lo, coisa que Proust jamais fez, é, assim, abrir a última porta para entrar nos segredos da alta literatura. A tomada baudelairiana de distância das paixões e a desconstrução dos fechos são apenas dois desses segredos.

Um outro é a capacidade de perceber o vago intenso, que é uma das especialidades paradoxais de Baudelaire, e aquela a cujo aproveitamento Proust deve sua queda em desgraça inicial. Lembremos que o que mais irrita Gide no manuscrito de SW (se é ele que ele o leu), e não apenas Gide, é o Narrador que dá voltas na cama, sem saber onde está. Ora, nada mais "ponta acerada do infinito" que essa insônia proustiana. Mas é de Baudelaire que Proust tira ainda o seu rol de objetos perdidos, os seus maus sentimentos filiais, as suas *femmes damnées*, o seu senso da pose e da pompa. É a sua pose de dândi baudelairiano (que irradia, como preconizava Baudelaire, um "último lampejo de heroísmo na decadência"[118]) que devemos aquelas gorjetas distribuídas à saída do Ritz de que fala Cocteau na *Nouvelle Revue Française*, muito embora Proust também saiba cair da própria pose, como faz quando toma emprestado o dinheiro de sua gorjeta. É a sua consideração pela pompa que faz o Narrador apelar para Baudelaire ao transformar a Duquesa de Guermantes, pertencente a um tipo feminino "que compreendia também as mulheres de médicos e de comerciantes", numa Geneviève de Brabant imaterial, que avança sorrindo, sobre o tapete aveludado pelo sol da capelinha da igreja de Combray, envolta numa atmosfera de luz que tem "essa espécie de suavidade, de severa doçura na pompa e na alegria que caracterizam certas páginas de Lohengrin,

---

116. Idem, p. 335 e 329.
117. J. Starobinski, Le cygne, *La Mélancolie au miroir*, p. 56.
118. C. Baudelaire, Le dandy, op. cit., p. 569.

certas pinturas de Carpaccio, e que nos explicam como Baudelaire pôde aplicar ao som da trombeta o epíteto de delicioso"[119]. É o poema "O Porto" de Baudelaire que descreve a paisagem marítima de Balbec, quando o Narrador a vê pela primeira vez, e fica sem palavras:

> Eu me perguntava se [as colorações do mar de Baudelaire] não eram aquelas que, naquele mesmo momento, queimavam o mar como um topázio, faziam-no fermentar, tornar-se loiro e leitoso como a cerveja, espumante como o leite, enquanto que, por momentos, passeavam por ali grandes sombras azuis com que algum deus parecia se divertir, deslocando-as com um espelho no céu[120].

BAUDELAIRE E A MEMÓRIA AFETIVA PROUSTIANA

Isso é ainda mais verdade no caso da memória afetiva proustiana.

É numa importante página da última seção de TR que o Narrador se associa à tradição representada por Chateaubriand, Gérard de Nerval e, principalmente, Baudelaire no campo da memória. Começando por Chateaubriand, ele escreve: "é a uma sensação do tipo da *madeleine* que se liga a mais bela parte das *Memórias de Além-Túmulo*". E nos explica: "aquela em que o escritor é tirado de suas reflexões pelo canto de um tordo e, nesse mesmo instante mágico, remetido de volta à propriedade paterna". Aqui, de fato, como na cena da *madeleine*, a melancolia cede, por um átimo, e a recordação dos momentos felizes volta, inundando o presente: "Esqueci as catástrofes que acabava de presenciar e, subitamente transportado para o passado, revi os campos em que ouvia cantar o tordo". Como cede, segundo ainda o Narrador, em Nerval: "Uma das obras-primas da literatura francesa, *Sylvie*, de Gérard de Nerval, nos traz, como as *Memórias de Além-Túmulo*, em relação à Combourg de Chateaubriand, uma sensação do mesmo gênero da produzida pela *madeleine* e pelo canto do tordo".

Se o Narrador não se demora muito em Chateaubriand, e passa rápido demais por Nerval, sem nos dizer qual é o objeto *fétiche* que, neste último caso, faz o passado invadir o presente, é porque, nesse trio de memorialistas afetivos, Baudelaire tem todo o destaque. O texto diz:

> Mas é em Baudelaire que essas reminiscências são mais numerosas e assim, em minha opinião, decisivas. É o poeta [...] que busca voluntariamente, no odor de uma mulher, por exemplo, ou de seu seio, ou de sua cabeleira, as analogias inspiradoras que lhe evocarão, aqui, "o azul de um céu imenso e esférico", ali, "um porto cheio de flamas e mastros"[121].

---

119. BTP, I, p. 176-179.
120. BTP, I, p. 674.
121. BTP, III, p. 919-920. Alusão aos poemas A Cabeleira e Perfume Exótico.

A memória afetiva proustiana é portanto, confessadamente, baudelairiana, muito embora haja mais esquiva e menos entusiasmo romântico em Proust, que não se deixa transportar completamente por suas sensações, ou não adere completamente à embriaguez dos sentidos, como veremos. E isso termina de selar a dívida do romance do tempo perdido para com o autor das *Flores do Mal*.

Assim, é pouco dizer que Proust segue o poeta, ou deixa-se inspirar por ele, e melhor seria pensar que Baudelaire está na corrente sangüínea de Proust, ou que, em sua "disputa pela Eternidade" – como diria Harold Bloom, tratando da angústia dos grandes futuros escritores em relação aos que os antecedem[122] –, o romance proustiano tenta ombrear com *As Flores do Mal* e *O Spleen de Paris*. Está aí o epíteto "o maior poeta do século XIX" para prová-lo, principalmente se nos dermos ao trabalho de lê-lo à luz desta ilustrativa frase de SW, em que o Narrador se queixa de suas dificuldades técnicas, mas não abre mão de seu projeto de escrever:

quem sabe aquela ausência de gênio, aquele buraco negro que se abria em meu espírito quando buscava o assunto de meus futuros escritos nada mais era que uma ilusão sem consistência, e quem sabe não cessaria com a intervenção de meu pai, que devia ter combinado com o governo e com a providência *que eu seria o mais importante escritor da época?*[123]

De resto, não seria por identificar-se com Baudelaire que Proust confabula com Gide a respeito de sua homossexualidade?[124] Não seria por isso que ele tende a vê-lo como um judeu? "Dos profetas de Israel o mais desolado, Baudelaire e sua agonia emblemática", assim o define numa carta, dentre as muitas de sua correspondência monumental em que menciona o poeta[125]. Não seria por isso que assume a aparente frivolidade do dândi, ou melhor dizendo, em chave ética baudelairiana, a superioridade de quem se revolta contra o mundo vulgar, sabendo que a revolta contra o Pai, esse motor do riso para os psicanalistas, "é o que há de melhor no orgulho humano"?[126]

---

122. Falando-nos do modo como os poetas lutam entre si, desde sua perspectiva da "influência poética". Cf. H. Bloom, Uma Reflexão sobre a Desleitura, *Um Mapa da Desleitura*, tradução de Thelma Médici Nóbrega, Rio de Janeiro: Imago, 1995, p. 17.
123. BTP, I, p. 173. Grifo meu.
124. G. Painter escreve: "Proust, que se entregava a confidências quando em presença de Gide, e se comprazia em chocá-lo, abordou, certa vez, a questão da homossexualidade. Pessoalmente, nunca havia amado as mulheres senão espiritualmente, declarou-lhe, e só tivera experiências amorosas com homens. Também Baudelaire era um invertido, afirmou, categoricamente, basta ver 'as luzes que lança sobre Lesbos, e a própria necessidade que tem de falar disso'". Cf. op. cit., II, p. 389.
125. Carta de 16/10/1913 a André Beaunier. Cf. P. Kolb, op. cit., XII, p. 279.
126. C. Baudelaire, Le dandy, op. cit., p. 898.

A VIOLÊNCIA SUTIL DO RISO

Todas essas referências a Baudelaire e à ironia perfeita da frase acima são bons motivos para nos perguntarmos se, funcionando como referência oculta, e tanto mais poderosa, um texto baudelairiano menos conhecido como *De l'essence du rire* não teria também a ver, e muito, com o romance de Proust.

Das muitas notícias que temos de Baudelaire em BTP, duas nos parecem particularmente elucidativas a respeito da influência oculta desse tratado em torno do cômico, que permite a Proust – na nossa hipótese – voltar a arma do riso para o seu *spleen*.

Numa primeira dessas referências, em RF, trazendo a baila o tema recorrente dos efeitos prejudiciais das artes decadentistas sobre os espíritos, o Narrador põe-se na defesa dos baudelairianos, em meio a uma discussão com a Avó. Preocupada com o temperamento "nervoso" do neto, a Avó acha que certas companhias influem negativamente sobre ele, ao passo que outras, como a boa sociedade formada pelo círculo de freqüentadores do salão da Sra. de Villeparisis, lhe fazem bem. O Narrador sabe que o que está implícito nessa apreciação são os valores clássicos de moderação e equilíbrio da leitora de Sévigné que é a Avó. Ele discorda de sua querida protetora, em pensamento, tomando as dores dos decadentes:

> Como dizemos que é do interesse da espécie, que guia em amor as preferências de cada um de nós, e para que a criança seja constituída do modo mais normal faz as mulheres magras buscarem os homens gordos e as gordas, os magros, assim também eram, obscuramente, as exigências de minha felicidade ameaçada pelo nervosismo, pela propensão doentia à tristeza, ao isolamento que faziam [minha avó] pôr em primeiro lugar as qualidades da ponderação e do julgamento, particulares não somente à Sra. de Villeparisis mas a uma sociedade em que eu haveria de encontrar uma distração, um apaziguamento – semelhante àquela em que se viu florescer o espírito de uma [...] Sévigné, espírito que deposita mais felicidade, mais dignidade na vida que os refinamentos opostos, que levaram *um Baudelaire, um Poe, um Verlaine, um Rimbaud* a sofrimentos, a uma desconsideração que minha avó não queria para seu neto[127].

Numa segunda referência, em SG, volta novamente ao ponto, e fica novamente do lado dos decadentes, deixando, desta vez, a defesa da tese contrária para a Sorbonne, sob os auspícios do Prof. Brichot:

> Eu não queria ser condenado como herético e relapso na capela mallarmeana, em que nosso amigo, como todos os de sua idade, deve ter oficiado na missa esotérica, ao menos como coroinha [...] mas, francamente, já basta desses intelectuais adoradores da Arte com letra maiúscula que, depois de se alcoolizarem com Zola, agora tomam injeções de Verlaine. Eterômanos [de éter] de *devoção baudelairina*, já nem mais teriam condições de servir a Pátria, se ela os chamasse, anestesiados que estão pela grande neurose literária, na atmosfera morna, enervante e plena de eflúvios doentios de uma névoa de ópio[128].

127. BTP, I, p. 727. Grifo meu.
128. BTP, II, p. 956. Grifo meu.

Todo esse inventário de problemas postos nas costas largas de Baudelaire descreve males proustianos. Isso vale até mesmo para o quesito "eteromania", já que Proust faz uso dos mesmos aditivos que são para Baudelaire uma propedêutica ao conhecimento sensível. Com a diferença que, no caso de Proust, as percepções hipermnésicas vêm principalmente dos "paraísos artificiais" representados pelos remédios com que ele se intoxica para curar suas sufocações, sua insônia e, ato contínuo, a sonolência produzida pelos agentes que dão combate à asma e à insônia, num círculo vicioso, em que entram drogas excitantes, calmantes, fumigadores, remédios para respirar, remédios para dormir, remédios para acordar, no passado, acompanhadas de cerveja, champanhe e conhaque. No romance, esse consumo de bebida alcólica preocupa a família[129]. Em matéria de adjuvantes químicos, George Painter e Jean-Yves Tadié mencionam o abuso de hipnóticos, do veronal, da cafeína, do ópio e da Poudre Legras, o pó para fumigação, à base de beladona, de que se serviam os asmáticos, à época de Proust, antes da invenção do aerossol. Sabemos que esse pó mergulhava o quarto de Proust em névoas espessas, capazes de espantar quem lá entrasse, como já havia começado a contar George Painter e como terminaria de revelar, com riqueza de detalhes, a empregada Céleste Albaret[130]. Em seu *Proust*, Ruy Coelho nos fala no quarto "fumarento" do escritor[131]. O próprio Proust, que descreve em CG os diferentes tipos de sono induzidos pelas drogas[132], não faz segredo de todos os remédios que toma, alternando-os brutalmente: aspirina, teobromina, acônito e fosfato de sódio, ele relaciona numa carta a Reynaldo Hahn[133]. Em 1945, Georges Rivane reuniu todas as informações a respeito dessa farmacopéia de que podia dispor para escrever sobre a influência da asma na obra de Proust[134].

Mas é imperioso notar que o "malditismo baudelairiano", objeto de um compreensível ataque das famílias e dos *honnêtes hommes* da Sorbonne, nesse final de século em que os melhores artistas, os maldi-

---

129. BTP, I, p. 6.
130. Cf. J-Y. Tadié, Vie quotidienne, *Marcel Proust*, p. 534, e George Painter, Descente dans la plaine, op. cit., II, p. 236-237. Sobre Baudelaire, suas hiperestesias e as drogas, pode-se ler também com proveito o capítulo Les romantiques anglais de Georges Poulet, *Études sur le temps humain*, 4. Sobre as drogas que Proust ingere, ou com que faz fumigações e inalações em seu quarto, certamente, o melhor depoimento é o da Françoise real, a empregada Céleste Albaret, no capítulo Au milieu d'un nuage de fumée de seu *Monsieur Proust*. Ainda sobre a grande intoxicação de Proust por remédios, refira-se, por último, e não menos importante, o capítulo Flora da Sufocação, do livro, aqui já bastante citado, de Claude Meunier, *O Jardim de Inverno da Sr. Swann*.
131. Ruy Coelho, *Proust – Introdução ao Método Crítico*, p. 72.
132. BTP, II, p. 146.
133. Mencionada por C. Meunier, op. cit., p. 43.
134. No livro aqui já citado, *L'Influence de l'asthme sur l'oeuvre de Marcel Proust*.

tos, querem ser confundidos com os degenerados, repousa, mais que nos *Paraísos Artificiais*, em *De l'essence du rire*. É aí que Baudelaire ataca, frontalmente, tudo aquilo que a avó e o círculo da Senhora de Villeparisis chamam de "qualidades da ponderação e do julgamento" e, resguardado na sua paixão pelos românticos comedores de ópio, defende tudo aquilo que Brichot chama de "eflúvios doentios de uma névoa de ópio". E ressalte-se que esse ataque ao bom senso e essa defesa de todas as desmesuras se fazem em nome daquilo que o poeta chama de "cômico absoluto", dizendo-nos que sua virtude é pôr abaixo o claro pensamento. O cômico absoluto nos leva de volta a Molière – para fechar o círculo –, embora Baudelaire nos diga, nesse mesmo ensaio, que, em comparação com as comédias que se escrevem fora da França, e o representam muito melhor, as brincadeiras de Molière ainda têm algo de prudente e de francês.

Como permite estabelecer a correspondência de Baudelaire, que já a menciona numa carta à mãe, do ano de 1847, a prosa intitulada *De l'essence du rire* e subintitulada *Et généralement du comique dans les arts plastiques* é do final do decênio de 1840. Escrita para a *Revue des deux mondes,* ela é inserida pela Gallimard-Pléiade, desde os anos 1950, na seção *Curiosités esthétiques* das obras completas, ao lado de outros textos célebres como os *Salões, La Modernité, Le Dandy e L'Éloge du Maquillage.* O subtítulo a vincula à crítica baudelairiana de artes e, nesse terreno, a um gênero querido de Proust: a caricatura. O "cômico nas artes plásticas" a que se refere Baudelaire é, de um lado, o que difundem as obras de alguns bons artistas plásticos caricaturistas desses tempos, tais como Daumier e Gavarni, por exemplo, para os quais as belas almas da Academia torcem o nariz. Mas, à medida que o ensaio progride, vemos Baudelaire passar da apologia da caricatura em artes plásticas, pela qual havia começado, para uma acalorada defesa dos interesses da caricatura também para a literatura.

Não por acaso seguido, na edição crítica da Pléiade, de dois outros ensaios em torno dos franceses Daumier e Gavarni: – o primeiro com sua "bufonaria sangrenta"; o segundo com suas "mordidas que parecem lisonjear" – e de dois estrangeiros que são ninguém menos que Brueghel e Goya: – o primeiro com seu "fantástico alucinado"; o segundo com seus "belos monges horrendos"[135] –, esse importante texto de Baudelaire, que se subdivide em cinco seções curtas, deveria ter sido um livro, como informam os aparatos críticos das boas edições, o que dá mostras do interesse do poeta pelo assunto. Mas o planejado volume, cujo intuito era contestar os acadêmicos, aos olhos dos quais a caricatura era um gênero menor, acaba não vingando. Talvez porque o autor, mais poeta e ensaísta que tratadista, não

---

135. C. Baudelaire, *Quelques caricaturistes français* e *Quelques caricaturistes étrangers*, op. cit., p. 721-740 e 741-751.

se sentisse verdadeiramente animado a desenvolver a *Fisiologia do Riso* que, de início, se propõe, como prova o primeiro título cogitado, que chega a anunciar[136]. E o que nos ficou do projeto, finalmente, foi esse estudo clássico, ao qual não pode furtar-se, hoje, quem quer que queira refletir seriamente não apenas sobre o riso, mas sobre as suas relações com este fenômeno intertextual que é a caricatura, parente do gênero que os gregos chamavam de "paródia", que eles também vinculavam à comédia.

O assunto é, desde sempre, fascinante para Baudelaire, que, na primeira seção, confessa: "Tais reflexões tornaram-se para mim uma espécie de obsessão, quis assim livrar-me delas"[137]. Quem leu o ensaio sabe o porquê. Trata-se de um requisitório ao cristianismo, como seria de esperar de quem escreve odes a Satã, cuja virulência se estende, progressivamente, à ciência, à sociedade francesa e, inseparável dela, ao classicismo.

OS SENSATOS TREMEM DE MEDO DE RIR

O ensaio é tão flamejante quanto curto. Além do mais, é inacabado e difícil de ler.

Numa breve abertura, Baudelaire começa por nos dizer que o trabalho dos bons caricaturistas, embora desprezado pelos acadêmicos, é sempre revelador de "sintomas morais", que podem ser melhor observados, justamente, quando exagerados. Ampliados pelo olhar do artista que caricatura, esses sintomas magnificados dão medo. É para o reconforto dos medrosos que existe uma espécie de dito popular, ou de provérbio, de que Baudelaire nos diz ignorar a proveniência, mas não a força pedagógica, com o qual ele epigrafa o bloco de reflexões seguinte. Esse provérbio diz: "Le sage ne rit qu'en tremblant" (que poderíamos traduzir por: "O homem honesto/ sensato/ prudente/ comedido só ri tremendo", ou ainda, por: "O homem honesto/ sensato/ prudente/ comedido morre de medo de rir"[138]).

---

136. C. Baudelaire, Notice sobre *De l'essence du rire...*, *Oeuvres complètes*, op. cit., p. 703.
137. Idem, p. 702.
138. E não como "O sábio só ri ao tremer", tradução proposta pela edição brasileira das obras baudelairianas da Nova Aguilar, que não leva em conta que o ataque desfechado pelo poeta não pode visar ao sábio, não só porque ele nada poderia ter contra a verdadeira sabedoria, nem ridicularizá-la, mas porque o texto deixa claro que o *sage* é homem de poucos livros ou de poucas letras, e principalmente porque, no final, menciona o sábio, que não é o *sage*, mas o *savant*. Cf. Ivo Barroso (org.), *Baudelaire, Poesia e Prosa*, p. 733-746. A maneira como os franceses traduzem um trecho crucial do Livro III de *A República* de Platão, que trata da expulsão dos poetas da cidade, justamente por lhes faltar comedimento, conforta essa tradução e esse entendimento do *sage* como o "homem honesto", que cumpre as regras da *bienséance* ou do bom comportamento clássico. Na cuidadosa edição Les Belles Letres desse diálogo, o tradutor

O poeta pergunta-se de onde viria essa estranha moralidade. Seria uma frase de Cristo, um ensinamento de Joseph de Maistre, um excerto de um sermão de Bossuet? E conclui, como bom romântico satânico, que ela só pode ser cristã. Prova do caráter "oficialmente cristão" dessa recomendação de prudência é que o "Verbo Encarnado" nunca riu. Pode até haver cólera divina, ele pondera, lembrando-nos que Cristo conheceu a cólera e as lágrimas, mas "no Paraíso ninguém ri". Trata-se, segundo ele, de uma impossibilidade formal. O riso humano está intimamente ligado ao acidente da queda, antes que o homem fosse precipitado para fora da beatitude, nada enervava seu corpo, nada convulsionava sua alma, nada crispava a lisura do seu rosto, logo, nada o haveria de fazer rir. Assim, o espetáculo "melodramático" da risada só pode ser o sinal de uma grande miséria. Essas são considerações arrematadas por uma frase lapidar: "o riso é o mais claro signo satânico do homem".

Na seqüência, introduz-se uma correlação entre o riso e a ciência, o que é uma outra ironia endereçada aos acadêmicos e à grande Academia (que na França é de Letras, Artes e Ciências). Baudelaire lembra que o pecado original foi um crime de observação, que o erro cometido nos jardins do paraíso foi o crime de querer saber. Eis por que o mesmo "formulário" que associa a queda e o esgar do riso estabelece um nexo entre a ambição de conhecimento e a loucura. Assim, por contaminação, o inferno é também o lugar do cientista que quis imiscuir-se na arquitetura do universo. No fundo, o cientista e o palhaço estão juntos: eles têm o mesmo orgulho e essa é a prova de sua fraqueza. Toda altivez é uma ofensa lançada contra os céus.

Mas o palhaço – aqui ilustrado pelo caricaturista – é duplamente cômico. Além de fraco, é o fraco rindo da fraqueza.

"Poderia haver fenômeno mais deplorável que a fraqueza rindo da fraqueza?", pergunta-se, neste ponto, Baudelaire. "Que pode haver de tão alegre no espetáculo de alguém que cai para que a face de seu irmão em Cristo se contraia de modo tão desordenado?" E surpreende-nos com uma resposta na qual já fala de "inconsciente" e que já trabalha com a hipótese, que seria, depois, a base das psicocríticas ou psicoleituras: o fraco que ri do fraco responde com altivez à humilhação da fraqueza humana[139]. Ele apela aí, como faria Bergson, mais tarde, para o exemplo do tombo:

---

transcreve: "Pour nous, il faut un poète et un conteur plus austère et moins agréable, mais utile à notre dessein, qui n'imiterait pour nous que le ton de l'*honnête homme* et conformerait son langage aux formes prescrites dès l'origine, en dressant un plan d'éducation pour les guerriers". Cf. Platão, *La République*, Livre III, tradução de Émile Chambry. Paris: Les Belles Lettres, 1948, p. 191-192. Grifo meu.

139. É com o que joga o próprio dândi baudelairiano. Baudelaire escreve: "O dandismo não é, como poderiam pensar muitos dos que não refletiram sobre o assunto, um gosto imoderado pela toalete e pela elegância material. Para o perfeito dândi, essas

Se quisermos nos aprofundar nessa situação, vamos encontrar, no fundo do pensamento de quem ri, um certo lado inconsciente, de quem teima em dizer que "a mim não me acontece de cair, quanto a mim, eu ando direito". O riso é a explosão perpétua de sua cólera e de seu sofrimento. O riso é – que eu me faça bem compreender – a resultante necessária de sua dupla natureza […]. É satânico, logo profundamente humano. É no homem a conseqüência da idéia de sua própria superioridade.

A partir daí, Baudelaire cessa de interessar-se pela Igreja e pela Academia, e põe-se a dirigir seus melhores ataques à nação francesa. Aqui também, uma nova correlação se estabelece entre *sagesse* e classicismo, e passamos, nessa parte do ensaio, à literatura. O homem honesto, porque treme de medo de rir, é um poeta clássico. "Foi a escola romântica, ou melhor dizendo uma de suas subdivisões, a satânica – nos diz Baudelaire, indo ao ponto que verdadeiramente o interessa – que soube compreender a lei primordial do riso".

Segue-se uma última seção, em que ele compara o temperamento dos franceses ao de alguns estrangeiros que admira, por seu romantismo, justamente. Começa aqui um passeio pelas pantomimas inglesas e pelas narrativas fantásticas dos alemães da escola de Hoffmann. Para tratar delas, Baudelaire propõe, nesse final do ensaio, uma hierarquia do gênero cômico, segundo graus de "ferocidade".

Do topo dessa hierarquia, tanto Rabelais como Molière estão excluídos. Eles são cômicos ainda tímidos, que, num outro ensaio, *Quelques caricaturistes étrangers*, Baudelaire compara com o Leonardo da Vinci caricaturista, que tampouco o convence[140]. Esses dois artistas representam, assim, o que o poeta chama de "cômico significativo":

Na França, país de pensamento e de demonstração claras, onde a arte visa natural e diretamente ao útil, o cômico é geralmente significativo. Molière foi nesse gênero de cômico a melhor expressão francesa; mas como o fundo de nosso caráter é de um enorme distanciamento de tudo o que é extremo, como um dos diagnósticos articulares de toda paixão, de toda ciência, de toda arte francesa é fugir ao absoluto, ao profundo, há aqui, conseqüentemente, muito pouco do cômico feroz; assim também, raramente, nosso grotesco se eleva ao absoluto.

---

coisas não são mais que o símbolo da superioridade aristocrática de seu espírito. Cf. C. Baudelaire, Le dandy, op. cit., p. 899.

140. Baudelaire escreve que "todos os artistas conhecem as caricaturas de Leonardo da Vinci, verdadeiros retratos. Horrendas e frias, não lhes falta crueldade, mas carecem de comicidade, são sem expansão, abandono, o grande artista não se divertia ao desenhá-las, as compôs como um estudioso, um geômetra, um professor de história natural". Cf. C. Baudelaire, Quelques caricaturistes étrangers, *Curiosités esthétiques*, p. 747. Mas é interessante notar que o Narrador proustiano faz bom uso desse mesmo da Vinci, mencionando, justamente, suas caricaturas, ao nos falar do perfil de Albertine, em PR: "Havia, quando ela estava completamente de lado, um certo aspecto de sua figura (tão boa e tão bela de frente) que eu não podia suportar, retorcido [*crochu*] como em certas caricaturas de Leonardo […]". Cf. BTP, III, p. 80.

Ainda sobre Molière, com quem ele é particularmente severo, o poeta dirá, em *Mon coeur mis à nu:* "Minha opinião sobre *Tartuffe* é que não é uma comédia mas um panfleto"[141].

O ensaio interessa-se, a seguir, pelo precursor mais ilustre de Molière – Rabelais –, estabelecendo algumas relações de fundo entre ambos os comediógrafos e perguntando pelas chances que teria o grotesco, que é a condição mesma de possibilidade da caricatura, de prosperar em solo nacional, com a ajuda destes escritores:

> Rabelais, que é o grande mestre francês do grotesco, guarda, mesmo em suas maiores fantasias, algo do útil e do razoável. Ele é diretamente simbólico. Seu cômico tem quase sempre a transparência de um apólogo. Na caricatura francesa, na expressão plástica do cômico, esse espírito é dominante. É preciso confessá-lo, o prodigioso bom humor poético, necessário ao verdadeiro grotesco, raramente se encontra em nós em dose igual e contínua. De quando em vez, vê-se despontar o filão, mas ele não é necessariamente nacional. Mencionemos, nesse gênero, alguns entreatos de Molière, infelizmente muito pouco lidos e muito poucos encenados, os de *O Doente Imaginário* e *O Burguês Fidalgo* e as figuras carnavalescas de Callot [...][142].

Assim, para encontrarmos o cômico "feroz" e o "muito feroz" – lemos ainda –, será preciso atravessar o Canal da Mancha e visitar os reinos brumosos do *spleen*. Mas não convém que os bons humoristas desse reino retribuam a visita. Baudelaire lembra, a propósito, o tipo de recepção que os franceses reservavam, alguns anos antes, às companhias inglesas que vinham produzir-se em Paris. Ele mesmo testemunhou um fato bastante ilustrativo, acontecido no decorrer do decênio de 1850, que aproveita para denunciar, enquanto faz sua defesa do humor inglês. A ocorrência envolvia uma *troupe* de atores vindos do país vizinho para apresentar ao público parisiense uma adaptação inglesa de um tema da *commedia dell'arte*. Tratava-se de uma hilariante pantomima, em que um Pierrô, acusado de furtar um objeto, era condenado a morrer na guilhotina, coisa que já poderia soar absurda para um inglês, que não conhece esse instrumento de tortura, ainda mais para um francês. Mas executado *à la française*, Pierrô não deixava por menos: levantava-se do chão, recuperava a cabeça do cesto em que ela havia caído, erguia-se, sem cabeça, exibindo o disco sangrento do pescoço para a platéia, depois metia a cabeça no bolso, como se a estivesse roubando, e deixava a cena.

Proposto a espectadores franceses não acostumados a tanta hipérbole, e principalmente não amantes de estranhezas, não desejosos de serem *dépaysés*, o espetáculo só podia acabar como acabou: em

---

141. C. Baudelaire, *Mon coeur mis à nu*, Fragmento LXVII, *Oeuvres complètes*, op. cit., p. 1219.

142. C. Baudelaire, *De l'essence du rire*, p. 714. Jacques Callot (1592-1635), gravurista francês, cuja formação é inteiramente feita no estrangeiro, principalmente em Florença, e junto a pintores flamengos como van Dyck.

fiasco. Contando a triste história, que era para ser alegre, Baudelaire escreve: "Poucas pessoas se lembrarão disso, porque muito poucos apareceram para assistir a esse tipo de divertimento, mas os pobres mímicos tiveram aqui uma triste acolhida. [...] Dizia-se – e esses eram os indulgentes – que eram artistas vulgares e medíocres, artistas substitutos. Eram ingleses, eis tudo".

O ensaio termina com o conto *A Princesa Brambilla* de Hoffmann, tirado pelo escritor de um *cappricio* italiano, sobre o qual o próprio Hoffmann dizia: "este não é um conto para pessoas a fim de tudo levar a sério e tudo ler no literal"[143].

O que interessa a Baudelaire nessa ficção é que a personagem principal – Giglio Fava – padece do que ele chama de um "dualismo crônico". Outra vez, aqui, estamos diante de uma história *sem pé nem cabeça*: Giglio Fava ora aparece como um inimigo do príncipe Cornelio Chiapperi, e nessa condição combate-o e trata de lhe tomar o lugar, ora como o próprio príncipe Chiapperi, quando então passa a perseguir um histrião chamado... Giglio Fava, por querer roubar-lhe sua amada, na verdade a namorada de Chiapperi, a princesa Brambila.

Trata-se de uma história de duplos, e o que agrada particularmente a Baudelaire, disposto a admitir que "o artista só é artista sob a condição de não ignorar nenhum fenômeno de sua dupla natureza", é precisamente a troca de personalidade do herói. É pelo caráter exacerbado da duplicidade que põe em cena que, na hierarquia baudelariana, o conto de Hoffmann entra na categoria do "cômico absoluto", que não é uma virtude dos franceses. É também por isso que essa forma superior de riso é vista como muito mais intranqüilizadora, e capaz de difundir, nas palavras de Baudelaire, "um certo mal-estar semelhante ao medo". Parente do "estranho" freudiano, conceito elaborado a partir de um outro texto do mesmo Hoffmann (o conto "O Homem de Areia"), ele reúne ironia e melancolia, como bem notou Jean Starobinski, em seu estudo clássico sobre a melancolia em Baudelaire[144]. Outra *nuance* é que o objeto desse riso ominoso é o próprio sujeito.

Ficam assim os franceses, mais sensatos que melancólicos e mais utilitários que sublimes, com o humor brando de um "cômico significativo", voltado principalmente para o mundo externo, e os escritores do Norte (também os preferidos dos românticos franceses, que são shakespearianos) com o "cômico absoluto", autocentrado e sombrio. Amantes de contrastes violentos são estes que sabem da profunda duplicidade do homem decaído.

---

143. Théodor Hoffmann, Notice, *La Princesse Brambilla*, em *Romantiques allemands*, I, Paris: Gallimard-Pléiade, 1974, p. 1582.
144. J. Starobinski, La mélancolie, à midi, *La Mélancolie au miroir*, p. 32.

Suas concepções cômicas as mais supranaturais, as mais fugidias, que muitas vezes se assemelham a visões embriagadas, têm um visível sentido moral: eles se parecem com aqueles fisiologistas e médicos de loucos profundos que se divertem recobrindo sua grave ciência de formas poéticas, como um sábio que fala por apólogos e parábolas, [conclui Baudelaire].

Para as finalidades deste trabalho, retenha-se principalmente que, entre a grandeza e a miséria de sua condição, ao mesmo tempo, humilhada e altiva, o caricaturista da alma humana trabalha com desenhos violentos e idéias sutis. Isso deve nos ajudar a entender a violência da caricatura proustiana da vida de salão, principalmente quando voltada para a vaidade triste que cerca o episódio do Affaire Dreyfus.

Na *Antologia do Humor Negro*, Breton, que também preferiu os artistas vindos do "reino do *spleen*" – Swift, Thomas de Quincey, Lewis Carroll – escreveu que "a disposição para o riso corrobora toda a concepção estética sobre a qual repousa a obra de Baudelaire" e que "é nada compreender do [seu] gênio fingir não perceber essa disposição"[145].

A observação vale para Proust.

---

145. A. Breton, Baudelaire, op. cit.

3. Ser Judeu Francês à Época do Caso Dreyfus

> *"Os poetas melhor fariam se escrevessem histórias cômicas sobre o mundo"*
>
> MARCEL PROUST[1]

FAITS DIVERS, ESCÂNDALOS E CASOS DE UMA JOVEM REPÚBLICA

Proust é um caricaturista que se preza. Como Stendhal, que lia todas as manhãs uma página do Código Civil para "pegar o tom" dessa literatura cidadã[2], ele estuda a fundo a musicalidade dos escritores que o desafiam.

Vimos que essa é uma prática que o escritor nunca abandonou, de fato. O biógrafo George Painter nos informa que ele está ainda bastante envolvido com esse tipo de prática, no ano de 1919, quando supervisiona a saída em livro de seus pastiches mais antigos, dos anos de 1910, e aproveita o ensejo para produzir mais alguns. Assim, ao mesmo tempo em que despacha para publicação os pastiches de Saint-Simon, Balzac, Flaubert, Sainte-Beuve, Regnier, irmãos Goncourt, Michelet, Faguet e Renan, ele se envolve com imitações de Ruskin, Mallarmé, Maeterlink, Paul Souday e Anna de Noailles[3].

Publicados na sua quase totalidade no jornal *Le Figaro*, em 1908, os pastiches do Caso Lemoine, que viriam a compor a seleta de 1919,

---

1. Marcel Proust, JS, p. 524.
2. Como assinala Émile Zola, tratando de seu realismo em O Senso do Real, *Do Romance*, p. 35.
3. George Painter, II, p. 355-356. Sobre esses derradeiros pastiches, de publicação póstuma, cf. a notícia oferecida na edição de *Contre Sainte-Beuve précédé de Pastiches et mélanges et suivi de Essais et articles* da Gallimard-Pléiade, p. 687.

dão testemunho eloqüente da verve cômica de Proust, que se sai aí com aquela "violência sutil" de que nos fala Baudelaire. Ele é, sem dúvida, impulsionado pelo tipo de escândalo que lhe serve de tema. Aqui já mencionado, o caso envolve um golpe financeiro que mais parece uma história policial pândega, protagonizada pelo vigarista que lhe dá nome, um engenheiro químico chamado Lemoine. Ele está sendo acusado, nesse mesmo momento em que Proust se exercita com a história, recontando-a à maneira de muitos dos mais importantes escritores franceses do passado e do presente, de extorquir a vultosa soma de 64 mil libras esterlinas do presidente da famosa empresa diamantária De Beer's. O dinheiro lhe havia sido entregue como forma de subsídio às pesquisas que dizia estar desenvolvendo para chegar à fórmula do diamante sintético. Para manter a De Beer's interessada nessa possibilidade, Lemoine submetera ao diretor da companhia algumas amostras aparentemente convincentes de diamantes produzidos em laboratório. Tratava-se, no entanto, de peças compradas por sua mulher de joalheiros parisienses – inclusive de Cartier –, os quais seriam, oportunamente, levados à barra dos tribunais, para deporem sobre o fato. A reprodução artificial do mais caro e mais duro material existente sobre a face da terra, hoje bem conhecida, era, à época de Proust, um sonho impossível. Assim, a falcatrua do homem que (justiça seja feita) pôs o assunto na ordem do dia apaixonou, por um bom momento, os leitores dos jornais franceses, até porque havia um ingrediente extra que vinha somar-se a este primeiro escândalo. Ao acenar com a possibilidade de fabricar diamantes, Lemoine pretendia, a médio prazo, provocar a baixa das ações da De Beer's, para especular futuramente com a *débâcle*.

O *fait-divers* está no auge quando os pastiches de Proust chegam ao *Figaro*, devendo funcionar aí como uma espécie de trégua humorística, em meio ao *stress* causado nos leitores desse veículo da burguesia francesa por tal atentado ao seu capital. O próprio Proust, que se tornara investidor da Bolsa de Valores, depois da morte da mãe, era detentor de ações da firma, como nos contam os biógrafos[4]. Imune à questão financeira – ou talvez dubiamente envolvido com ela, já que esse problema, seguramente, o devia preocupar, mas, ao mesmo tempo, o divertia, e o fazia trabalhar –, Proust reconta nove vezes o caso, numa operação poética que não pode deixar de nos fazer pensar numa outra falsificação de diamantes: a que ele mesmo está produzindo ao imitar tão grandes autores. O fato de ter-se interessado por esse tipo de assunto não pode ser visto como fortuito.

Recontar o golpe de Lemoine muitas vezes, em diferentes estilos, é um trabalho dificílimo, do qual Proust se sai magnificamente bem, jogando com tratamentos históricos, passando por dicções antigas e modernas e chegando ao requinte de retomar a história tal como Flaubert

4. Cf. G. Painter, II, p. 128.

a teria contado e tal como Sainte-Beuve teria resenhado esse Flaubert para o *Constitutionnel*. Por serem jóias de estilos sobrepostos, esses textos são intraduzíveis. Mas duas frases vertidas dos pastiches de Flaubert e de Sainte-Beuve podem dar uma vaga idéia dessa maestria. "O advogado de Lemoine, em sua réplica, foi breve", escreve Proust, carregando na secura de Flaubert. Já na imitação de Sainte-Beuve, que leva tudo para o terreno pessoal, ele é mais esfuziante, mais cheio de exclamações: "O Caso Lemoine [...] pelo Sr. Gustave Flaubert! Depois de *Salammbô*, principalmente, um novo título seu foi uma surpresa geral. O quê? Pensávamos que ainda estivesse em Cartago, e ei-lo que volta para plantar seu cavalete no Palácio de Justiça"[5].

Mas o Caso Lemoine não é o único escândalo dessa virada de século conturbada em que a jovem república francesa está saindo de guerras externas e civis (as campanhas bismarkianas e a Comuna de Paris). Há muitos outros no ar, como vimos. Eles repercutem fortemente nos jornais, dando-se aí em espetáculo, tanto que a França vive então o que alguns chamaram "a era dourada da imprensa"[6]. Muitos são casos de corrupção – a exemplo do escândalo do Canal do Panamá –, que envolvem diretamente a máquina do Estado, não raro lançando suspeitas sobre os judeus que dela fazem parte, muitos deles influentes no mundo das finanças e aventureiros sem escrúpulos, como admite Hannah Arendt em *As Origens do Totalitarismo*[7]. São escândalos que, por isso mesmo, podem ser vistos como prenunciadores do mais grave deles, o Caso Dreyfus, que é o prelúdio ao nazismo, na expressão da filósofa[8]. Dentre todos, o Caso Lemoine é o que mais se aparenta ao Caso Dreyfus, por também envolver a fabricação de provas falsas, que o tempo se encarregaria de revelar grotescas. Ele tem um precedente fora de casa, que o envolve numa espécie de rede de fraudes em escala européia: *Os Protocolos dos Sábios de Sião*, narrativa de uma suposta conjuração judaica mundial, datada de 1897 mas só tornada pública em 1905, que é arquitetada, mais ou menos no mesmo momento, pelos serviços secretos czaristas.

É em meio a todas essas armações e tramas da passagem do século, e embora Proust esteja entre os primeiros intelectuais franceses a tomar consciência da gravidade da situação, que o Caso Dreyfus vai-se tornando não apenas um dos temas mais recorrentes de BTP mas um de seus objetos mais jocosos.

---

5. Marcel Proust, *Pastiches*, p. 13 e 16.
6. Ver a respeito o capítulo Espetáculos e Espectadores do volume coletivo *O Cinema e a Invenção da Vida Moderna*, p. 415. A autora Vanessa Schwartz, que é também uma das organizadoras do livro, nos remete ainda aí à obra de Jacques Wolgensinger *L'Histoire à la une. La Grande aventure de la presse*, Paris: Gallimard, 1989 (Col. Découvertes).
7. Hannah Arendt, *As Origens do Totalitarismo*, p. 105.
8. Idem, p. 119.

Baudelaire havia sentenciado que a potência do riso está em quem ri, e não no objeto de que se ri[9]. Mostrando que entendeu Baudelaire, Proust aproveita-se da batelada de mistificações em que se constitui toda essa triste história, de longa duração e muitas *viradas de casaca*, tanto da parte dos protagonistas centrais como da parte dos espectadores divididos – vale dizer, toda a nação francesa –, para dar livre curso a sua eterna visão do mundo como uma comédia de Molière atualizada por Labiche. Faz assim do anti-semitismo, no ponto mesmo em que eclode na França, um dos mais produtivos eixos humorísticos do romance. Entrega-se, como nunca, graças a esse tema de atualidade, que mexe com a vaidade das pessoas, porque os campos opostos das *coteries* sociais se redesenham ao sabor dos acontecimentos, àquela encenação do esnobismo que é para Benjamin o ápice de sua crítica social[10].

De fato, se nos dermos ao trabalho de perseguir no texto do romance as menções ao Affaire, veremos que ele entra na dança das cadeiras dos salões proustianos não apenas como outro motivo esnobe mas como o motivo esnobe por excelência. De sorte que o Narrador não cessa nunca de se admirar de que tantos tirem partido das circunstâncias para tratar de galgar posições no mundo, jogando com o avanço ou o recuo da tese da inocência, com a alta ou a baixa dos nacionalistas ou dos traidores da pátria na bolsa dos valores palacianos. Assim, embora casada com o judeu Swann, Odette é dos que clamam contra os judeus, para abrir caminho num nicho da alta sociedade que sempre lhe voltou as costas. Ela consegue, com isso, cair nas graças da Sra. de Marsantes, que vai tentar levá-la até o meio fechado da duquesa de Guermantes, uma antidreyfusista notória. Mas é barrada quando chega na duquesa. E tudo termina com este diálogo pedagógico entre a intermediária e a grande dama: "Eu posso lhe assegurar, Oriane, que Odette é muito agradável, ela é uma excelente mulher"; "Tenho certeza disso, mas não há a menor necessidade de comprová-lo pessoalmente"[11].

Outros exemplos nos vem da Sra. Verdurin. Dando vazão a seu ressentimento contra esses "maçantes" (*ennuyeux*) dos Guermantes, e aproveitando para dar também "uma lição" em Odette, disposta a atraiçoar o próprio marido, ela tornou-se a campeã da luta em favor do militar judeu enviado à Ilha do Diabo. Mas nem por isso deixou de lamentar o "atraso mundano" em que essa sua tomada de posição a deixou, e termina por fechar as portas de sua casa para todo o valoroso grupo de Zola, na tentativa de evitar que tal gente arruíne o seu prestígio

---

9. Charles Baudelaire, *De l'essence du rire. Et généralement du comique dans les arts plastiques*, p. 709.
10. Walter Benjamin, A Imagem de Proust, *Obras Escolhidas*, p. 324.
11. BTP, II, p. 253.

social. É Julia Kristeva, particularmente interessada na questão judaica em seu *Le Temps sensible*, quem chama a atenção para essa outra passagem anedótica em torno de Dreyfus, notando que a tendência "verdurinista" é, no fundo, o "anti-semitismo burguês", e que o que faz Odette, no fundo, é expressar esse pensamento do salão[12].

Mas o esnobismo está longe de ser o único veio cômico do Caso Dreyfus tal como se encena em BTP. Há ainda um *caso dentro do caso* – um documento forjado –, que tem tudo para impressionar Proust, já que envolve a questão, de algum modo literária, da legitimidade da letra.

De fato, o corpo de delito do crime de que Dreyfus foi acusado era uma peça escrita, cujo autor comunicava informações sigilosas ao adido militar da legação alemã em Paris, e a prova do delito, a letra do autor. Essas são circunstâncias que determinam a intervenção de uma ciência positiva em desenvolvimento, à época, a grafologia, e de um perito em identificações fotográficas e interpretação de escritas – Alphonse Bertillon –, a cujo laudo falso se deve a condenação de Dreyfus. Mais que falso, o laudo, na verdade, é estapafúrdio, como se começou a perceber desde logo, vencido o primeiro espanto. Aderido à causa dos militares em busca de um bode expiatório, o *expert* convocado pelo Estado-Maior do exército francês atestara, inicialmente, que a letra do documento que lhe fora submetido para exame não se parecia com a de Dreyfus. Mas em seguida, extraíra dessa dessemelhança a prova mesma da culpa, numa demonstração por absurdo: o culpado dissimulava-se ao escrever e era o que permitia pegá-lo em flagrante. Dessa premissa partia uma segunda: um judeu não poderia ser senão um dissimulado. Embora violenta, a hipótese reveste-se de um aspecto fascinante para o estudioso de Proust: de acordo com Bertillon, Dreyfus era, a sua maneira, um *pastichador*.

Muitas fraquezas combinam-se nessa abertura de caso bizarra e mal resolvida, que se projeta contra o pano de fundo fantasioso de um controle burocrático dos corpos, típico do momento histórico que viu nascer as fichas policiais, sob o impulso do mesmo Bertillon, para oferecer-se à ironia proustiana.

O recurso à ciência, aí em plena ação, não deixa de demonstrar, a médio prazo, a falibilidade da ciência e o que é talvez pior, a falha ética dos cientistas. Por outro lado, estamos diante de um quiasma: se a grafologia interpreta a pessoa por meio da escrita, neste caso, foi a pessoa que interpretou a escrita, já que o ponto de partida da peritagem é a presunção da dissimulação da letra, vale dizer, da dissimulação da pessoa. A tais perplexidades vem se somar ainda o desenlace do Caso, quando se descobre, como já veremos, que até mesmo as últimas provas incriminatórias, formadas por um derradeiro lote de

---

12. Julia Kristeva, *Le Temps sensible*, p. 121.

escritos guardados a sete chaves pelo Comandante-em-Chefe do Estado-Maior francês, o tenente-coronel Henry, para fazê-las valer no momento oportuno, eram forjas grosseiras. O fato levaria este militar a suicidar-se na cadeia, deixando uma pergunta, por muito tempo, sem resposta: morria ele como um valoroso soldado francês, que acreditou nas provas falsas que tinha em mãos, ou como um mistificador, que sabia de tudo? O suicídio veio resgatar o quê, neste caso?

O CASO DREYFUS CONTADO POR BALZAC

Apurou-se depois que também o Comandante Henry era um falsificador. Mas as coisas não eram assim tão claras na época *quente* do Affaire, e a distância que Proust toma dos acontecimentos, no calor da hora, para narrar tudo isso, tirando proveito do ridículo da situação, confirma sua tendência a ver a vida como ficção na modalidade do drama cômico.

Tudo se passa, de fato, em BTP, em matéria de Caso Dreyfus, como se se tratasse de uma notável embrulhada. Graças a isso, Proust distancia-se assim do tom patético de Anatole France, que, como vimos, valeu-se da tragédia pessoal de Dreyfus para julgar a república francesa e divulgar sua crença no progresso da nação, como se só isso contasse. E o que é ainda mais digno de nota, antecipa-se ao tratamento que daria ao Affaire uma comentadora tão penetrante como Hannah Arendt, que, num dos mais belos capítulos de seu *As Origens do Totalitarismo*, empenha-se em recontar todas as suas *peripécias* principais nos termos de um romance de Balzac, para fazer ressaltar seu caráter de maquinação. Em SG, o narrador proustiano diz ao barão de Charlus que, conhecendo tão bem Balzac, certamente, não lhe passaria despercebido que os Cambremer pareciam "escapados das cenas da vida no interior de Balzac"[13]. Para Arendt, os atores do Affaire parecem sair das cenas da vida na cidade. Veja-se este irreverente resumo do escândalo dos escândalos em *As Origens do Totalitarismo*:

> As *dramatis personae* do processo pareciam saídas das páginas de Balzac: de um lado, os generais classistas procurando freneticamente acobertar os membros do seu próprio grupo e, de outro, o antagonista deles, Picquart, com sua honestidade calma, clarividente e levemente irônica. Ao lado deles, a multidão indefinida dos homens do Parlamento, cada qual apavorado com o que o vizinho podia saber; o Presidente da República, notório patrono dos bordéis de Paris, e os juízes encarregados do processo, que viviam unicamente em função de ascensão social. Depois, há o próprio Dreyfus, na verdade um arrivista, gabando-se junto aos amigos das altas somas da fortuna da família que gastava com mulheres; os seus irmãos, pateticamente oferecendo de início toda a sua riqueza, e depois reduzindo a oferta a 150 mil francos, para a soltura do parente, sem nunca revelarem ao certo se desejavam fazer um sacrifício ou subornar o Estado-Maior; e o advogado Démange, realmente convencido da inocência do cliente, mas baseando

---

13. BTP, II, p. 1091.

a defesa em itens secundários para livrar-se de ataques e danos aos seus interesses pessoais. Por último, há o aventureiro Esterházy, de antiga linhagem, tão completamente entediado por esse mundo burguês que buscava alívio tanto no heroísmo como na velhacaria. [...] Mesmo em sua queda final, foi fiel à tradição de Balzac [...][14].

No mesmo sentido, é interessante notar que o crítico americano que assina o capítulo "L'Affaire" para *De la littérature française*, o norte-americano Jeffrey Melhman, também vincula o Caso Dreyfus à literatura, por uma outra via. Ele associa a tentativa de embasamento científico das provas e as falsificações produzidas às primeiras leituras poéticas de índole psicanalítica, cuja técnica interpretativa se baseava na superposição de textos. O grafólogo que examinou a letra de Dreyfus – informa Melhman – fotografava trechos da escrita que queria analisar, ampliava essas fotografias, recortava pedaços dela, colava essas partes fotografadas sobre superfícies de papelão de diferentes cores, obtendo assim amostras inconfundíveis e em ponto maior. Em seguida, as dispunha aleatoriamente, de modo a poder redistribuí-las, mais tarde, em novas combinações, alternando as cores. Quanto maior fosse a semelhança das amostras comparadas, maior seria a autenticidade da letra. A técnica lembra as interpretações freudianas a partir de fragmentos e é especialmente interessante para a literatura, observa ainda Melhman, uma vez que esse trabalho grafológico contribuiu para o nascimento, na França, de uma espécie de laboratório textual. Aqui, somos remetidos a Charles Mauron. Melhman escreve:

> O destino da crítica de inspiração psicanalítica na França seria estreitamente ligado à tese de Charles Mauron, que vê na superposição textual, cujo modelo empresta à técnica fotográfica de François Galton [trata-se de um rival de Bertillon], a única maneira para o crítico de compensar a ausência da livre associação, sem a qual nenhuma psicanálise é possível[15].

Esboça-se assim um interessante sistema de relações entre o Caso Dreyfus, a letra, a imitação da letra, a literatura e o inconsciente.

O que se segue é uma tentativa de aproveitamento dessas pistas para o entendimento do Affaire Dreyfus cômico de Proust. Se o Caso Dreyfus desponta em BTP como um dos pontos altos da comédia de erros proustiana, é que Proust, a seu modo, denuncia todo o absurdo da maquinação que está por trás.

Mas mais que isso, o que se quer aqui assinalar é que, antes mesmo que Freud nos mostrasse, em 1905, fortemente apoiado no humor judaico, que toda anedota é forma de resistência ao que nos oprime, foi Proust, desde JS, quem primeiro propôs um enfrentamento do anti-semitismo pela eficácia destrutiva da piada.

---

14. H. Arendt, op. cit., p. 119.
15. Jeffrey Melhman, L'Affaire, em Denis Hollier (org.), *De la littérature française*, p. 772-778.

O AFFAIRE

Antes de entrar no vivo dessa comédia, que durou mais de dez anos, e está, por isso mesmo, em todos os ciclos de BTP, recordemos o Caso Dreyfus em suas grandes linhas.

Proust está na casa dos vinte anos e trabalha em JS quando, em setembro de 1894, remexendo numa lixeira, num final de expediente na legação alemã em Paris, os serviços de contra-espionagem do governo francês encontram uma folha de papel – documento mais tarde conhecido como "borderô" – que estava fadado a ser explosivo. Nele, um autor anônimo oferecia informações sigilosas sobre os movimentos da artilharia francesa ao adido militar daquele país, com que a França estivera recentemente em guerra, e para o qual perdera traumaticamente a Alsácia e a Lorena. Imediatamente, as suspeitas recaem sobre um oficial do Estado-Maior, o Capitão Alfred Dreyfus, filho de uma opulenta família de judeus da Alsácia, estabelecida há algum tempo em Paris e pertencente à alta sociedade. Nessas circunstâncias, Dreyfus é preso em outubro desse mesmo ano e, com a comprovação fraudulenta de sua responsabilidade, atestada a partir de exames do documento manuscrito pelo perito grafólogo Bertillon, que é então o Chefe do Serviço de Identidade Judiciária da Prefeitura de Polícia de Paris, é condenado à prisão perpétua por espionagem e alta traição. Conduzido à Ilha do Diabo, na Guiana Francesa, em 1895, ele passaria ali quatro anos. Num primeiro momento, a família evita tomar qualquer providência que não junto às instituições do Estado, descartando partir para qualquer tipo de ativismo fora dessa instância. É só quando esse método fracassa que os Dreyfus pensam em protestar publicamente, mas, então, o problema já havia virado um Caso que os ultrapassa, tornando-se uma questão nacional. Encampado por políticos e intelectuais franceses, o Caso Dreyfus divide a França em dois. A imprensa ilustra essa cisão: o *Figaro* é militarista, os republicanos e os radicais de esquerda têm o *Aurore* e o *Journal du siècle* como plataforma. Georges Clemenceau, que Hannah Arendt chama "o último filho da Revolução Francesa", uma personagem de "encanto jacobino"[16], que assumiria, findas as conturbações, um dos postos máximos da República, o de primeiro ministro, faz do primeiro sua tribuna. No segundo, escreve Joseph Reinach, outro importante líder político do período que deixaria uma *Histoire de l'Affaire Dreyfus* em sete volumes (publicados entre 1901 e 1911).

O escândalo propriamente dito começa em 1896, quando, numa primeira reviravolta, o novo Chefe do Serviço de Informação, o coronel Georges Picquart, que acabaria pondo sua carreira em risco na busca da verdade – e entrando para o romance de Proust, já que é um

---

16. H. Arendt, op. cit., p. 101.

freqüentador do círculo dreyfusista da Sra. Verdurin, pelo menos enquanto ela não se dá conta de que ele deslustra seu salão –, passa a dirigir as suspeitas na direção de um outro militar, um comandante de origem húngara, filho de uma família ilustre que deu à França altos dignitários políticos, por nome Charles-Ferdinand Esterházy. Ele termina por acusar Esterházy de ser o espião que se procura e o dono da letra do borderô. Então, cópias fac-similadas do documento, publicado no *Le Martin* no mês de outubro, são espalhadas pelas ruas de Paris pelos primeiros revisionistas. A partir daí, difundem-se, cada vez mais, pela cidade, rumores de que as provas levantadas contra Dreyfus são armadas. Em seu *Marcel Proust*, Jean-Yves Tadié estabelece que é na casa de Madame Strauss que Proust ouve falar nessa possibilidade, pela primeira vez, sendo autorizado por essa *coterie,* que corajosamente defende Dreyfus, a transgredir o pretens patriotismo da facção oposta[17].

De um lado e de outro, as militâncias se acirram. À direita, o governo, o exército nacionalista, os partidos conservadores, a Igreja. À esquerda, os anticlericais, os republicanos, os socialistas, as forças progressivas. Acusado de conspirar a favor dos dreyfusistas, Picquart cai rapidamente em desgraça e é transferido para a Tunísia. Mas Esterházy não escapa a um processo. Julgado, em janeiro de 1898, por um conselho de guerra, ele é absolvido, ao passo que, pouco depois, é Picquart quem é julgado e condenado. Segue-se a esses fatos uma primeira onda de violência nas ruas, principalmente da capital, que se agravaria em 1899. É em fevereiro de 1898, um mês depois da absolvição de Esterházy, que Émile Zola publica, no jornal *L'Aurore*, o famoso "J'accuse", libelo em forma de carta aberta ao presidente Félix Faure que é, para alguns, um dos atos mais revolucionários do século[18]. Seu belo gesto é seguido pelo de um grupo de intelectuais que lançam o "Manifesto dos cento e quatro", também conhecido como "petição dos intelectuais", numa iniciativa que conta com o particular empenho de Proust e de alguns de seus amigos (não anti-semitas) e que seria endossada, entre outros, por Anatole France, convencido pelo próprio Proust a entrar na briga.

Os acontecimentos só fazem se precipitar, daí por diante. Nesse mesmo mês de fevereiro, Zola é detido, sob a acusação de difamar os militares que defenderam Esterházy (Já sabemos o que a personagem Brichot pensa dessa prisão: ele teria procurado esse destino para poder fazer, num futuro romance, uma boa pintura realista da vida por trás das grades). Começa o processo de Zola. O jovem Marcel Proust

---

17. Jean-Yves Tadié, Comment Proust est devenu um dreyfusard, *Marcel Proust*, p. 367-368.
18. Recorro aqui à apresentação de Sergio Paulo Rouanet, Vida e Obra de Émile Zola, *Os Dez Amigos de Freud*, p. 140.

acompanha essas sessões de que nos fala em seu primeiro e abortado romance, JS. Condenado a um ano de prisão, Zola foge para Londres. Ao regressar à França, em junho de 1898, seria recepcionado como um verdadeiro diretor de consciência. Mas morreria sem ver o fim do processo. Três anos mais tarde, ele morre, em seu quarto, em Paris, asfixiado pelo monóxido de carbono proveniente da lareira, ao que parece, acidentalmente, em circunstâncias que nunca foram completamente esclarecidas, havendo, até hoje, quem acredite na possibilidade de alguma ação criminosa, o que nenhum inquérito policial jamais confirmou. Mas antes disso, nesses mesmos primeiros meses de 1898 em que tudo parece acontecer, é decretada a prisão de Picquart. Proust lhe enviaria na cadeia um exemplar de *Les Plaisirs et les jours*[19]. Pouco mais tarde, quando estivessem finalmente esclarecidos os fatos, Picquart seria feito ministro da Guerra.

Porém o *golpe de cena* mais espetacular ainda estava por vir. Como o exército e seus generais classistas afirmassem, desde sempre, manter em seu poder algumas provas grafológicas irrefutáveis da culpabilidade de Dreyfus, no ano de 1899, um novo ministro da Guerra, Cavaignac, mais um anti-semita em ação, decide torná-las públicas. É o começo do fim. As referidas provas – novos papéis com a letra de Dreyfus – logo revelam-se tão inconsistentes quanto as anteriores, o Comandante-em-Chefe Henry é preso, confessa sua falsificação e se suicida na prisão. Isso desencadeia uma última reação do grupo de intelectuais pró-Dreyfus, paradoxalmente concentrado na *rive droite* parisiense, berço dos ricos e dos nobres, e mais uma campanha de apoio aos militares, que articula representantes da pequena burguesia reacionária, de que logo mais nasceria a *Action Française*, espécie de versão local da nossa Tradição, Família e Propriedade. E, ao mesmo tempo, acende o ódio ao judeu. Há motins por toda parte no país, em Nantes, Nancy, Rennes, Bordeaux, e manifestações em Paris. O clamor da esquerda leva à revisão do processo, solicitada desde a época do "Manifesto dos Cento e Quatro". Esterházy, de quem se desconfia cada vez mais que agira a mando de seus superiores, deixa a França, em 1899. Nesse mesmo ano, a sentença contra Dreyfus é comutada em pena de dez anos de prisão. Dreyfus é indultado, ainda em 1899, pelo novo presidente da República, Émile Loubet. Ele entraria com um novo pedido de revisão, que é ignorado até 1906, quando, finalmente, recebe de volta seus galões. Salta então à vista que fora a frustração vivida pela França diante dos alemães que levara os militares, no afã de recuperar a honra perdida, a procurar num judeu o inimigo interno associado ao inimigo externo. Estabelecida uma nova ordem política, Picquart é feito ministro da Guerra (1906-1909) e Clemenceau, ministro do Interior e presidente do Conselho de Ministros (1906).

19. Idem, ibidem.

Notando que o Caso Dreyfus, na verdade, nunca terminou, Hannah Arendt escreve, nos anos de 1950, decênio da edição original de *As Origens do Totalitarismo*:

nem a Primeira nem a Segunda Guerra Mundial fizeram esquecer o processo. Por iniciativa da Action Française, o *Précis de l'Affaire Dreyfus*[20] foi reeditado, em 1924, e tornou-se, de lá para cá, o manual de referência dos adversários de Dreyfus [...]. Quando Dreyfus morreu, em 1935, a imprensa, por medo, não comentou a questão. Ainda hoje, embora em menor escala, o Caso Dreyfus divide a política francesa[21].

Por sua vez, Julia Kristeva lembra, em *Le Temps sensible* – no qual se interessa demoradamente pelas relações entre o judaísmo e o romance de Proust –, que Dreyfus seria ainda agredido, quando das manifestações de rua ocorridas no momento da transferência dos despojos mortais de Zola para o Panteão, em 1908, e que o agressor seria inocentado[22].

A agressão se repetiria em 1985, quando François Mitterrand e seu ministro da Cultura Jacques Lang, que haviam encomendado uma escultura em homenagem a Dreyfus, tentaram implantá-la no pátio da École Militaire, sendo impedidos pelos militares. Inaugurada no Jardim das Tulherias, em 1988, ela está hoje no *sixième arrondissement*, na Place Pierre-Lafue, perto da prisão da rua do Cherche-Midi em que o capitão judeu-francês foi degradado, em 1895, e constituiu-se num marco importante para as atividades do Centenário da Reabilitação, em 2006.

De 1895 a 1930, data em que se estabelece, em definitivo, a inocência, com a publicação do diário do adido militar alemão nas mãos do qual caíra o borderô, foram 35 anos. Sabe-se, desde então, que o culpado era Esterházy, e que ele não estava sozinho.

Nesta paródia de romance de Balzac, todo o Estado francês se comprometera.

A HISTÓRIA É O QUE SE PROPAGA À RODA DAS MESAS

Imagine-se Proust diante de tudo isso. Já envolvido com o Caso Dreyfus, quando muito jovem prepara JS, ele ainda estaria despejando notas sobre o assunto, vinte anos depois, nos cadernos do qual saem os últimos volumes de BTP.

São sempre reflexões que ficam entre a tristeza e o sarcasmo, quando não enveredam para a captação do *nonsense* das cenas mais fortes. E nem por estarem mais próximos dos acontecimentos, dando assim menos margem de distanciamento ao escritor, os escritos mais antigos são

---

20. Manual de referência dos antidreyfusistas na fase mais aguda do caso.
21. H. Arendt, op. cit., p. 112-113.
22. J. Kristeva, op. cit., p. 254.

menos cômicos. Pelo contrário, quanto menor é a visão de conjunto dos fatos, mais caricatos eles tendem a parecer. Assim, entende-se que haja mais luzes sobre os desdobramentos esnobes do dreyfusismo, em BTP, cuja visão, mais distanciada, assemelha-se mais às grandes panorâmicas do telescópio, e exploração das pequenas farsas escriturais em JS, cuja visão se assemelha mais ao *blow-up* do microscópio, muito embora já saibamos que o melhor aparelho ótico do Narrador é o caleidoscópio.

Relembremos JS. É aí, lemos no *Dictionnaire Marcel Proust*, que a palavra "anti-semitismo" aparece, pela primeira vez, em Proust[23]. Que se passa nesse romance inacabado, só recuperado dos baús de guardados da família Proust-Mauriac trinta anos depois? Algo de notável: Proust introduz aí um ingrediente perturbador à lista de textos forjados, que já não é pequena, que servem de base ao processo Dreyfus. Joga com a possibilidade de o próprio Picquart ser um falsário. É que, na certeza de ter abraçado uma das causas mais justas – explica-nos o herói Jean Santeuil –, ele não reluta em apelar para as mesmas armas do adversário, passando à imitação da letra e à produção de apócrifos, e tornando-se ele próprio um falsário.

A ação de JS principia em setembro de 1895, por coincidência, no mês da explosão do Caso Dreyfus, mas um ano depois: "Eu viera passar com amigos o mês de setembro em Kerengrimer, que não era então, em 1895, mais que uma fazenda distante de qualquer vilarejo, na região das macieiras, às margens da baía de Concarneau"[24]. Esse é o momento em que Dreyfus está sendo mandado para a Guiana Francesa. O tempo da ação ficcional está bastante próximo, portanto, da ação histórica e da apresentação das provas grafológicas em tribunal.

Há seis referências a Dreyfus no texto, as duas últimas bastante longas, e nesse sentido, mais que referências, subseções em torno do caso. Em *A Literatura e o Mal*, Georges Bataille chama nossa atenção para a paixão política que vibrava nesses episódios, antes de reconverter, anos depois, nas páginas de BTP, em álibi para uma briga entre o Narrador e seu pai antidreyfusista[25].

Numa primeira referência, Jean visita os Réveillon, os ancestrais dos Guermantes. Sendo dreyfusista, como seria o Narrador de BTP, ele encontra, nessa sociedade, um jovem diplomata em início de carreira, cujo nome não sabemos, mas de quem podemos pensar que é um primeiro esboço do Sr. de Norpois. Essa figura lhe causa uma excelente impressão, pela cultura e pela inteligência, mas o deixa estarrecido ao afirmar que, ainda que Dreyfus fosse inocente, o governo francês deveria esconder as provas do fato, para o bem de todos. O cinismo

---

23. J. Hassine, Anti-sémitisme, em Annick Bouillaguet e Brian Rogers (orgs.), *Dictionnaire Marcel Proust*, p. 69.
24. JS, p. 183.
25. Georges Bataille, Proust, *La Littérature et le mal*, p. 98.

desse dá margem à seguinte reflexão do Narrador: "Jean já não podia mais confiar nem na inteligência nem no poder de julgamento de ninguém. De nada servia fazer filosofia, sociologia, psicologia"[26].

Numa segunda referência, ficamos sabendo que a Sra. de Réveillon – que tem o "espírito" da duquesa de Guermantes mas, ao contrário dela, é a favor de Dreyfus – havia conseguido convencer o marido, apaixonado por ela e disposto a segui-la em tudo, a assinar uma petição em prol da revisão do processo Dreyfus. Mas essa adesão põe o jovem casal aristocrático, de quem seria de se esperar que fosse um defensor da velha França, numa posição insustentável diante de seus pares. Marido e mulher passam a ser vistos como coniventes em relação aos "piores anarquistas". O Narrador comenta a situação com mordacidade. Nota como, para os mundanos, o fato vinha provar "que se deve tomar muito cuidado ao casar os jovens". Mas indica também o interesse desse resvalo em relação à posição de classe para a literatura e o gênero baixo, e praticamente prevê seu próprio futuro como escritor diante do caso: "Os poetas melhor fariam se escrevessem histórias cômicas sobre o mundo"[27].

Numa terceira referência, somos levados a uma barulhenta audiência no Palácio de Justiça, onde foi chamado a depor o general Boidesffre, o algoz de Émile Zola, que ainda não havia sido ouvido no processo, e de quem dreyfusistas como antidreyfusistas esperavam informações decisivas, capazes de definir de uma vez o rumo da história, ou salvando Dreyfus, ou dando-lhe o tiro de misericórdia. Os cidadãos que haviam conseguido entrar nas galerias adjacentes à sala do júri, recapitulavam a inacreditável discussão dos militares, cujos ecos lhes chegavam aos ouvidos. Um se inflamava anunciando para breve a prova definitiva da culpabilidade, outro anunciava que ela era falsa. Um garantia saber o que Boisdeffre tinha para dizer, outro, que ele nada tinha a dizer. O *guignol* de todo o processo é denunciado no trecho seguinte: "Mas no momento tão esperado em que o general finalmente dá ingresso na sala do júri, a audiência é definitivamente suspensa. O juiz militar que presidia aos trabalhos se havia dado conta de que não era possível deixar falar Boisdeffre sem o conhecimento prévio do que o general tinha para dizer, e principalmente antes de se informar o presidente da República sobre o depoimento que ele estava para fazer"[28].

Numa quarta referência – que reproduz cenas da vida real de Proust –, Jean foi acompanhar o interrogatório de Picquart. "É tudo tão embrulhado, ele ouve murmurar ao seu redor, que não se entende mais nada"[29].

26. JS, p. 485.
27. Idem, p. 524.
28. Idem, p. 623-626.
29. Idem, p. 632.

Numa quinta referência, são trazidos à baila os cientistas "que agem apenas por amor à verdade profissional" e aqueles "que se dobram diante do belo uniforme militar". O Narrador coloca o bem intencionado advogado de Zola, Paul Meyer, na posição de argüidor destes que se curvam perante os poderosos. Ressalta que, embora Meyer tivesse amigos no alto comando do exército e fosse íntimo do ministro da Guerra, estava pronto a defender Zola, não porque se interessasse minimamente por sua sorte, mas por estar convencido de que a letra do borderô não era de Dreyfus, e por querer ver a arrogância de Bertillon castigada. Juntam-se aqui, de um lado, a falta declarada de ética, de outro, a defesa *pura e dura* da objetividade dos fatos. Proust tece, num longo arrazoado, dos mais difíceis de acompanhar, mas que constitui, mesmo assim, num dos melhores momentos de JS, estas considerações, sem dúvida luxuosas, pelas considerações filosóficas em que esbarra e nos faz esbarrar:

[As palavras de Meyer] são comoventes pois sentimos que são pura e simplesmente a conclusão de um raciocínio de acordo com as regras científicas e independentemente de qualquer opinião que pudesse ter sobre o caso, de tal modo que sentimos nelas uma espécie de sinceridade, a única verdadeira sinceridade, pois numa opinião a sinceridade nunca é mais que ingenuidade. Mas aqui, pela violenta distância que vai entre a opinião esperada da parte do Sr. Meyer pelo governo, e pela maioria de seus colegas, bem como a própria opinião do Sr. Meyer, sentimos que a verdade é algo que existe verdadeiramente em si, fora de toda e qualquer opinião; que a verdade a que se liga o cientista é determinada por uma série de condições que não estão, de modo nenhum, nas conveniências humanas, nem mesmo nas mais altas, mas na natureza das coisas. Assim, um homem que tem por profissão buscar a verdade nos escritos ou nos intestinos torna-se, de algum modo, impiedoso[30].

Finalmente, numa sexta referência, que aparece no capítulo significativamente intitulado "Revelação", vem à tona, inesperadamente, a possibilidade atordoante de um Picquart falsário, hipótese que, jogada assim na conclusão, não apenas radicaliza o aspecto labiríntico do caso, mas põe o labirinto ou a dúvida em posição de verdade final. Nessa última referência, há uma conversa entre vários convidados do conde T. O conde admira-se de que a França tenha podido acreditar durante tantos anos na inocência de Esterházy. Alguém lhe recorda que o laudo grafológico havia estabelecido a prova cabal dessa inocência. Como já ninguém mais acreditasse no laudo, a conversa evolui para a possibilidade de Bertillon ter, de fato, fraudado suas provas, e para uma suspeita generalizada de fraude: havia provas plantadas por todo lado nessa história. É nesse ponto que o conde entra com a inesperada acusação contra Picquart: também suas provas seriam falsas, uma derradeira burla, infelizmente, não mais suscetível de ser comprovada, por ser aquela que pôs cobro a toda a fraude! O Narrador

30. Idem, p. 649-650.

encerra o caso com mais uma nota sarcástica, desta vez sobre as próprias condições de possibilidade da verdade histórica: "O momento era interessante. Propagava-se pela sala algo de imaterial, algo a que se poderia dar o nome de *verdade histórica*, que nada mais terá sido, muitas vezes, que *aquilo que se propagou à roda das mesas* em que conversavam as personagens a ela relacionadas"[31].

Se já é um tema apaixonante em JS, o Affaire Dreyfus está presente em BTP, de ponta a ponta. Há 65 referências explícitas a ele no romance, a maior parte em CG e SG, o que se explica: esses são os ciclos mais mundanos da obra, no qual mais temos cenas de salão. É nesse lugar de vaidades que mais se fala do assunto, em Proust. Isso já pode nos dar uma idéia do que Dreyfus vem fazer aí.

Não se trata de cobrir todas essas remissões. Saliente-se apenas que, na primeira delas, em RF, o Narrador já trata de ver o Caso Dreyfus como um poderoso embaralhador da lógica das divisões sociais, nisso ajudado pelo caleidoscópio, o instrumento com o qual lhe ocorre equiparar, talvez inspirado em Balzac, o efeito mundano do Affaire. O dicionário *Robert* nos informa que, embora o caleidoscópio, com seu cilindro em que giram fragmentos coloridos refletidos em jogo de espelhos, só comece a ser fabricado na Europa no final do século XIX, aproveitando um invento inglês do início do século, a palavra *kaléidoscopique* já é empregada por Balzac, em sentido figurado, para assinalar uma sucessão rápida de impressões. Teria Proust conhecimento disso? O fato é que o primeiro comentário que o Narrador de BTP faz do Affaire envolve este artefato da seara balzaciana. Ele escreve:

> Mas assim como os caleidoscópios giram de quando em vez, a sociedade dispõe, de modo diverso, elementos que acreditávamos imutáveis, e compõe outra figura [...]. Essas novas disposições do caleidoscópio são produzidas por aquilo que um filósofo chamaria de mudança de critério. O Caso Dreyfus trouxe um novo critério, numa época um pouco posterior àquela em que eu começava a freqüentar a casa da Sra. Swann, e o caleidoscópio girava, uma vez mais, seus pequenos losangos coloridos. Tudo o que era judeu decaiu até o plano mais baixo, sem poupar nem a dama mais elegante, e nacionalistas obscuros se ergueram. Então, o salão mais brilhante de Paris tornou-se o de um príncipe austríaco e ultracatólico. Mas se, ao invés do Caso Dreyfus, tivéssemos tido uma guerra com a Alemanha, o giro do caleidoscópio ter-se-ia produzido no sentido inverso. Os judeus teriam demonstrado, para surpresa geral, que eram patriotas, teriam mantido sua situação e ninguém jamais admitiria ter posto os pés no salão do príncipe austríaco[32].

Se na primeira menção que faz ao Affaire, o Narrador já o vê como um desorganizador de conglomerados antes intocáveis, não surpreende que em TR todo o mundo elegante tenha se transformado por completo, como pelo efeito de um giro de caleidoscópio. Assim, o

---

31. Idem, p. 655-656. Grifo meu.
32. BTP, I, p. 517.

Narrador retoca a sua duquesa de Guermantes: "o Caso Dreyfus tinha mudado sua maneira de aquilatar o valor das pessoas e de classificar as *coteries*, que desde então se haviam destruído e reconstruído novamente"[33]. Sartre o referenda nas suas *Reflexões sobre a Questão Judaica*, notando que "Proust mostrou como o antidreyfusismo aproximou o duque de seu cocheiro, e como, graças ao seu ódio de Dreyfus, famílias burguesas forçaram as portas da aristocracia"[34].

A fábula moral veria aí uma política de Proust, a vitória final da democracia, a revanche dos Verdurin. Mas não deixam de ter razão os que acreditam que Proust está menos interessado em política do que em psicologia, como Michael Marrus, o historiador canadense que pesquisou a situação dos judeus na França à época de Dreyfus, o que o levou a interessar-se, tanto quanto Sartre e Hannah Arendt, pelo romance proustiano. "Por certo, *À la recherche du temps perdu* penetra, com uma fineza de sensibilidade impressionante, no meio judeu francês da época. Mas Proust estava interessado no aspecto psicológico da mudança social"[35], escreve ele. As motivações vaidosas por detrás da abertura do Faubourg de Saint-Germain às novas idéias não são a única prova disso. Ao invés de fazer-se porta-voz dos judeus perseguidos (papel que Proust desempenhou apenas na vida real), o romance proustiano os lança no mesmo mundanismo. Assim, embora o Narrador nos diga que "tudo o que era judeu decaiu até o plano mais baixo", não há em BTP o "judeu", como categoria, a ser defendido em bloco, mas judeus, no plural, eles também divididos em castas e, eventualmente, anti-semitas. O judeu proustiano é o judeu de Sartre, o judeu que o outro chama assim. Visto de perto, ele suscita uma descrição bem mais complicada.

No nuançado campo judaico proustiano, Bloch é o representante de uma pequena burguesia composta de donos de butique, funcionários e profissionais liberais, e pressionado talvez por isso, o judeu traidor da raça, o judeu do gueto, que pragueja contra os irmãos da rue d'Aboukir. O Narrador nos diz que ele sai de uma família sobre a qual pesa o desprezo de muitas castas superiores, o que o teria levado a tratar de respirar novos ares em outra parte, buscando "uma saída para o ar livre através de uma subida desse poço até a superfície, de família judia em família judia"[36]. Esse esforço por fugir à própria origem não o impede de ser, na expressão feliz de Julia Kristeva, que dá conta dos sentimentos do Narrador e dos de Proust, de uma "inconveniência inintegrável"[37]. Já Swann vem de uma verdadeira aristocracia judaica,

---

33. BTP, III, p. 992.
34. Jean-Paul Sartre, *Réflexions sur la question juive*, p. 34.
35. Michael Marrus, *Les Juifs de France à l'époque de l'Affaire Dreyfus*, p. 18.
36. BTP, I, p. 744.
37. J. Kristeva, op. cit., p. 277.

ele é o descendente dos Israels, inspirados nas famílias dos "judeus de corte", como eram chamados, no Ancien Régime, os banqueiros da estirpe dos Rotschild, que serviam os governos, fornecendo-lhes empréstimos e ajuda financeira, e tinham títulos de nobreza[38]. Ao passo que os judeus da família do Narrador, que só de vez em quando deixam de se ostentar franceses para mostrar sua outra origem, vêm de uma burguesia judaica composta de financistas e advogados abastados mas sem grande posição social, semelhantes aos Weil, os parentes da mãe de Proust, Jeanne Weil, daí a escalada mundana que empreende o jovem artista da família chamado Marcel.

A tudo isso correspondem tipos físicos. Bloch é de uma morenice maometana, como o Narrador, e será descrito assim por Françoise, ao passo que Swann, que participa do mito dos Guermantes, é loiro, como eles[39]. Há belas imagens dos Weil e do *sallonnard* Charles Haas, o elegante mais cotado do meio social de Proust para ser a chave de Swann, no álbum de fotografias do mundo proustiano por Félix e Paul Nadar que Barthes folheava no Collège de France, em 1980, discorrendo sobre o seu *punctum*, aqui chamado de efeito "intoxicante". Quem leu o romance de Proust já não pode olhá-las sem se lembrar da trama de intrigas que é armada a partir desse *dégradé*.

A FRANÇA DO CASO DREYFUS

Há em BTP uma equação dreyfusismo-mundanismo que vale por um comentário filosófico acerca do anti-semitismo como paixão. Madame Verdurin é uma campeã do dreyfusismo, seu salão, um quartel-general da esquerda bem-pensante que luta pela revisão do processo que enviou Dreyfus para a prisão. Mas como uma carreirista vulgar, ela vai impedir que Zola e Picquart, os maiores defensores de Dreyfus na arena pública, a visitem, temendo o efeito negativo que isso poderia causar em sua roda[40]. Essas cenas insólitas administram uma História que enlouquece, e o teatro que vem junto.

No prefácio que escreveu para o livro de Marrus, o helenista judeu-francês Vidal-Naquet cita um trecho do diário de seu pai, nascido em janeiro de 1899, em pleno Caso Dreyfus, em que ele reage contra o anúncio do estatuto dos judeus de 1940, quatro anos antes de ser deportado de uma França tornada nazista, nos seguintes termos: "Eu sinto como francês a injúria que me fazem como judeu; é uma dor insuportável constatar [...] que esse golpe assacado contra o renome francês apagou em mim o amor pelo meu país. Eu tinha orgulho dele,

---

38. Cf. Gershom Scholem, *Fidelité et utopie*, p. 82, e M. Marrus, op. cit., p. 53.
39. Sobre tudo isso, vale também conferir Jean Recanati, Charles Swann et Charles Haas – Le côté Haas contre le côté Weil, *Profils juifs de Marcel Proust*.
40. BTP, II, p. 885.

eu o queria acima de tudo, pois acreditava que ele estava acima de tudo [...]"[41]. A perplexidade dessas notas pessoais de um advogado republicano que vê a história se repetir nos dão uma idéia do que pode ter sido a confiança que os cidadãos franceses, de origem judaica, depositavam nas instituições nacionais quando se viram envolvidos, pela primeira vez, naquilo que Sartre, sempre agudo na visão do problema, chama de "elo social da cólera", referindo-se ao fato de os franceses terem precisado transformar o judeu no inimigo. Outra idéia do tamanho dessa desilusão nos é dada pelo próprio romance proustiano, no qual lemos que o pai de Bloch se sentia tão em casa na França que morreu de comoção ao ver o país sendo invadido pelos alemães[42].

Sem pretender aqui reconstituir toda uma época, e das mais difíceis, em algumas linhas, tentamos resumir, nas páginas que se seguem, com o auxílio de alguns estudiosos da história do período, a situação que vai dar a Proust a oportunidade de fazer o pai de Bloch, tão bom francês, morrer de comoção.

Lugar de asilo para os judeus desde o final do século XVIII, quando lhes foi concedido o estatuto de cidadãos, com base nos princípios da igualdade e da fraternidade ditados pela Grande Revolução, a França burguesa havia assimilado, progressivamente, uma parte da população judaica que fugia dos *pogroms*, ao longo do século XIX, e uma parte da que abandonava os territórios ocupados pela Alemanha prussiana, no final desse mesmo século, em que se forja o anti-semitismo moderno. Embora toda e qualquer estimativa numérica a respeito desse fluxo de imigrações seja prejudicada pelo fato de que as leis francesas proibiam, então, o levantamento de informações relativas à religião, consideradas de caráter privado, presume-se que viviam no país, na época das guerras franco-prussianas, cerca de 49 mil judeus, excluídos os da Alsácia-Lorena, perdida para os alemães. Essas cifras aumentam rapidamente para 86 mil judeus[43], segundo um recenseamento feito em 1872, que registra mudanças demográficas significativas, devidas ao grande número de judeus da Alsácia que buscam refúgio na capital, depois da ocupação dos alemães, e à chegada de outros contingentes menores, vindos da Europa Central e Oriental. Isso é mais ou menos confirmado por um censo consistorial (realizado por iniciativa dos ministros do culto israelita) de 1897, que indica uma população de cerca de 70 mil judeus na França metropolitana (contra cerca de 45 mil na Argélia), para uma população total de 39 milhões de habitantes. Desse contingente, cerca de 45 mil judeus, geralmente *ashkenazes*, de língua

---

41. Pierre Vidal-Naquet, prefácio a *Les Juifs de France à l'époque de l'Affaire Dreyfus*, p. 7.
42. BTP, III, p. 928.
43. Cf. M. Marrus, op. cit., p. 47. É também o número com que joga Jean-Yves Tadié, no capítulo La famille Weil de sua biografia *Marcel Proust*, p. 29.

alemã, originários da Europa Ocidental, concentravam-se na cidade de Paris, particularmente atraente por suas possibilidades de estudo e de livre ingresso na função pública. Segundo Michael Marrus, que recorre principalmente a fontes estatísticas judaicas do período e nota o caráter aproximativo de todos esses dados, essa era a menor concentração de judeus nos grandes países europeus, onde a maior parte deles se encontrava, à época do Caso Dreyfus, na Àustria-Hungria, Alemanha, Inglaterra, Holanda e Europa Oriental. Essa posição minoritária seria, aliás, segundo ele, um fator levado em consideração pelos judeus estrangeiros que quiseram entender a precipitação dos acontecimentos, na França, a partir de 1897, quando Dreyfus é acusado de alta traição. Mas se era pequena, em comparação com as populações judaicas dos outros países da Europa, a população de judeus alsacianos que vivia em Paris, no momento do Caso Dreyfus, ela era das mais expressivas e bem-sucedidas, e isso também explica por que o bode expiatório dos militares franceses acabou sendo um judeu francês da Alsácia. O próprio Proust, pelo lado de seu avô materno, Nathé Weil, descendia de judeus alsacianos. Sabemos pelos biógrafos que o pai de Nathé, Baruch Weil, vinha dali[44].

Michael Marrus aponta o paradoxo de uma integração que, com dois séculos de aperfeiçoamento, passou a oferecer aos judeus todas as oportunidades concedidas aos cidadãos franceses, mas não eliminou nem o preconceito religioso nem a competição social. Se é certo que, com todas essas conquistas, no final do século XIX, o isolamento dos judeus terminara na França, nem por isso eles deixavam de ser um corpo estranho, nota ele. A presença dos alsacianos aumentou, ao mesmo tempo, o grau de inserção dos judeus e a animosidade contra eles, num quadro de que o anti-semitismo nunca esteve ausente:

> Desde 1890, o sucesso da comunidade judaica alsaciana, a despeito de sua chegada recente, se confirmava por toda parte. Evidentemente, nem todos alcançavam o mesmo grau de prosperidade. Mas uma tendência geral se afirmava claramente. Esses judeus tinham conseguido um nome, não só nas finanças e no comércio, mas na indústria, nas profissões liberais e no funcionarismo. Fossem artistas ou operários, aristocratas [o autor refere-se aos judeus donos de títulos de nobreza como os Rotschild] ou revolucionários, universitários ou homens políticos, mostravam com que energia desejavam sair do quadro estreito da vida de gueto. Assim, os anti-semitas invocavam freqüentemente a invasão dos judeus na vida francesa, e quando as personalidades judaicas falavam, orgulhosamente, do ardor com que os judeus buscavam progredir na escala social, estavam aludindo, sem saber, substancialmente, ao mesmo fenômeno[45].

É uma lição de sabedoria que também encontramos em Sartre, quando afirma que o mal-estar causado pelos judeus nessa França dos direitos iguais ia bem além da questão do preconceito religioso dos

---

44. Cf. J-Y. Tadié, op. cit., p. 29.
45. M. Marrus, op. cit., p. 51.

católicos mais fervorosos. "Se os judeus não existissem, o anti-semitismo os teria inventado", escreve Sartre, na abertura de seu livro. E mais adiante aponta a causa dessa ficção incriminatória que faz do estrangeiro o seu álibi:

> é levantando-se contra os judeus que, de súbito, [os franceses] tomam consciência de serem proprietários; representando-se o Israelita como um ladrão, eles se põem na invejável posição de quem poderia ser roubado; se o Judeu quer lhes roubar a França, é que a França é deles. Nessas condições, o anti-semitismo é o meio pelo qual realizam sua qualidade de proprietários[46].

É em resposta a essa situação que começa a vivenciar que o judeu assimilado, que não se sentia minimamente diferente, passa a ver-se como judeu.

Nesses anos em que realmente viveram entre os povos da Europa Ocidental, sem estarem à margem dela, os judeus jamais foram verdadeiramente acolhidos dentro dos preceitos da igualdade, nota também Hannah Arendt. Nas condições elaboradas por seus hospedeiros, a boa educação secular que recebiam, por força da lei peculiar que regulava sua admissão, objetivava seu ajustamento, sua diluição, na verdade, exortava-se os judeus a se tornarem suficientemente educados, para não se comportarem como judeus. Por outro lado, os perfeitamente assimilados eram a exceção, as portas só se abriam para os "excepcionais", isto é, aqueles vistos como diferentes de seus iguais. Estes últimos tinham assim que lidar com a ambigüidade de ser e não ser o que eram[47].

É essa ficção que o caleidoscópio proustiano faz rodar. Mas, até prova em contrário, a sociedade francesa em que Proust cresceu como filho de mãe judia e praticante de um judaísmo de respeito pelos seus ancestrais tinha todas as aparências da nação justa, que não apenas garantia os direitos dos judeus mas cujo papel era difundir pelo mundo essa virtude da aceitação do outro.

Nessa França aparentemente igualitária, os casamentos eram mistos. Foi isso que possibilitou a Jeanne Weil unir-se ao Dr. Adrien Proust, um médico de uma conservadora família de Illiers, que se tornaria um notável da medicina francesa, respeitado dentro e fora da França, onde prestou serviço; daí o lar do jovem Marcel Proust ser freqüentado por funcionários de alta patente, como os embaixadores que lhe serviram de modelos para o pomposo Sr. de Norpois. As crianças judias ou metade judias podiam ser batizadas na Igreja católica, como aconteceu com Proust, futuro defensor das catedrais e da catolicidade das catedrais, com o afinco que se sabe. Os adultos podiam apelar, como também fez Proust, que desafiou em duelo um

---

46. J-P. Sartre, op. cit., p. 29.
47. H. Arendt, op. cit., p. 78-79.

de seus críticos para o mais patrício dos códigos de honra, o acerto de contas armado, proibido aliás aos judeus em qualquer outro canto da Europa, onde não eram parceiros aceitáveis para tal ritual[48], associado por Baudelaire aos dispêndios do dandismo[49]. Os que queriam levar vida social podiam abrir brechas no sistema das castas, assim, um dos salões mais sofisticados da *belle époque* francesa, o de Madame Arman de Caillavet, uma judia muito rica, nascida Leontine Lippman, filha de banqueiro, esposa de aristocrata e amante de ninguém menos que Anatole France, era, na prática, a mais mista das sociedades. Foi nesse mundo nem tão fechado que prosperou o protótipo de Swann, Charles Haas, judeu que se distinguiu pela bravura na guerra contra os alemães e que se fez membro do Jocquey Club, cujos únicos outros freqüentadores da mesma origem eram os Rotschild[50].

Também nos outros patamares sociais, os judeus se beneficiavam da aceleração de um processo iniciado com a Revolução, graças ao qual tinham a liberdade de empreender e comerciar e o direito de prestar concursos públicos em todas as carreiras estatais, fator de ascensão para muitos deles, que galgaram altos postos administrativos. Segundo Michael Marrus, no momento em que Dreyfus é acusado, entre os inúmeros oficiais judeus das Forças Armadas francesas, havia cinco generais. Mas os judeus franceses se faziam representar igualmente, nesse momento, na Academia Francesa (que como vimos arregimentava expoentes das artes e das ciências), na Sorbonne, no Collège de France, na Escola Politécnica, no Congresso e nos Conselhos Municipais. Somente a diplomacia e o Tribunal de Contas, a jurisdição financeira suprema, lhes eram interditados[51].

A armadilha preparada contra Dreyfus confirma o caráter paradoxal dessa convivialidade, oferece uma justificativa para a demora da família do acusado em mobilizar-se, dando a impressão, mesmo depois disso, de querer subornar os acusadores, como bem notou Hannah Arendt, e explica por que muitos judeus se puseram do lado dos franceses, acreditando no que lhes era dito, e aproveitando, entrementes, para melhorar sua cotação social.

Todo um *côté* esnobe proustiano explora essa oportunidade perversa de promoção social. E o que é genial em Proust é que, escrevendo muito perto dos fatos, ele não esconde isso.

---

48. Cf. Pierre Zima, *Le Désir du mythe*, p. 228.
49. "O dandismo é uma instituição vaga, tão bizarra quanto o duelo". Cf. Le dandy, *Curiosités Esthétiques*, p. 898.
50. G. Painter, I, p.137.
51. Idem, p. 84-89.

O MUNDO MEIO JUDEU DE PROUST

Mas soma-se ainda a todas essas contradições dolorosas, no caso particular de Proust, uma cisão entre judeus e franceses no seio de sua própria família.

Nascido numa cidadezinha interiorana da fértil região da Beauce – Illiers, nome magicamente transformado em Illiers-Combray, no ano do centenário do nascimento de Proust, em 1971, desde quando o nome de fantasia incorporou-se à geografia francesa –, o Dr. Adrien Proust foi o primeiro membro de seu clã a deixar o lugar, localizado a sudoeste de Chartres, onde se ergue uma das mais belas catedrais góticas da França, para instalar-se em Paris, onde fez medicina, entre os decênios de 1850 e 1860 do século retrasado. A família, de estirpe, achava-se empobrecida, nessas alturas, mas já dera alguns notáveis para a região, no passado. Os Proust, agora agricultores e comerciantes, haviam constituído em Illiers uma burguesia médica. Na capital, o jovem Adrien vai restaurar e superar essa história familiar, de cuja pequena glória os muitos protocolos domésticos descritos em SW nos dão uma idéia.

Tudo isso se passa no momento mesmo em que a medicina, que Proust tanto castigaria em seu romance, sob a inspiração de Molière, e dentro do seu processo de afastamento do modelo do realismo naturalista, está se tornando exata, sob o influxo das ciências naturais. Estudante brilhante, o jovem médico, que viria a ser o pai de um dos mais importantes escritores de todos os tempos, termina sua graduação, começa a trabalhar e sobe rapidamente na carreira. Chefe de Serviço de um hospital parisiense em 1863, ele faz o concurso da "agregação" (o exame francês que dá acesso à Educação Nacional e ao magistério superior) e se torna professor universitário, dedicando-se à pesquisa. Pouco mais tarde, quando se deflagra a terceira das quatro grandes epidemias de cólera que a França enfrentou ao longo do século XIX, orienta-se para o estudo dessa doença e se transforma num especialista em Higiene Médica. Sobressaindo-se nesse campo como o implantador do primeiro cordão sanitário europeu, ele já é um especialista famoso, que publica obras especializadas[52] e viaja pelo mundo, em missões médicas e diplomáticas, quando, em 1870, às vésperas do início da guerra com os alemães e da queda do Império, desposa a judia Jeanne Weil. Marcel Proust, o primeiro de seus dois filhos homens, nasceria em 1871. A jovem família estava residindo, então, numa bela casa do subúrbio rico de Auteuil, ao norte de Paris.

Esse tipo de trajetória ajuda a explicar seu conservadorismo, aqui e ali evocado no romance. No auge da carreira de médico sanita-

---

52. Da mesma época de *Les Plaisirs et les jours*, cite-se um compêndio de sua autoria cujo título o mostra interessado nos problemas de saúde do filho: *L'Higyène du neurasthénique*, Paris: Masson et Compagnie, 1897.

rista, o Dr. Adrien passara a pertencer ao *establishment* republicano. Portanto, é um antidreyfusista patriótico e sincero que surpreendemos, à época do Affaire, usando de todo o tato, dentro de casa, para não ofender a mulher, com quem teve um casamento feliz e os filhos; um dos quais, Marcel Proust, se faz um ativista da causa judaica, que abraça com o mesmo ardor com que abraçou a luta contra as Leis Combes, na defesa das catedrais, movido pelo mesmo senso de cidadania, antes que por qualquer espírito de religiosidade. Mas é rigorosamente autobiográfica a seqüência de CG em que o Narrador afirma que seu Pai estava convencido da culpa de Dreyfus e "manda passear" os colegas que vieram colher sua assinatura para uma lista revisionista. O acontecimento, de resto, tem uma repercussão momentaneamente desagradável na casa da família. O biógrafo Jean-Yves Tadié nos diz que o pai fica uma semana sem falar com os dois filhos por terem assinado o documento[53].

Por sua vez, Madame Proust vinha de uma família judia de Retz. O pai de Jeanne, Nathé Weil, filho de Baruch Weil, estabelecido em Paris nos meados do século XIX, era mais que o *agent de change* (corretor de câmbios) sempre mencionado pelos apresentadores da família de Proust. Era um abastado financista, cujos antepassados haviam prosperado no riquíssimo negócio da porcelana, fazendo concorrência com os fabricantes de Sèvres. A mãe, Adèle Weil, nascida Adèle Berncastel, é o modelo da Avó do romance, culta, discreta e aculturada, ao ponto de ser, como a personagem que inspira, uma leitora, de fato, dos grandes clássicos franceses, e, nesse sentido, uma preceptora do neto. Embora chame a atenção para a ausência de nobreza em seu rosto "desgracioso", é verdadeira e comovente esta legenda de Barthes para uma fotografia da mãe da mãe de Proust tirada por Paul Nadar: "O mesmo caráter que na *Recherche*: amabilidade, abnegação, amor pela filha, gosto pela música, pela literatura clássica, por Madame de Sévigné"[54].

Tendo se mantido na religião judaica por respeito a essa mãe, Jeanne Weil criou os filhos para uma vida laica e os batizou, fazendo, sem querer, de seu Marcel, um ser duplo, "convertido e invertido", na expressão de Julia Kristeva. Podemos pensar que é do Proust convertido que vem a idéia de relatar, em BTP, que o Narrador ia à missa todos os domingos, depois de passar pelo quarto da Tia Léonie; e que a vida da família se organizava em função da Páscoa, ao passo que é o cristão invertido, ou o judeu, que transfere para o romance o episódio do café parisiense em que o Narrador entra no salão reservado aos nobres, na companhia de Saint-Loup, sendo despachado dali para uma sala

---

53. J-Y. Tadié, Comment Proust est devenu um dreyfusard, op. cit., p. 368.
54. Roland Barthes, Proust et la photographie – Examen d'un fonds d'archives photographiques mal connus, *La Préparation du roman*, p. 451.

dos hebreus. Mas apesar daquelas celebrações católicas, que inspiram algumas das mais singelas passagens de SW, o que nos faz pensar que eram práticas correntes da família, Madame Weil juntou-se a Marcel, em sua ativa militância por Dreyfus, na hora em que os seus foram perseguidos. Os Proust eram judeus sempre dispostos a assumir-se como tais em situações de perigo, como notou Hannah Arendt[55]. Todos esses acontecimentos na casa desses judeus "desjudaizados", mas briosos demonstram que a paz reina na família, embora as coisas não sejam tão fáceis como pretende André Maurois, quando nos fala, a propósito da maneira como os Proust vivenciam o Caso Dreyfus, de uma harmonia digna de pessoas finas e cultas, passando ao largo dos conflitos íntimos de Proust, escancarados pela sua comédia dreyfusiana, que os elabora a golpes de chistes cruéis, e pela briga comprada com o Dr. Adrien, ou pelo caráter de complexo paterno de que se reveste o fato de o escritor estar tão empenhadamente no campo oposto ao do pai, bem assinalado por Bataille, como vimos[56].

Assim, uma relação *double bind* instaura-se no campo das amizades de Proust. Seus biógrafos nos informam, por exemplo, que, na época dos grandes jantares do Boulevard Haussmann, quando Madame Weil ainda era viva, o escritor continuou a receber o amigo Léon Daudet, que foi seu colega de classe e uma de suas paixões juvenis, apesar de o filho de Alphonse Daudet ser um antidreyfusista feroz e, mais que isso, um anti-semita militante. Juntamente com Charles Maurras e Jacques Bainville, Daudet, um escritor menor, fundaria, em 1908, a *Action Française*, um movimento ultranacionalista e monarquista, de extração pequeno-burguesa, cujo jornal se encarregaria de manter vivo o ódio racial (e o horror à república), mesmo depois do indulto de Dreyfus, comprometendo-se com o governo de Vichy. Como braço cultural desse jornal de extrema-direita, surge também uma *Revue Universelle*, cujos críticos torcem o nariz para André Gide, como seria de se esperar, e entre os quais figuraria, para nossa surpresa, o jovem Maurice Blanchot, no tempo de seu entusiasmo barresiano[57].

Perto do antidreyfusismo da *Action Française*, escreveu Pierre Zima, o conservadorismo reacionário dos nobres, assumido e superado pelo grupo político de Daudet e Barrès, é um "jogo de salão"[58]. Independente disso, há três referências a Léon Daudet em BTP, todas

---

55. H. Arendt, op. cit., p. 102.
56. André Maurois, *À la recherche de Marcel Proust*, p. 92. Quanto ao complexo paterno implicado no antidreyfusismo de Proust, é feito para nos fazer evocar a legenda de Baudelaire clamando nos episódios de rua da Revolução de 1848 contra o padrasto militar.
57. Sobre tudo isso cf. Christophe Bident, *Maurice Blanchot, partenaire invisible*, p. 60.
58. P. Zima, op. cit., p. 275.

elas elogiosas. Numa delas, em TR, o Narrador chega a criticar um deputado que repudiava a *Action Française*, mas "seria incapaz de compreender uma linha de Léon Daudet ou Charles Maurras"[59]. E o volume *Le Côté de Guermantes*, que sai em 1921 pela Gallimard, num momento em que Proust doente já nem mais se ocupava da revisão das provas, é comovedoramente dedicado ao amigo detrator de judeus[60].

Mas são ainda detratores de judeus alguns dos velhos escritores queridos do jovem Proust, justamente aqueles que lhe ensinaram o amor à *vieille France*, e cujo culto do passado nacional francês vinha agora revelar a sua verdadeira face. Dentre esses ídolos com pés de barro, sobressai-se o próprio Maurice Barrès, que, com sua literatura de clarim, enaltecedora da raça e da terra francesas, seria objeto, mais adiante, de um daqueles processos judiciais simbólicos que os surrealistas faziam contra as glórias da velha cultura européia, e se veria condenado, neste foro rebelde, por atentar "contra a liberdade do espírito"[61].

Apresentando-nos Maurice Blanchot à época de suas contribuições para a revista da *Action Française*, nos anos de 1920, o biógrafo Christophe Bident observa que Maurice Barrès é então uma figura tutelar da juventude francesa, e que o próprio Blanchot é um *barresien* de coração, que nunca resvalou para o anti-semitismo[62].

Mas a ascendência deste escritor que é também um ideólogo – vimos que Proust chegou a ver nele um filósofo – vem de antes, e é o que explica a porção Barrès de Bergotte.

Michael Marrus lembra a enorme influência que exercia esse escritor monarquista, nacionalista e católico, já entre 1880 e 1890, sobre os leitores franceses da geração de Proust. Marrus nota a enorme discrepância entre a sua xenofobia, acirrada pela derrota de 1871 frente à Alemanha, tragédia nacional francesa de que o Caso Dreyfus é inseparável, e o caminho, felizmente oposto, que tomaram alguns de seus admiradores, Proust entre eles.

> Barrès arrastava seus adeptos numa busca que ia além do ponto a que tinham chegado os decadentes dos anos 1880, na companhia de inúmeros jovens de sensibilidade exacerbada. Pode-se sentir em suas obras uma tentativa de escapar ao niilismo que invadia certos círculos literários, para descobrir alguma disciplina, alguma certeza em que basear uma regra de vida, seja pelo culto do eu ou pelo seu alargamento até a inclusão do povo, seja pelo culto da terra e dos mortos, ou ainda por uma união mística com a Igreja. Numerosos foram os que o seguiram nessa busca[63].

Esse não foi o caso nem de Proust nem de Gide, que Marrus não menciona, mas que anotou em seu Journal a seguinte interpelação a

---

59. BTP, III, p. 816.
60. Cf. BTP, II, Abertura.
61. Cf. Maurice Nadeau, *Histoire du surréalisme*, p. 29-30.
62. C. Bident, op. cit., p. 20 e 51.
63. Cf. M. Marrus, op. cit., p. 203.

Barrès e seu reducionismo nacionalista, que vale por um atestado de desidentidade: "Nascido em Paris de mãe normanda protestante e pai católico de Uzès, aonde iria eu, Senhor Barrès, me enraizar?"[64].

Tudo nesse Barrès bem resumido por Marrus e apostrofado por Gide lembra Brichot imprecando contra Mallarmé e seu grupo de eterômanos, para o sorriso de ironia do Narrador.

CENAS DA VIDA DE SALÃO SOB DREYFUS

Palco para a auto-representação de uma classe social cujo último refúgio são os maneirismos, que escondem a nulidade de suas referências ultrapassadas, e cuja divisa é o *noli me tangere*[65], o salão proustiano, onde se sucedem recepções, dadas por condes, barões, marqueses, duques e príncipes, é um bom lugar para longas sessões de riso.

Na maior parte dessas seqüências, o barão de Charlus está presente, com seu cômico feroz e às vezes muito feroz, como o apreciava Baudelaire. É dele que vêm as melhores cenas envolvendo o Affaire Dreyfus. Tudo se passa como se o Caso Dreyfus precisasse de um histrião à altura de sua inverossimilhança para ser contado (A propósito desse histrionismo, o que faz a atuação de Alain Delon ser tão brilhante no fraco filme do alemão Volker Schlöendorf, *Um Amor de Swann* (1984), é justamente o fato de encarnar aí um Charlus desbragado).

Entremos nessa comédia da vida de salão sob o Affaire.

1. Facécias

1.1 Referindo-se a Bloch, o barão de Charlus diz ao Narrador, que de início não entende o sentido de suas palavras, que ele faz muito bem de ter "um amigo estrangeiro". O Narrador o corrige: "Mas trata-se de um francês". O barão de Charlus contesta: "Pensei que ele fosse judeu"[66].

1.2 O mesmo barão de Charlus volta a estarrecer o Narrador, ao contestar, veementemente, um artigo de jornal cujo autor dizia que Dreyfus era um traidor da pátria.

> Não presto a menor atenção nos jornais, leio-os como lavo as mãos, sem acreditar que isso possa me interessar, mas parece-me que os jornais estão dizendo que Dreyfus cometeu um crime contra a sua pátria. Em todo caso, o crime é inexistente, esse compa-

---

64. Cito apud Claude Martin, Le fils, *Gide*, p. 17.
65. "Não me toques". Lema tirado das palavras de Cristo a Maria Madalena, quando lhe aparece ressurreto, e, no mundo dos salões proustianos, reaplicado à lei de não invasão dos espaços sagrados dos nobres, ele é lembrado por Swann, de modo irônico, quando bendiz essa distância, que não funciona no salão Verdurin, onde tudo lhe parece promíscuo. Cf. BTP, I, p. 287.
66. BTP, II, p. 288.

triota de seu amigo – diz ele fixando o Narrador e referindo-se a Bloch – teria cometido um crime contra a pátria se tivesse traído a Judéia. Que tem ele a ver com a França?[67]

1.3 Insistindo em seu ataque aos judeus, que, segundo ele, melhor fariam se retornassem ao "reino de Judá", o barão de Charlus acaba pondo em brios o Narrador, que reage: "Se houvesse uma guerra, os judeus seriam mobilizados tanto quanto os outros". O barão não se dá por vencido: "Talvez, e não é certo que não seria uma imprudência. Se fizessem vir senegaleses ou malgaxes, não acredito que se empenhariam em defender a França, e seria muito natural. O seu Dreyfus deveria antes ser condenado por infração às regras da hospitalidade[68]".

1.4 Aqui, o *espírito* dos Guermantes abate-se sobre o prisioneiro da Ilha do Diabo do modo mais revoltante, porque o mais fútil, e ainda assim, do modo mais engraçado. Alguém toca em Dreyfus e o defende. A duquesa entra na conversa:

Se Dreyfus é inocente, não o prova. Que cartas idiotas, enfáticas ele escreve de sua ilha! Não sei se o Sr. Esterházy é melhor que ele, mas tem um outro chique na maneira de compor suas frases, uma outra coloração. Isso não deve agradar nem um pouco aos partidários do Sr. Dreyfus. Que infelicidade para eles não poderem trocar de inocente! Todo mundo caiu na gargalhada [...][69].

1.5 Conversam no vestíbulo do *hôtel* da duquesa de Guermantes ela, o marido, Swann, o Narrador e um nobre chamado Bréauté. Estamos a uma distância de cinco anos do Affaire, e agora se fazem piadas sobre o assunto. Assim, Bréauté anuncia: "Contaram-me uma frase de espírito muito fina sobre o Caso Dreyfus". E passa a reproduzir o chiste que ouviu: "Cartier teria dito que se Zola quis ser processado e preso foi para experimentar uma sensação que ainda não conhecia, a do cárcere". Mas o bom *mot* da seqüência não é esse, é o arremate da duquesa: "Por isso ele fugiu antes de ser preso"[70].

1.6 O duque de Guermantes fala ao judeu Swann, sobre o que seu primo, o príncipe de Guermantes, pensa dos judeus: "Meu primo tem um ataque quando vê um judeu a cem metros de distância"[71].

2. Qüiproquós

2.1 O príncipe de Guermantes conta a Swann – dreyfusista, como já sabemos – que o príncipe da Suécia, de passagem por Paris, teria

---

67. Idem, ibidem.
68. Idem, ibidem.
69. Idem, p. 239.
70. BTP, III, p. 40-41.
71. BTP, II, p. 578.

ouvido dizer que a Imperatriz Eugênia também havia desposado a causa do capitão judeu injustiçado. Confundindo-a com a princesa de Guermantes, sua mulher – "estranha confusão, confesse, entre uma mulher da estirpe da minha e uma espanhola, muito menos bem nascida do que se apregoa, e ainda por cima casada com um Bonaparte", ironiza o Sr. de Guermantes, antes de prosseguir –, este príncipe quis então cumprimentá-la, na primeira oportunidade, por professar as mesmas idéias que ele. "Princesa, disse-lhe num encontro, estou duplamente feliz em vê-la, pois sei que tem a mesma opinião que eu sobre o Caso Dreyfus, o que não me espanta porque Sua Alteza é bávara". Resposta: "Alteza, eu nada mais sou que uma princesa francesa e penso como todos os meus compatriotas"[72].

2.2 Os fatos precedentes envolvendo a princesa de Guermantes tornam-se ainda mais engraçados quando se fica sabendo, poucas páginas depois dessas de SG em que ela ainda aparece como uma velha dreyfusista, que é ela a "ave rara" do Faubourg de Saint-Germain que manda rezar missas pelo capitão. Mas ela não revela seu nome, faz-se passar por outra pessoa, "para não afrontar as fés nacionalistas", explica ao Narrador o Padre que reza as tais missas[73].

2.3 Mas se a princesa de Guermantes *converte-se*, de uma vez por todas, o que também acontece, tardiamente, com sua prima-irmã, a duquesa de Guermantes, já o sobrinho de ambas, Robert de Saint-Loup, ora adere ao dreyfusismo, ora o renega, variando entre o jovem rebelde que o Narrador um dia conheceu e o militar francês conservador (apesar de *gay*) em que o Caso Dreyfus o transformou. Assim, ele é dreyfusista em CG: "Saint-Loup me havia falado de um de seus camaradas com quem se entendia muito bem, pois eram naquele meio (o exército francês) os únicos partidários da revisão do processo de Dreyfus." E antidreyfusista em SG, onde Swann lhe diz: "Parece que Loubet está do nosso lado. [...] Digo-lhe isso porque sei que você marcha a fundo conosco". E ele responde a Swann, manifestando estranheza, e deixando o amigo totalmente desconcertado: "Eu sou soldado e antes de mais nada a favor do exército francês"[74].

2.4 A mulher do Dr. Cottard ouve um violento discurso anti-semita da boca do barão de Charlus, em casa da Sra. Verdurin. Ou porque não estivesse prestando atenção no que ele dizia, ou porque não soubesse exatamente como entender o que ouvia – dublando o marido que, como vimos, nunca sabia em que sentido tomar as palavras –, ela pensa

---

72. Idem, p. 705-706.
73. Idem, p. 710-711.
74. Idem, p. 105 e 698.

que se trata de um "israelita tagarela". Confunde assim o perseguidor (ainda que só delirante) de judeus pelo judeu perseguido. O qüiproquó tem uma segunda conotação cômica, já que sugere o contágio entre os *côtés* proustianos e assim a sua desagregação, como nota Julia Kristeva: "Estupidez ou intuição, isso revela a familiaridade entre os Charlus, anti-semitas, e os Swann, israelitas", já dada nas sonoridades dos nomes, ainda mais audível no caso dos nomes Charlus/Charles Haas, o nome do judeu "de corte" que serviu a Proust de modelo para Swann[75].

2.5 "Um judeu na casa da irmã e da cunhada de dois arcebispos!", sussurra a Sra. de Gallardon à duquesa de Guermantes, referindo-se a Swann, ao vê-lo chegar ao hotel da marquesa de Sainte-Euverte. "Devo confessar para minha vergonha que não estou chocada com isso", responde a duquesa. Mas a Sra. de Gallardon volta à carga: "Eu sei que ele é convertido, e mesmo os pais e os avós já o eram. Mas dizem que os convertidos são ainda mais refratários à religião que os outros, que é tudo uma encenação, é verdade?" A duquesa: "Eu sou sem luzes nesse assunto". Nova insistência da primeira: "Não se zangue, Oriane, mas há quem pretenda que esse Sr. Swann é alguém que ninguém deveria receber". A segunda: "Mas [...] você deveria ser a primeira a saber que é verdade pois já o convidou umas cinqüenta vezes e ele nunca a atendeu"[76].

3. Viradas de Casaca

3.1 Vimos que Odette trata de abrir caminho no mundo apregoando seu nacionalismo e dando combate a Dreyfus. Seu esforço acaba coroado de sucesso e seu salão enche-se de personalidades de primeiro plano. A inopinada mudança de *status* da antiga *cocotte* espanta Madame d'Epinoy, uma alta personagem do mundo Guermantes. Atendendo a um pedido de Odette, para contribuir com um fundo para a Pátria que ela havia organizado, Madame d'Epinoy dirige-se à casa de Odette, tão tranqüilamente, nos diz o Narrador, como se fosse a uma venda. Mas ao entrar no salão onde só esperava encontrar rostos, não propriamente desprezíveis, mas desconhecidos, ele nos explica, eis que se depara com "uma transformação feérica". O Narrador descreve a cena:

reconhece nas soberbas figuras reclinadas nos sofás, acomodadas nas poltronas, chamando a dona da casa pelo prenome, as duquesas e altezas que ela própria tinha dificuldade de atrair para suas recepções, e às quais, nesse momento, o marquês de Lau, o conde Louis de Turenne, o príncipe de Borghese e o duque d'Estrées serviam laranjada e *petits-fours*[77].

---

75. J. Kristeva, op. cit., p. 278-279.
76. BTP, I, p. 335.
77. Idem, p. 745.

4. Desconversas

4.1 O barão de Charlus usa de subterfúgio para obter informações sobre Bloch. Querendo saber seu endereço, pergunta ao Narrador, fazendo-se de distraído: "Ele mora em Balbec?" O Narrador responde: "Não, a família alugou alguma coisa aqui, perto da Commanderie". Satisfeito com a pista, ele se aproveita da Commanderie para mudar o rumo da conversa:

> "Que horror!", exclamou, dando à voz todo o seu vigor de clarim.
> Todas as localidades ou propriedades chamadas Commanderie foram erguidas ou possuídas pelos cavaleiros da ordem de Malta (a que eu pertenço), como os lugares ditos "Templo" ou "A Cavalaria" pertenceram aos Templários. Nada seria mais natural que eu morar na Commanderie. Mas um judeu! Aliás, isso não me espanta; isso tudo se deve a um curioso gosto do sacrilégio, particular a essa raça. É só um judeu ter dinheiro para comprar um castelo e logo escolhe um que se chame Oratório, Abadia, Monastério, Maison-Dieu [Casa de Deus]. Eu conheci um funcionário judeu... adivinhe onde ele morava? Em Pont-Evêque [Ponte-Cardeal]. Caído em desgraça, ele foi mandado para a Bretanha, para Pont-l'Abbé [Ponte-Abade]! Quando assistimos, na Semana Santa, a esses espetáculos indecentes chamados a "Paixão", a metade da sala fica cheia de judeus, que exultam só de pensar que vão crucificar Cristo pela segunda vez, ao menos em efígie. Um dia, no concerto Lamoureux, tive por vizinho um rico banqueiro judeu. Tocavam *A Infância de Cristo* de Berlioz, e ele estava consternado. Mas logo recuperou a expressão de beatitude que lhe era habitual ao som de *O Encantamento da Sexta-Feira Santa*. Seu amigo mora na Commanderie, o infeliz! Que sadismo![78]

4.2 Norpois e Bloch conversam na casa da duquesa sobre Dreyfus. O primeiro fala da enorme quantidade de testemunhas que o processo mobilizou e prognostica que uma segunda condenação seria revogada, já que em revisões processuais desse tipo é difícil que a parte contrária não invoque questões de forma. A duquesa envolve-se na conversa. A conversa esquenta. O próprio Norpois acha melhor abortar a discussão: "Não vai esta noite ao baile da Sra. de Villeparisis?", despista ele, diplomaticamente, voltando-se para o Narrador, que estava fora da conversa.

4.3 É preciso saber tergiversar nos salões de Proust. É o que faz Swann. Ele se acha, certa tarde, na casa dos duques de Guermantes. Uma discussão anódina acaba de enveredar pelo Caso Dreyfus, e o duque se descontrola, pondo-se a gritar: "Os judeus não admitirão nunca que um dos seus seja um traidor, mas sabem perfeitamente que é assim [...]. Esse crime horrendo pode ter as piores conseqüências para a França, de onde todos os judeus deveriam ser expulsos". Reação instantânea de Swann: "Eu senti que a coisa ia azedar e comecei a falar

---

78. BTP, II, p. 1104-1105.

de vestidos"[79]. Neste mundo em que se desenrola a ação proustiana, há que se ser "judeu com tato", como observou Jean Recanti[80].

5. Denegações

5.1 No balneário chique de Balbec, o Narrador ouve, sem querer, a voz do amigo Bloch, que vem de dentro de uma tenda na praia. Para seu espanto, Bloch reclama da população judaica da praia, nos termos os mais distanciados para um judeu: "Não é que eu seja por princípio contrário à nacionalidade judaica, mas aqui há pletora. Só o que se ouve é 'diga lá, Abraão', 'você sabia, Jacó?'. Parece que estamos na rue d'Aboukir"[81].

5.2 Essa rua do bairro judeu de Paris não é a única que assombra Bloch. No momento mais delicado do Caso Dreyfus, quando toda a França conservadora se posiciona contra os de sua raça, ele decide trocar o seu nome hebraico por um outro de ressonância menos comprometedora, e o nome que lhe ocorre é "Jacques du Rozier". Trata-se de um achado triplamente cômico. De um lado, por que nos lembra, inevitavelmente, o esnobe Legrandin, inopinadamente rebatizado "Legrand de Méséglise"[82]. De outro, pelo que a partícula *du* comporta de imitação dos patronímicos nobres e, sendo imitação flagrante, de efeito grosseiro de maquiagem. Finalmente, porque se pode perceber que o inconsciente falou particularmente alto, neste caso, de tal modo que, ao mudar de "graça", para apagar suas origens judaicas, Bloch acabou apelando, como sem querer, ou sem querer querendo, para um símbolo da nação judaica estabelecida em Paris, a rue des Rosiers, que fica no bairro do Marais[83].

5.3 O Narrador pondera que certos fatos são rapidamente esquecidos pelas novas gerações. A prova disso – pensa ele – é que, casada em segundas núpcias com o príncipe de Guermantes, a Sra. Verdurin é tomada por quem não a conheceu à época do primeiro casamento por alguém que sempre foi a princesa de Guermantes. O mesmo se dá com Bloch: rebatizado Jacques du Rozier, ele também dá a impressão

---

79. BTP, I, p. 583.
80. J. Recanati, *Des amis antisémites – L'esthétique du savoir feindre – Être juif avec tact*, op. cit., p. 14.
81. BTP, I, p. 738.
82. BTP, II, p. 1085.
83. É uma pena que, tratando das relações entre o romance de Proust e a geografia parisiense, Shinishi Saiki, que é autor de um estudo sobre a Paris de Proust, não explore essa paisagem do Marais, concentrando-se nos *monumentos* do norte abonado da cidade: o Faubourg de Saint-Honoré, o Bois-de-Boulogne, os Champs Elysées, e só saindo daí para tratar do Quai d'Orléans, o bairro de Swann na *rive gauche*. Sem ter privilegiado o tema, George Painter sai-se melhor nessa cobertura. Mas ainda assim, o seu livro vale a pena. Cf. Shinishi Saiki, *Paris dans le roman de Proust*.

de ter sempre estado no topo. Mas a ação do tempo deixa de funcionar e as coisas mudam de figura quando se trata do Caso Dreyfus, de que ninguém conseguia se esquecer. Passados vinte anos – nota ele –, as pessoas ainda se sentiam incomodadas com a história. Algumas chegavam a negar que tivessem nutrido simpatias pelo acusado, reagindo se alguém tocasse no assunto. Outras reescreviam a própria História. Lemos no *Dictionnaire Marcel Proust* que o dreyfusismo assume uma "elegância retrospectiva", no ocaso do escândalo Dreyfus[84]. Neste exemplo proustiano, dá-se o contrário, a memória deturpada dos fatos reserva toda a elegância aos conservadores e ainda por cima transforma um progressista em reacionário. Proust escreve: "A lembrança odiosa do Caso Dreyfus persistia vagamente naqueles que o ouviram de seus pais, e se alguém dizia a alguma dessas pessoas que Clemenceau havia sido dreyfusista, ela logo respondia: 'Você está confundindo, ele estava justamente do outro lado'"[85].

6. Pantomima

6.1. Veja-se esta encenação particularmente perturbadora do anti-semitismo de Charlus, novamente, aqui, sexualmente obcecado por Bloch, numa conversa com o Narrador, que acaba se transformando num estranho teatro da crueldade:

> Quem sabe você não poderia pedir ao seu amigo – diz o barão ao Narrador –, que me faça assistir a alguma boa festa no Templo, a uma circuncisão, uma cantoria judaica. Quem sabe ele não poderia alugar uma sala e me proporcionar algum divertimento bíblico, da mesma forma que as meninas de Saint-Cyr representam cenas tiradas dos Salmos por Racine para distrair Luís XIX. Bem que você poderia me conseguir isso, algo que me fizesse rir. Por exemplo, uma luta entre o seu amigo e o pai, em que ele o ferisse como Davi a Golias. Isso comporia uma bela farsa. Ele poderia até, já que está com a mão na massa, abater-se sobre a carcaça de sua mãe. Isso, sim, seria uma espetáculo, heim? amiguinho, já que apreciamos os espetáculos exóticos, e que bater numa criatura extra-européia seria dar um corretivo merecido numa velha cachorra. E dizendo essas palavras horríveis e quase loucas. O Sr. de Charlus me apertava o braço até fazê-lo doer[86].

Na grande pantomima proustiana, Charlus é o *clown* de Baudelaire, o Giglio Fava que sai de cena com a cabeça na mão. É dele que rimos nessa "plaisanterie nerveuse" – como a chamaria

---

84. E. Hughes, Dreyfus, em A. Bouillaguet e B. Rogers (orgs.), *Dictionnaire Marcel Proust*, p. 315.
85. BTP, III, p. 958.
86. BTP II, p. 288-289. Neste trecho, particularmente difícil de traduzir, cotejo a minha tradução com a de Mário Quintana para *O Caminho de Guermantes*, p. 259, e a de Fernando Py para o mesmo volume, p. 241-242. Quintana aportuguesou Proust, traduzindo "une correction méritée à un vieux chameau" por "dar um corretivo merecido numa velha cachorra", enquanto que Fernando Py traduz literalmente esse trecho por "dar um corretivo merecido num velho camelo". Aqui, parece-nos que a traição foi a melhor saída.

Baudelaire[87] – e não de Bloch, nem da mãe de Bloch, nem da família judia de Bloch... nem dos judeus.

Há nessa cena de um ridículo trágico, em que se brinca com o mais interditado dos objetos – a mãe – aquele tipo de exagero humorístico, bem descrito por Propp, depois que Freud descreveu o funcionamento do cômico por absurdo, que extrapola completamente os limites da realidade e é típico das representações de loucos[88].

Assim como o erotismo proustiano depende do horror da profanação, como sublinhou, entre tantos outros, mas antes de todos, Bataille[89], o dreyfusismo mais sincero não impede o politicamente incorreto. A piada abjeta em torno da mãe de Bloch serve para confirmar que há coisas cujo sentido só o riso pode recobrir, ou de que só se pode falar com ironia.

Da ótica de Proust, o barão de Charlus e suas relações com os judeus franceses é visivelmente uma delas.

INVERTIDOS E NÃO CONVERTIDOS

Se deixarmos de lado, por um segundo, a dificuldade de lidar com os complicados desdobramentos éticos e políticos de suas imprecações, Céline pode ser convocado para nos ajudar a continuar, porque se auto-reivindicou o continuador de Proust e tem sido assim considerado pelos seus críticos contemporâneos, inclusive entre nós[90].

---

87. "Essas brincadeiras nervosas [*plaisenteries neurveuses*] não deixam de apresentar algum perigo, podemos pagar caro por elas. Mas que importa a eternidade da danação para quem encontrou num segundo o infinito do gozo?". Cf. C. Baudelaire, Le mauvais vitrier, *Petits poèmes em prose – Le Spleen de Paris*, op. cit., p. 284.

88. Há um quadro atribuído a Chevtchenko que representa uma quadrilha num manicômio. Alguns homens de branco, com gorros de dormir na cabeça, aparentando alegria e fazendo gestos amplos, dançam uma quadrilha na passagem entre as camas. Esse quadro distingue-se pelo grau elevado de artisticidade e expressividade e causa uma impressão de horror. Cf. Vladimir Propp, O Exagero Cômico, *Comicidade e Riso*, p. 92.

89. George Bataille, Proust, *La Littérature et le mal*, p. 103.

90. Sua eficiente tradutora para o português do Brasil afirma na apresentação de *Viagem ao Fim da Noite* que ele é "o Proust da plebe". Idealizando bastante o mundo proustiano perverso, mas nem por isso deixando de acertar, ela escreve: "Ora, tudo o que em Proust era delicadeza, fineza, meios tons, harmonia, em Céline era grosseria, crueza, violência, deformação. Hoje, um e outro são fervorosamente cultuados por devotos no mundo inteiro. Mas há sessenta anos a audácia de Céline parecia tanto maior quanto ele pretendia, assim como seu intimidativo predecessor, renovar a língua francesa. O que fez; só que, digamos, às avessas, a partir da linguagem oral e popular. Foi este o grande achado de Céline, ser um Proust da plebe, segundo a fórmula de um crítico da época". Cf. Louis-Ferdinand Céline, *Viagem ao Fim da Noite*, p. 6. Ela não identifica o crítico. Mas muitos fizeram comparação semelhante. Lembrando que Céline começa por volta de 1926, no exato momento em que saía pela Gallimard o último tomo do romance proustiano e começavam as recensões, Pierre Robert escreveu que "Céline é um Proust escatológico". Cf. Pierre E. Robert, Marcel Proust et Louis-Ferdinand Céline: un contrepoint. *Bulletins de la Société des Amis de Marcel Proust et des Amis de Combray*, n. 29, aqui já citado. Mais recentemente, Julia Kristeva fundiu o

"Que resta [hoje] do romance?", perguntava-se ele no final dos anos de 1950, mais de meio século depois que Proust buscou responder a mesma pergunta. Nada de muito digno de nota, respondia, chamando a atenção para a raridade dos Proust, e assumindo assim, tacitamente, o desafio de continuar tão importante antecessor. Segundo Céline, faltava aos seus contemporâneos aquilo que faz a diferença em literatura: a "pequena música do estilo".

O tema do estilo o leva à *Histoire de ma vie* (1855) de George Sand, que teria tudo a ver com Proust. O escritor tem basicamente duas tarefas, explica Céline. Uma delas é manejar um estilo. A outra é tornar seu próprio *habitat* visível. Como George Sand, que tinha o sangue azul e pôde descrever assim, de modo cruel, a nobreza francesa com que lhe foi dado privar [o verdadeiro nome da escritora era Aurore Dupin, e ela era, de fato, uma princesa de Saxe], Proust preenchia as duas condições: "[ele] encontrava-se naturalmente nessa sociedade, ele vai falar dela, não é mesmo? Do que lhe era dado presenciar, mais os pequenos dramas da pederastia [...]. Trata-se [para o escritor] de se postar na linha em que a vida [o] colocou, e de não sair mais dali, de modo a poder colher e transpor tudo para o estilo"[91].

Tudo é irônico nesses propósitos que têm a dose de agressividade que seria de se esperar do mais irado dos escritores franceses. Mas há mais que agressividade nesse resumo de Proust por Céline: há um belo golpe de intuição. Inconscientemente, ao mencionar assim, como que com displicência, os "pequenos dramas da pederastia", ele toca num dos eixos temáticos de BTP: a comédia sexual. Faz isso muito economicamente, sem precisar de muitas palavras, pelo que chamaríamos de uma *litote* (a figura clássica da concisão, do dizer muito com muito pouco), recurso surpreendente quando sabemos que a marca do estilo celiniano é, ao contrário, o exagero. E oferece assim uma leitura, para a época, heterodoxa de Proust. Além do mais, a expressão "pequeno drama", que alude sutilmente ao estilo humilde, é particularmente feliz para dar conta de uma literatura em que, pelo próprio engate entre o sujeito do enunciado e o da enunciação, que embaralha os limites entre realidade e representação, a vida real passa a ser vista como *a tale told by an idiot*. Trata-se de um pequeno comentário crítico que funciona particularmente bem – enfim – como modo de introdução à dimensão teatral da inversão proustiana. O que Céline termina por nos dizer é que, porque eles estão na sua linha de mira, Proust encampa os "pequenos dramas da pederastia" com a mesma cruel desenvoltura de George Sand vendo atuar os parentes aristocratas.

É desse teatro que continuamos tratando a seguir.

---

escatológico e o sagrado para nos reapresentar Céline no capítulo Céline: ni comédien ni martyr de seu *Pouvoirs de l'horreur – Essai sur l'abjection*.
91. Tradução minha. Cf. L-F., Céline vous parle, *Romans*, II, p. 932-933.

A inversão sexual é um tema em que a literatura francesa só havia começado a tocar, e ainda assim da maneira a mais sóbria, apelando para as referências veladas e para o elogio do amor grego, desde o surgimento do grupo de André Gide. Mas Proust tinha tudo para mudar o tom do enfoque, como acabou fazendo. Primeiramente, porque o invertido sexual – que em termos técnicos psicanalíticos é aquele que não reconhece a diferença sexual, logo, aquele que não quer ver a realidade da castração – lida com espectros, espelhos, sombras de si mesmo, numa palavra, com duplos narcísicos. Ele está portanto enredado naquela cisão do sujeito em queda que é para Baudelaire o motor do riso franco, e sabemos que Proust vem na linha desse Baudelaire. Em segundo lugar, porque os conglomerados dos homossexuais e dos judeus acham-se de tal modo interconectados em Proust que os invertidos sexuais, participando da mesma perseguição racial que recai sobre os judeus, entram na mesma rede de contradições e mentiras, clivagens e expatriamentos. Vimos como, em sua perseguição sexual a Bloch, Charlus acabava no discurso racial. Toda a abertura de SG, em que a palavra "raça" recorre na narração do encontro carnal entre o Barão de Charlus e o alfaiate Jupien, espiado de longe pelo Narrador *voyeur*, é sobre a homossexualidade como posição decaída.

A notar que esse nivelamento entre judeus e homossexuais, sob o denominador comum da abjeção, nada tem a ver com as doutrinas eugenistas do período, reconfortadas por uma cosmologia científica oitocentista com a qual Proust está em desavença, como aqui vimos, desde o início. É bem verdade que Proust nomeia freqüentemente as duas maldições "vício". Adotando a palavra, Hannah Arendt dirá que ele aproxima, maliciosamente, "o vício da homossexualidade e o vício de ser judeu"[92]. Mas a Proust, esse meio-judeu invertido errando na França dos descendentes de Geneviève de Brabant, no exato momento em que eles se sentem traídos por um judeu por inteiro, interessa muito mais a dimensão moral da perversão sexual que a psiquiátrica. É bem essa a razão pela qual ele junta Sião, Sodoma e Gomorra, como neste trecho de SG: "raça sobre a qual pesa uma maldição e que deve viver na mentira e no perjúrio"[93].

Julia Kristeva enfatiza essa conexão judeus/homossexuais notando que já está dada, por exemplo, nas muitas citações das tragédias judaicas de Racine – *Esther* e *Athalie* –, cujos versos servem, muitas vezes, ao Narrador de comentário para as investidas amorosas de Charlus. Feitas para serem entendidas no duplo sentido – o que vem novamente patentear a revirada da tragédia em comédia –, esses versos extravasam propósitos os mais lúbricos, ao mesmo tempo em que tematizam as mais inocentes histórias bíblicas. É o caso desta seqüência de *Esther*, lembrada pelo Narrador, quando surpreende Charlus flertando com um

---

92. H. Arendt, op. cit., p. 102-103.
93. BTP, II, 615.

certo Sr. de Vagoubert: "Céus! Que profusão de inocentes belezas/ se oferece a meus olhos, vinda das redondezas"[94].

Mas Philippe Sollers talvez tenha conseguido formular ainda melhor esse ponto, num dos ensaios de seu *L'Éloge de l'infini*, ao nos dizer que tudo em Proust, como em Freud, é sexual. Ele toma como base a ascensão social das personagens femininas do romance para notar:

> As mulheres de *À la Recherche du temps perdu* estão freqüentemente envolvidas com uma revanche da parte de baixo da pirâmide social contra a de cima. E essa é uma tese das mais originais, porque consiste em observar a sociedade na sua evolução [...], mas mantendo, ao mesmo tempo, a apreciação sexual, não esquecendo nunca esse dado. Isso é prodigioso. Freud não pôde ler Proust, mas teria ficado encantado se o tivesse feito, pois o fio que percorre todas essas histórias de interesse por dinheiro e de etiqueta é sempre também uma questão sexual[95].

Também no verbete "anti-semitismo" do *Dictionnaire Marcel Proust* encontramos que homossexuais e judeus se confundem para o Narrador quando ele se entrega ao pensamento desolador de que também as lésbicas se teriam dispersado pelo mundo, para formar uma sociedade secreta. "A abertura de SG – lemos ali – evoca o projeto similar dos israelitas sionistas desejosos de retornar a Sion para fundar um Estado"[96].

Além disso, a junção da homofobia com o anti-semitismo encontra apoio na psicanálise, para a qual toda fobia tem fundo sexual. E Proust intui tanto mais essa solidariedade quanto os *lados dos judeus e dos invertidos* acham-se ainda entrelaçados pela comum maneira que têm de se desorganizarem, de fugir a sua própria verdade, resistindo a qualquer tipo de estabilização. De fato, como vimos, cada um deles pode passar, subitamente, de vaso fechado a vaso comunicante, o que nos impede de saber, ao certo, qual a última posição de seus habitantes. Assim, um homossexual em quem o vício transparece, hoje, em todo o seu esplendor, pode ressurgir modificado, mais tarde, numa espécie de contra-epifania. Ciclotímico como era, o próprio Proust experimentou na pele a remissão de sua inclinação sexual. Seus biógrafos nos certificam de que ele, embora, certamente, procurasse companheiros homens, de fato, correu atrás da condessa de Chevigné, assim como o Narrador persegue, no romance, a duquesa de Guermantes, e que ela o esnobava, realmente, como a duquesa de Guermantes faz com o Narrador[97].

---

94. BTP, II, 655. Os versos de Racine, traduzidos por mim, são: "Ciel!, quel nombreux essaim d´innocentes beautés/ S´offre à mes yeux en foule et sort de tous côtés".

95. Philippe Sollers, Sur Proust, em *L'Éloge de l'infini*.

96. J. Hassine, Anti-sémitisme, em A. Bouillaguet e B. Rogers (orgs.), *Dictionnaire Marcel Proust*, p. 70.

97. Cf. G. Painter, I, p. 161-291.

Faz parte das desilusões do Narrador descobrir que, em matéria de sexo, as coisas são muito mais complicadas do que nas classificações nosográficas da psiquiatria oitocentista nascente, de que Zola tanto se valera e que as partilhas genéricas se fazem, para além dos corpos, também em plano imaginário, e também em plano simbólico. É isso que o impede de enclausurar as *anormalidades* sexuais no corpo. Tudo no barão de Charlus o demonstra. Se ele vivesse hoje, talvez fosse um desses homossexuais viris da Castro Street, em São Francisco, que exibem seus bíceps e seus bigodes. Tocando na sua bissexualidade psíquica, o Narrador nos diz que, embora gostasse de homens, o barão achava efeminados os jovens de seu tempo, considerava de péssimo gosto os homens que usavam anel e fazia questão de se atirar nas águas geladas de um rio, com o corpo quente, depois de uma longa viagem a pé, para demonstrar a sua virilidade (ou desmentir o seu gosto)[98]. Nele, só "a sensibilidade é feminina", percebe a Avó do Narrador, concordando com o neto, ao especular que "ele deve ter sofrido a influência profunda de uma mulher, da mãe, talvez, ou da filha, se é que teve filhos [...]"[99].

Comprovando que os escritores são os predecessores dos psicanalistas, como quiseram Freud e Lacan, o criador de Charlus é um psicanalista lacaniano que vê os gêneros como construídos, e tão mais frágeis quanto são construções. Lacan, vendo a sociedade humana dominada pelo primado da linguagem, atribuiu ao complexo paterno ou ao que chama "Nome-do-Pai" a função essencialmente simbólica de encarnar a lei e, nesse sentido, de regular as identificações genéricas. Desta óptica, se as partilhas do masculino/feminino estão em alguma parte, é nas palavras e na cultura que elas dispensam. Ora, podemos dizer que há uma fantástica vinda do campo desse analista lacaniano nas primeiras páginas de PR, onde encontramos algo raro em Proust, detalhes da intimidade do Narrador, aí vivendo com Albertine. O Narrador nos fala da permeabilidade das paredes que dividem os banheiros *dele* e *dela*, e, por essa explosão da separação entre os lugares mais discriminados culturalmente como sendo do Homem e da Mulher, que se ostenta como inscrição civilizatória no alto dos mictórios públicos, de sua dúvida permanente sobre o sexo dela (e por tabela, dele). O trecho é o seguinte:

> As paredes que separavam nossos dois toaletes [...] eram tão finas que nós podíamos nos falar enquanto tomávamos banho, cada um no seu, prosseguindo uma conversa que só o barulho da água interrompia; nessa intimidade que, no hotel, muitas vezes, permite a exigüidade dos cômodos e a proximidade das peças, mas que em Paris era bem rara[100].

Aqui, uma exceção à regra da separação binária é aberta em pleno apartamento da Mãe, e a fala que passa assim de um lado para o outro,

---

98. BTP, II, p. 613.
99. BTP, I, p. 762.
100. BTP, III, p. 11.

rompendo barreiras, pode ser vista como a metaforização dessa ultrapassagem perversa.

Podemos pensar que Proust tanto mais sabe que as casas genéricas do masculino e do feminino são significantes inicialmente vazios, em que fazemos entrar os dados de nosso patrimônio simbólico e de nossas idealizações parentais, quanto se interessa por estas figuras artificiosamente construídas que são os dândis, que Baudelaire enchera de roupas e maquiagens, atitudes e poses. De resto, ele próprio foi tido como um dândi, em seu tempo. Nesse sentido, podemos pensar que é o inspirador imediatamente por trás de certo travestismo que ainda nos vem de certas fileiras das vanguardas do século XX, como aquelas em que atuam Marcel Duchamp e Andy Warhol, por exemplo.

É essa crise das categorias sexuais que ampara o espetáculo oferecido pelos Charlus e pelos Albertines, e até mesmo a multiplicação das posições sexuais de Odette, que se presta com perfeição a um número de travesti que dá o que falar no romance. De fato, ficamos sabendo em SW que, muito antes de se tornar a amante de um Tio do Narrador, quando ela ainda era a *Dame en rose*, Odette havia posado para Elstir na pele de "Miss Sacripant" (Srta. Sacripanta!). Trata-se de um retrato perturbador, em que o artista mais querido dos salões do Narrador quis realçar, justamente, a ambigüidade sexual de seu modelo, como lemos ali. Dando-nos a exata noção da percepção que tem Proust da confusão genérica como regra reprimida, nessa antiga versão da *cocotte* que terminaria por fatalizar Swann, Odette surge tão andrógina que o Narrador se pergunta se seria "uma jovem meio masculinizada" ou "um rapaz meio efeminado, vicioso e sonhador?"[101]. Sem mencionar Proust, num poema de *Boitempo* intitulado "Mulher Vestida de Homem", Carlos Drummond de Andrade ensaiou uma resposta à pergunta que o escritor se faz por intermédio do Narrador: não se trataria nem de jovem masculinizada, nem de rapaz efeminado, mas "desgosto do mundo malformado"[102]. O desgosto do mundo malformado é tal em Proust que já existe em JS um visconde de Lamperolles que se traveste usando perucas e montando, ao mesmo tempo, um incrível teatro para esconder o fato:

> Contaram a Jean que [o visconde] tinha 40 perucas de longuras ligeiramente diferentes. Quando chegava na mais comprida, passava sem transição à mais curta, fingindo que tinha cortado o cabelo. E a partir desse dia, como os cabelos crescessem, ia usando, por quarenta dias, uma peruca mais comprida que a outra[103].

---

101. BTP, I, p. 849.
102. "e de mãos dadas vamos/ menino-homem, mulher-homem/ de noite pelas ruas passeando/ o desgosto do mundo malformado". Cf. Carlos Drummond de Andrade, Mulher Vestida de Homem, *Boitempo*, Rio de Janeiro: Editora Nova Aguilar, 2002, p. 963.
103. JS, p. 677.

Uma análise minimamente detida do fraseado no episódio em torno de Miss Sacripant mostra que a adjetivação de Proust – um rapaz "efeminado, vicioso, sonhador" –, aliás, para quem conhece, tão nua e crua, como a de Mallarmé em seu retrato de Rimbaud – de "um adolescente com um quê altivamente empostado, ou maldosamente, de rapariga do povo"[104] –, nada tem de fortuita. Associada a "vicioso", a palavra "sonhador" (*songeur*) entreabre a dimensão imaginária (Proust diz *rêveuse*) da composição. No limite, o que é dito aí é que, sem se deixar intimidar completamente por aquelas sinalizações só aparentemente taxativas que regulam o caminho dos *Cavalheiros* e das *Damas*, desde o alto da porta dos toaletes, muitos passam, em sua vida erótica, pela porta que quiserem[105]. Em BTP até mesmo Odette é uma dessas atravessadoras de limites que abalam as premissas da ordenação sexual. E, mais uma vez, tudo é verdade biográfica proustiana, também neste caso. Estudioso do tema "Proust e a Fotografia", Brassaï notou que um tio de Proust – Louis Weil, irmão da mãe do escritor – deixou, mesmo, uma coleção de fotografias de atrizes, entre as quais havia um travesti masculino de certa Marie Van Zandt, que deve ter mobilizado, em algum momento, a curiosidade do sobrinho. É isso que é reaproveitado e rende em BTP, de tal sorte que, ainda segundo Brassaï, todas as manobras do Narrador para descobrir a verdadeira identidade da Sra. Swann o faz voltar ao retrato de Miss Sacripant[106]. Essa é outra das pesquisas em curso no romance que está fadada a ser interminável, até porque a fotografia, embora figure entre as inovações técnicas que o século XIX movimenta para fazer ciência exata (o que lhe valeria a condenação famosa de Baudelaire, que a vê como um *analogon* perfeito e banal da natureza[107]), é para Proust um instrumento tão ilusionista quanto o caleidoscópio.

Vem dessa percepção aguda e já psicanalítica que tem Proust, de que a identidade sexual é ilusória, um outro veio cômico de BTP, alimentado pelos muitos lapsos, confissões involuntárias, denegações, blefes, fugas ao ponto, indiretas, enfim, dos muitos invertidos aí em ação, principalmente na cena aberta do salão, onde é preciso representar mais, logo, esconder mais. É sob essa pressão que as verdades camufladas escapam, como uma energia tão mais irreprimível quanto represada.

---

104. Stéphane Mallarmé, Arthur Rimbaud, *Quelques médaillons et portraits en pied*, p. 513.
105. Há interessantes desenvolvimentos disso em Adam Philips, Travestismo, *O Flerte*, tradução de Cid Knipel Moreira, São Paulo: Companhia das Letras, 1998.
106. Cf. Gilberte Brassaï, *Proust e a Fotografia*, p. 71.
107. C. Baudelaire, Le public moderne et la photographie, Salon de 1859, *Oeuvres complètes*, op. cit.

Exploremos quatro casos de figura deste outro teatro. Vimos Proust ressaltar o caráter "factício" da própria vida do dândi Robert de Montesquiou, o inspirador de Charlus, que deu sua homossexualidade em representação nos salões. Essa representação continua em BTP. Sem esquecer que tanta atenção da parte do Narrador (ou de Proust) à sexualidade do outro não deixa de projetar um questionamento a respeito de seu próprio sexo, acompanhemos quatro momentos do barão de Charlus, às voltas com um pequeno *lapsus linguae*, quase imperceptível (não fosse o olhar de lince do Narrador), uma denegação *idem* e um exagero retórico suficientemente estrepitoso para nos informar sobre suas intenções inconscientes.

1. Lapso

1.1 Estamos no salão da Sr. Verdurin. A dona da casa convida as damas e os cavalheiros a se servirem pessoalmente de refrescos. É o que faz Charlus. "O Sr. de Charlus foi beber seu copo – conta o Narrador – e logo voltou a sentar-se junto à mesa de jogo, não mais se movendo do lugar. A Sra. Verdurin, nesse momento, perguntou-lhe: 'Não provou da minha laranjada?' Então, o Sr. de Charlus, com um sorriso gracioso, num tom cristalino que raramente tinha e com mil trejeitos da boca e requebros do talhe, respondeu: 'Não, dei preferência ao outro, o refresco de morango, eu acho [*c'est de la fraisette, je crois*], é delicioso'". Comentário do Narrador, que traz a Virgem e Dreyfus ao mesmo tempo à baila:

é singular que certa ordem de atos secretos tenha como conseqüência exterior um modo de falar ou gesticular que os revela. Se um cavalheiro acredita ou não na Imaculada Conceição, ou na inocência de Dreyfus, ou na pluralidade dos mundos habitados, caso queira calar-se a respeito de tais coisas, não se encontrará na sua voz nem no seu olhar nada que deixe transparecer seu pensamento. Mas ao ouvir o Sr. de Charlus dizendo com aquela voz aguda e com aquele sorriso e todos aqueles gestos: '*non, j'ai préféré la fraisette*' [prefiro o refresco de morango], podia-se dizer: 'Que coisa! ele gosta do sexo forte'[108].

2. Denegação

2.1 Deixando de lado seu decoro acadêmico e enveredando pela curiosidade sexual, o Prof. Brichot tenta extrair de Charlus informações sobre a personagem Ski (como o mesmo Charlus tentava extrair do Narrador informações sobre Bloch). Ele lhe pergunta: "Diga-me

---

108. BTP, II, p. 966. Aproveito bastante aqui, embora não a subscreva totalmente, a tradução de Mário Quintana em *Sodoma e Gomorra*, p. 349-350. Barthes trata dessa cena no fragmento La fraisette de seu *Roland Barthes por Roland Barthes*, p. 111. "De repente, a Mulher [com maiúscula] vinha à superfície em Charlus: não quando ele andava com os militares e os cocheiros, mas quando ele pedia, em casa dos Verdurin, com uma voz esganiçada, uma 'fraisette' [refresco de morango]. Seria a bebida *um bom instrumento de leitura*, instrumento que buscasse uma verdade do corpo?".

barão, Ski não *seria*?" O Sr. de Charlus nega o fato, mas tão enfaticamente que sua negação vale por uma afirmação:

> Mas, absolutamente!, bradou o barão, com uma ironia amarga, dogmática e exasperada. O que você está dizendo é de uma falsidade, de um absurdo, de um erro de mira! Ski parece justamente isso que você está dizendo para as pessoas que não conhecem o assunto. Se *fosse*, ele não pareceria tanto, seja dito, sem nenhuma intenção de crítica, pois é um rapaz cheio de charme e o acho até muito simpático.

Brichot insiste: "Mas diga-nos então quem é que *é*". Proust escreve que o Sr. de Charlus endireitou-se, desta feita, com fleuma e respondeu, como se não fosse com ele: "Ah, meu caro, saiba que eu vivo no abstrato, essas coisas só me interessam de um ponto de vista transcendental"[109].

3. Exagero

3.1 Certa noite, na rua, o barão de Charlus encontra-se com o Narrador e Brichot, que voltam juntos de algum lugar, conversando. Ele os aborda ruidosamente:

> Ah, então é assim, Brichot, que você passeia de noite com um belo rapaz? [...] Muito bonito! Vamos contar aos seus alunos da Sorbonne que você não é tão sério assim. Aliás, a companhia da juventude lhe faz bem, Sr. Professor, parece fresco como uma rosa. Bom, sei que os atrapalho, ambos pareciam divertir-se como duas pequenas loucas [*comme deux petites folles*][110].

4. Duplo Sentido

4.1 Em pano rápido, o barão de Charlus ao Narrador: "Do fundo do nosso tonel, como Diógenes, pedimos um homem"[111].

---

109. BTP, III, p. 302 e 308.
110. Idem, p. 207.
111. BTP, II, p. 285.

4. O Romance Dentro do Romance

> *"Como ciumento, eu sofro quatro vezes: porque sou ciumento, porque me reprovo por sê-lo, porque temo que meu ciúme fira o outro e porque me deixo levar por uma banalidade: sofro por ser excluído, agressivo, louco e comum".*
>
> ROLAND BARTHES[1]

UMA REGRESSÃO AO PASSADO DO PASSADO

Alter ego do Narrador pelo judaísmo elegante e pelo dreyfusismo, pela heterossexualidade e pelas mulheres *erradas*, que à força de se repetirem não deixam de levantar suspeitas sobre mais um caso de homoerotismo em BTP, pelo mundanismo artista e até mesmo pelo tipo físico, se levarmos em conta o nariz de judeu, quando ele se manifesta, Swann é a única personagem do romance de Proust a protagonizar um relato em terceira pessoa, com começo, meio e fim.

Intitulada "Un amour de Swann", a abertura da seção em que se narra a história de sua paixão por Odette já atesta essa faceta quase realista, que introduz um enclave de ordem própria e, por isso mesmo, uma ruptura no regime solipsista de Proust. Se as tomarmos em separado, as primeiras páginas dessa espécie de saga romanesca parecem uma introdução a uma boa aventura:

> Assim, quando naquele ano Odette contou ao Sr. Verdurin que tinha travado conhecimento com um homem encantador, o Sr. Swann, e insinuou que o mesmo gostaria muito de ser recebido em sua casa, o Sr. Verdurin transmitiu, ato contínuo, essa pretensão à mulher [...]. A Sra. De Crécy tem um pedido a fazer. Desejava apresentar um de seus amigos, o Sr. Swann[2].

---

1. Roland Barthes, *Fragments d'un discours amourex*.
2. BTP, I, p. 190.

Elas não deixam de sê-lo. Embora misturado às muitas personagens que o Narrador desencava, em meio às suas recordações "torvelinhas e confusas", Swann assume, bruscamente, nessa parte final do primeiro ciclo da suma proustiana, um papel central e sua história ganha foro de fábula moral, até pelo arremate célebre, ou pelo fim desse começo: "E dizer que eu estraguei anos inteiros de minha vida, que desejei a morte, que tive o meu maior amor por uma mulher que não me agradava, que não era o meu tipo"[3].

Para além dos motivos propriamente poéticos que levaram Proust a permitir que as coisas permanecessem assim híbridas no texto do romance, de modo a fazê-lo exprimir, o mais audaciosamente, a sua própria *bricolagem*, essa oscilação entre a ação e a divagação pode ser explicada também pelo fato de Du côté de chez Swann ser o primeiro volume de BTP. Enquanto tal, ele produz-se fora da Gallimard. Ora, muita coisa acontece no período extremamente conturbado que vai de 1913 a 1918, datas que separam SW e RF. Nesse intervalo de cinco anos, há uma guerra mundial que assola a França e uma saída de cena de Proust a considerar[4]. Compreende-se assim que, na volta à ativa do escritor, pelas mãos de uma editora de vanguarda, tudo tenha mudado e que o embrião da história se ramifique agora em ciclos em torno das recordações do sujeito que diz "eu". Muitos estudiosos da gênese do romance proustiano tomaram essas agruras como providenciais e concordaram em dizer que é a inesperada proporção que assumem os cadernos de notas de Proust, enquanto ele não volta à cena editorial, que termina por generalizar o monólogo graças ao qual a narração se torna a única ação palpável em BTP[5].

O próprio nome "Swann" seria uma das provas dessa evolução do texto que Proust não teme exibir, dando seu sonhado livro por um *work in progress*. Sendo uma ligeira modificação da palavra "Santeuil", que

---

3. Idem, p. 382.

4. Sobre os acontecimentos desse período e suas relações com a edição dos tomos seqüenciais de BTP, as informações mais completas estão no capítulo La mort de Saint-Loup do segundo volume do livro de George Painter. Ele se vale do fato de Saint-Loup justamente morrer na guerra para passar da ficção à realidade e traçar a situação enfrentada por Proust, numa Paris que vai sendo desertada pelos que têm posses, e de onde chegam notícias da prisão de quadros da Gallimard, como Jacques Rivière, e do desaparecimento de escritores importantes como Alain Fournier.

5. Dos estudos clássicos sobre essa gênese, citem-se: um dos mais antigos, o de André Maurois, em *À la recherche de Marcel Proust*; e um dos mais recentes, o da sobrinha-neta de Proust, Nathalie Mauriac, pesquisadora do Centre National de la Recherche Scientifique (CNRS), vinculada à área de manuscritos proustianos do Institut des Textes et Manuscrits Modernes (ITEM) dessa importante instituição de pesquisa, e editora do inédito e aqui já citado *Albertine disparue*, que passa tudo isso em revista na apresentação deste volume. Entre nós, Sérgio Buarque de Holanda, que é outro bom conhecedor desses meandros, chama a atenção para o caráter fragmentário do "padrão proustiano" em O *Espírito e a Letra*, II, p. 195-200.

designa a personagem principal do ainda realista JS, ele atestaria uma mesma antiga matriz, com o tempo superada, como acreditam alguns. Isso vale também para a casa de campo de Swann em Tansonville. Claude Meunier observa, a esse respeito, que, tendo sido originalmente pensado para irradiar-se a partir de "Un amour de Swann", vale dizer, do herói Swann, e não do herói Narrador, o romance proustiano está, de início, muito mais atento a Tansonville, onde Swann se refugia, no momento em que começa a perder Odette, que à morada da família do Narrador[6]. Por outro lado, o próprio escritor, em sua correspondência, faz menção a todas essas hesitações, falando-nos de um antigo rascunho de seu romance que, por volta de 1913, tinha três partes encadeadas e uma certa orientação conclusiva: Idade dos nomes, Idade das palavras, Idade das coisas. Elas estavam então arranjadas sob o título geral *Les Intermittences du coeur*[7]. Tantas idas e vindas foram, aliás, decisivas para que, em 1987, por ocasião da descoberta do manuscrito inédito que reformulava toda a história do desaparecimento de Albertine, os franceses não hesitassem em considerar plausível a hipótese, aberta pelo novo texto, de que as modificações introduzidas se destinavam, de fato, a modificar o romance, sempre em processo.

Tudo isso junto faz com que haja na demão final uma desordem que atenta contra a linearidade do texto. A ponto de Gide perguntar-se – já vimos –, antes de dar-se conta da audácia genial que tinha por frente, como podia ele escrever assim.

Dentre as muitas rupturas narrativas, comecemos por observar que, embora referidos como eventos externos, até porque, sendo aquela de quem se fala, a terceira pessoa é, por definição, aquela que não está presente, os amores de Swann e Odette, que o Narrador não presenciou e que não poderiam constituir, por esse motivo, material de sua recordação, acabam sendo outras tantas recordações por ele desenterradas. No turbilhão de BTP, eles viram lembranças que nos são restituídas como se tivessem sido vivenciadas, o que torna tudo estranhamente contemporâneo à época de Combray, quando tudo é de uma época anterior.

Trata-se de um *flashback* que integramos com dificuldade não apenas na lógica do "caminho de Swann" mas na arquitetura geral da obra, até porque a obra em si é um enorme *flashback*, em relação ao qual este primeiro é anacrônico. Essa é uma dificuldade estrutural que aumenta quando paramos para pensar que Odette é a *dame en rose*, isto é, uma velha relação de um tio do Narrador, o Tio Adolphe, com quem ele cruza rapidamente, quando menino, em Paris[8]. Ora, temos

---

6. Claude Meunier, Flores da Nostalgia, *O Jardim de Inverno da Sra. Swann*, p. 140.
7. Cf. a respeito, por exemplo, o Avant-Propos a *Albertine disparue* de Nathalie Mauriac, op. cit.
8. BTP, I, p. 75-79.

aqui mais uma ruptura diegética: como pode Odette aparecer para o sobrinho do Tio Adolphe, em sua infância, se, no tempo em que o Narrador era criança, ela já estava casada com Swann? E se Swann já era casado com Odette quando o Narrador era criança, e já tinha, portanto, caído em desgraça, por causa dela, e se afastado de todo mundo, como se explica que venha jantar na casa da Tia Léonie, na cidade de Combray, atrapalhando o idílio do garoto com a mãe – "nas noites em que estrangeiros ou simplesmente o Sr. vinham em casa, mamãe não subia ao meu quarto"[9] –, e que tias e cocheiros murmurem sobre a grande vida parisiense que parecia que ele levava?

Note-se como já se insinua, nessa frágil amarração dos tempos e dos espaços, a tendência à circularidade e à galeria de espelhos que seria a solução final do romance, e como já é proustiano esse Narrador que, embora ceda a palavra, e deixe o centro dos acontecimentos, pelo tempo que dura a fase áurea dos amores entre Swann e Odette, já tem tudo do memorialista solitário e regressivo que predominaria nos demais ciclos. Só aparentemente linear, "Un amour de Swann" é, na verdade, uma regressão ao passado do passado.

Examinemos mais de perto, por meio dessa história que é menos uma história de amor que uma investigação sobre as leis do amor, que continua, aliás, em todas as outras narradas subseqüentemente em BTP, como já se verifica aí uma quebra do protocolo do romance realista, graças não apenas a uma administração *sui generis* das categorias espaciais e temporais, mas a uma manipulação inédita das personagens, tragadas para dentro do fluxo de (in)consciência da narração.

SER OUTRA PESSOA

Tudo o que se sabia a respeito de Swann, na época em que o Narrador passava férias em Combray, é que ele era a mais discreta, a mais modesta das criaturas, alguém que não conhecia ninguém importante, que não freqüentava a sociedade. É nesse ponto de sua vida que o surpreendemos, pela primeira vez em BTP, em visita à casa da Tia Léonie, nas mediações da qual tinha uma propriedade, com um lindo jardim. Sem saber, ele vem aí atrapalhar a vida do sobrinho da matriarca, porque sua chegada mobiliza toda a parentela, e mais que tudo a Mãe, em detrimento dele.

Tudo isso se passa no mais aprazível dos sítios do interior francês – um "torreão" histórico, na deliciosa tradução de Mário Quintana, mantida por Fernando Py[10] –, ao pé de uma pequena igreja medieval.

---

9. Idem, p. 23.

10. "Aquela peça, de onde, durante o dia se enxergava até o torreão de Roussainville-le-Pin, serviu por muito tempo de refúgio para mim, sem dúvida por ser a única que me permitiam fechasse à chave para todas as minhas ocupações que exigissem

Encimada por um campanário visível de todos os ângulos, de dentro e de fora do lugarejo, e que ainda haveria de servir de assunto para os exercícios poéticos do Narrador, a igrejinha funciona, por ora, como uma baliza secularizante: "Combray, de longe, vista do trem quando ali chegávamos na última semana antes da Páscoa, era uma igreja resumindo a cidade"[11].

Mas esse ponto de referência espacial tem o dom de ser ainda um sinalizador temporal. Tanto assim que, todo domingo de manhã, os sinos do campanário batiam a hora de ir para a missa, e antes disso, de passar pelo quarto da tia acamada, para lhe dar um abraço. São essas visitas ao porto seguro do quarto de Léonie que são, justamente, desenterradas pela *madeleine*, numa precipitação de imagens: a Tia, a casa da tia, a igreja, o campanário da igreja, o jardim do Sr. Swann, as flores do jardim do Sr. Swann. O texto diz:

> E logo, maquinalmente, abatido pela jornada sem graça e pela perspectiva de um triste amanhã, levei aos lábios uma colherada de chá, em que tinha amolecido um pedaço de bolinho. [...] E subitamente, a lembrança me apareceu. Esse gosto era o do pedacinho de *madeleine* que, no domingo de manhã, em Combray, porque nesse dia eu não saía antes da hora da missa, quando ia lhe dizer bom-dia em seu quarto, minha tia Léonie me oferecia, depois de molhá-lo na sua infusão de chá ou de tílias [...][12].

Nesse lado de Swann, todos se conhecem, todos sabem de tudo que acontece com todos. O Narrador ainda projeta (e vê projetar) sobre o mundo um olhar que tem valor identificatório e efeito persuasivo. Nada escapa a uma observação que localiza, identifica, chancela. O menor objeto é (precisa ser) classificado. Assim, só um forasteiro *dépaysé* para não saber diferenciar, por exemplo, entre um cachorro vira-lata que vaga pelas ruas da cidadezinha e o cão de estimação da Sra. Sazerat (outrora uma boa vizinha da Tia Léonie, com a qual toda a família iria cortar relações, no futuro, por causa de suas posições dreyfusistas![13]). O Narrador monologa a respeito:

> Nós conhecíamos tão bem todo mundo em Combray, bichos e pessoas, que, se minha tia via passar um cachorro que não sabia de quem era, ela não conseguia parar de pensar no assunto, e de consagrar ao incompreensível fato seus talentos indutivos e suas horas de liberdade. "Haverá de ser o cão da Sra. Sazerat", dizia Françoise, para sossegá-la. "E eu não conheço o cachorro da Sra. Sazerat!", respondia minha tia[14].

---

solidão inviolável: a leitura, o devaneio, as lágrimas e a volúpia." Cf. *No Caminho de Swann*, p. 18 e 28 para os volumes da Globo e da Ediouro, e as traduções de Quintana e Py, respectivamente.

11. BTP, I, p. 48.
12. Idem, p. 47.
13. BTP, II, p. 151-152.
14. BTP, I, p. 58.

Serge Doubrovski vê nessa necessidade de identificação uma tentativa de domínio do efeito ansiógeno provocado pelo desaparecimento incompreensível dos objetos, a começar pelo mais importante: a Mãe que se distrai com seus convidados[15].

Muitos notaram (e não mais largaram mão da idéia) o caráter idílico dessa primeira visão de mundo proustiana, que nenhuma aflição vem ainda atrapalhar. Até porque nada atrapalha, no começo, a relação fusional do Narrador com a Mãe que o alimenta com seu beijo. O beijo que funciona como comida é uma antiga equação de BTP, que, como todas as coisas antigas, pode até se recuperar, se repetir, mas em tom falseado. É assim que, quando o Narrador passa a viver com Albertine, e enquanto se sente alimentado pelo beijo dela, intervém aquela sinfonia de pregões dos vendedores de verduras embaixo da janela do quarto dos dois. Os tempos de Combray são, nesse sentido, tempos de uma fartura alimentar que nada menos é que uma fartura de amor. Dentro desse espaço-tempo de superalimentação, até o quarto da Tia assume o aspecto de uma enorme torta de maçã:

> O ar aí estava tão saturado da fina flor de um silêncio tão alimentar, tão suculento que eu não podia avançar sem uma espécie de gula [...]. E o fogo [do sol de inverno] que cozinhava como se fosse uma massa os apetitosos cheiros de que se achava coalhado o ar do quarto, que já haviam sido sovados e fermentados pela frescura úmida e ensolarada da manhã, folhava-os, dourava-os, fazendo deles uma imensa torta de maçã [*d'un immense chausson*][16].

Tudo isso é feito para levar alguém a "amar com a boca", notou Julia Kristeva[17]. Não só a amar com a boca, mas a escrever buscando atingir um certo paladar – acrescente-se –, a julgar pela presença do *boeuf-mode* no laboratório do Narrador.

Mas esse paraíso, no entanto, está fadado a ser perdido. Ou não seria o paraíso. Como nos diz o Narrador, que já começa a perder sua sensação de paraíso logo de saída, quando nos diz, na abertura de SW, que não reconhece o quarto em que está, o que significa nada menos que perder o pé, "os verdadeiros paraísos são os paraísos que perdemos"[18]. Assim, uma primeira perturbação da paz local não demora a introduzir-se nesse cenário, e isso tem tudo a ver com Swann, com alimentos e beijos que começam a faltar.

De fato, há uma risível queda dessas alturas, logo na seqüência da abertura de SW, quando já começa a parecer ao Narrador que os beijos da Mãe são para o vizinho que vem jantar, excluindo-o dos "cruéis mistérios" dos serões em que não é admitido. E as coisas tor-

---

15. Serge Doubrovski, *La Place de madeleine*, p. 86-87.
16. BTP, I, p. 49-50.
17. Julia Kristeva, Surimpressions, *Le Temps sensible*, p. 14.
18. BTP, III, p. 870.

nam-se tão rapidamente traumáticas que podemos tomar toda essa abundância inicial de guloseimas e carinhos por preenchimentos sempre insuficientes de uma falta tão precoce quanto irremediável. É como faz Serge Doubrovski, numa bela leitura psicanalítica de uma obra curiosamente pouco alvejada pela psicanálise, dizendo-nos que é quando nada basta, que é preciso muito[19]. Em sua ordem, o superinvestimento na escritura poderia ser visto assim como tentativa de cura da mesma ferida.

Toda a igualmente famosa cena do Narrador em crise exigindo da Mãe, por uma mensagem enviada por meio da empregada, que deixe Swann lá embaixo e suba para consolá-lo é sobre isso: traição amorosa.

> Minha mãe não subiu e, sem consideração alguma para com meu amor-próprio [...] mandou Françoise dizer-me estas palavras: "não tem resposta", que tantas vezes depois eu ouvi porteiros de palácios e clubes transmitirem a alguma pobre rapariga espantada: "Mas como! Ele não disse nada? Não é possível!".

Em seu *Fragmentos de um Discurso Amoroso*, Roland Barthes avalia o grau de estrago dessa não-resposta: "A mãe não está proibida, está foracluída, e eu enlouqueço[20]". É a mesma história de amor enlouquecido e, no limite, risível, que, antes de ser reencenada pelo Narrador em sua vida adulta, vai repetir-se com Swann, que ainda faria – ou melhor, nessas alturas, já fez ou está fazendo – papel de personagem decaído de comédia burlesca, por viver correndo atrás de Odette, que corre atrás de Forcheville, negando-lhe seus beijos e sua alimentação.

SWANN É LEGIÃO

Como o demônio, Swann é legião.

De um lado, ele é alguém que se encaixa perfeitamente no padrão provinciano e sem vaidade do pequeno círculo familiar da Tia Léonie. Trata-se de um mundo modesto, socialmente falando, principalmente depois que a Tia Léonie enviuvou e nunca mais saiu "primeiro de Combray, depois da casa, depois do quarto, depois da cama", onde, hipocondríaca, passa a maior parte do tempo "falando sozinha" ou "pensando alto", como nos conta o sobrinho[21], de quem diríamos, vista disso, que tem assim por quem puxar. É nesse mundo que Swann

---

19. S. Doubrovski, op. cit., p. 40.
20. Roland Barthes, Je t'aime, em *Fragments d'un discours amoureux*, p. 178. A "foraclusão", conceito lacaniano tirado da linguagem do Direito, diz respeito a um mecanismo específico da psicose por meio do qual se produz a rejeição de um significante para fora do universo simbólico. Cf. a respeito, por exemplo, o *Dicionário de Psicanálise* de Elisabeth Roudinesco e Michel Plon, tradução de Vera Ribeiro, Rio de Janeiro: Zahar, 1998, p. 245-246.
21. BTP, I, p. 50-51.

é recebido. Trata-se da primeira roda social de BTP que vemos em funcionamento e do primeiro retrato de Swann. E tudo já se presta aí ao mal-entendido do tipo qüiprocó. Pois tudo se passa como se fosse a família da Tia Léonie que condescendesse em recebê-lo, e não ele em visitá-la. Bom ator, Swann nada faz para mudar esse ponto de vista. Ao contrário, chega sempre carregado de presentes – pêssegos e framboesas de seu pomar e, no Ano Novo, marrons-glacês para as senhoras e belas reproduções de pintura italiana para o garoto que o detesta –, e obedece depressa quando lhe mandam empurrar o piano e virar as páginas das partituras, de pé, ao lado de uma das tias, nas noites em que há cantos na casa. Em plena encenação, não discorda de uma das tias quando ela lhe diz, a propósito dos Guermantes, e expressando com isso a conceito da casa a seu respeito: "é um mundo que não conhecemos, nem o Sr. nem nós, e isso não nos faz a menor falta, não é mesmo?"[22]

Não é de admirar, depois disso, que ninguém ali acredite no que se ouve dizer à boca pequena em Combray: que Swann é um dos homens mais elegantes do Faubourg de Saint-Germain, um dos mais distintos membros do Jocquey Club, um *habitué* das recepções da duquesa de Guermantes, um amigo do príncipe de Gales, um íntimo do conde de Paris (que é o sucessor presuntivo do trono francês!).

É uma visão "um pouco hindu" das castas sociais que faz com que todas essas informações caiam ali no vazio, explica-nos o Narrador. Poderíamos entendê-la como uma forma de cegueira, que é antiga na família, se lembrarmos que já atrapalhava o discernimento da Avó, disposta a não ver a marquesa de Villeparisis, no saguão do Grande Hotel de Balbec – onde as duas senhoras refazem Molière, como vimos –, porque ali estava alguém que, não obstante ter sido uma boa amiga da época da escola, representava um outro lado da sociedade. É a mesma razão pela qual a Tia Céline não acredita em Françoise, quando ela vem lhe dizer que ouviu do cocheiro da família, que o soube por outro cocheiro, que Swann havia jantado na casa de uma princesa. Especialista em falar por perífrases, neste caso, a Tia reage do modo mais direto: "Só se for uma princesa de meia pataca"[23]. É também a razão pela qual a Avó, descobrindo, mais tarde, subitamente, que Swann é amigo da marquesa de Villeparisis, vê nessa amizade uma falha da marquesa, que peca por atentar contra as leis de seu mundo, antes que uma proeza ou um mérito de Swann[24].

Há regimes e regimes de visão em Proust. Vendo as coisas de outro ponto cego, já para os Guermantes, Swann é um aristocrata,

---

22. Idem, p. 18.
23. Idem, ibidem. Tradução de Mário Quintana para "une princesse du demi monde". Já Fernando Py mantém a expressão em francês.
24. BTP, I, p. 20.

no sentido grego de *aristos*: o melhor, o primeiro. Assim, ele brilha em Saint-Germain: faz-se esperar pela duquesa, enquanto corre atrás da última aventura amorosa, dá lições de pintura aos bem-nascidos e ainda se permite algumas licenças poéticas como morar, excentricamente, num velho *hôtel* do Quai Orléans, sutileza que Odette não entende, e mais que tudo, sair com Odette.

Curiosamente, da perspectiva de quem o vê de dentro desta outra situação mundana, o que escapa é o judeu. De fato, vimos que toda Saint-Germain preferia acreditar num boato que aí também corria à boca pequena de que Swann talvez fosse um bastardo do duque de Bérry. Era no que seus amigos elegantes preferiam acreditar, pelo menos até a eclosão do Caso Dreyfus[25]. Ninguém queria ver o judeu, em que pese o Narrador nos falar de seus traços semitas, cada vez mais visíveis.

Estaríamos diante de um humor apenas brando se as coisas parassem por aí. Mas conforme se avança nas páginas de "Um Amor de Swann", sobrepõe-se a estes primeiros vislumbres da personagem um terceiro, que nos dá um outro Swann ainda, o amante e depois o marido de Odette. O que há de insólito com este último é que ele desmente, ao mesmo tempo, os que o punham acima de suas condições e os que o punham abaixo. Seu casamento com Odette, que jamais seria perdoado em parte alguma, faz refluir a bondade de uns – "parece que ele vive aflito por causa daquela tratante" (*coquine*), diz-se em Combray[26] –, e despontar a inclemência de outros – "ele ri do mundo", diz-se no Faubourg de Saint-Germain[27].

Quem leu Proust com atenção sabe que não se trata nem de realismo – o caráter inelutável das diferenças sociais que acabam cobrando seu preço e pondo tudo no lugar, como em Balzac –, nem de melodrama – a busca fracassada de uma ascensão pelo casamento, como em Dumas Filho, justamente citado em TR a propósito do fato de que para a duquesa de Guermantes, Madame Verdurin continuava sendo Madame Verdurin, mesmo depois de atravessar a barreira de classe e de se fazer desposar por seu cunhado, o príncipe de Guermantes[28].

Não que a mobilidade social, que está no horizonte do século XIX, não esteja contemplada em Proust. Ao contrário, podemos pensar que a arrogância da duquesa serve aí principalmente para assinalar o caráter retrógrado do extrato social que ela representa. Por outro lado, os leitores de BTP também sabem dos casamentos de conveniência entre nobres e judias ricas que começam a se suceder a partir de determinado ponto, e do mais espantoso deles, porque faz Combray cruzar diretamente com Guermantes: o casamento da filha judia de

---

25. Ver segundo capítulo, p. 82.
26. BTP, I, p. 34.
27. Idem, p. 270.
28. BTP, III, p. 996.

Swann (Gilberte) com o sobrinho oficial de alta patente da duquesa (Saint-Loup). Um ponto adiante, é a própria Odette quem vai se tornar uma perigosa rival da duquesa e a amante do duque de Guermantes, fazendo o Narrador apelar para Molière, como vimos, para dar conta de tanta novidade.

Mas mais que um romance saído do molde oitocentista, "Um Amor de Swann" é um "jogo de espelho cubista", para usar uma expressão feliz de Julia Kristeva[29]. De fato, como alguém que, conduzido ao topo da vida social pelo viático das artes, havia ficado aquém ou além do preconceito, Swann poderia perfeitamente ter promovido sua eleita. Mas ocorre que ele decai juntamente com Odette. Nesse movimento, despenca menos de sua posição que de seu lugar à parte, da lógica que justamente o mantinha livre de considerações sobre a sua posição. A sociologia de Proust é mais complexa. "Tenho a impressão de ir ao encontro de outro pessoa bem diferente quando, do Swann que conheci mais tarde, passo ao primeiro Swann"[30], nos diz o Narrador.

São "erros de continuidade" – como se diria em cinema – perfeitos para falar do que seja um *judeu errante*.

O AMOR TIRA PEDAÇO

Vimos que, seja qual for o tipo de descarga prazerosa que proporciona, o riso economiza sempre alguma informação: um pensamento inoportuno, um sentimento ruim, a insinuação de um desejo. Por serem tão errantes, as personagens de Proust têm o dom de economizar os dados da realidade, quando ela insiste em ser real demais. É então que elas se tornam particularmente cômicas.

Antes de Swann começar seu romance com Odette, o Narrador já surge em BTP como mestre nessa arte de escamotear. Assim, por exemplo, ele é o protagonista de uma pequena cena cômica no *hall* do Grande Hotel de Balbec, ao chegar para a temporada de verão, quando sua Avó se põe a reclamar dos preços do hotel e a pedir um desconto ao Diretor, um burguês subserviente e rendido ao poder do dinheiro, que passa a desprezá-lo, depois disso. No ato, para fugir da humilhação, que faz ele? Desvia o curso de seus pensamentos, como as personagens do anedotário freudiano: "Eu tratava de emigrar para pensamentos eternos, sem deixar nada sobrar de mim no lugar, nada na superfície de meu corpo, como esses animais que fingem de mortos"[31].

É o que também acontece com Swann. Alguém lhe diz que, no passado, em Nice, Odette era sustentada por seus amantes. Ele se per-

---

29. J. Kristeva, op. cit., p. 327.
30. BTP, I, p. 19.
31. Idem, p. 663.

gunta se sustentá-la não é o que vem fazendo desde sempre e, o que é pior, se o amor dela não cessaria caso cessasse a ajuda financeira que lhe aporta o tempo todo. Diante desses pensamentos insuportáveis, ele simplesmente *desliga*. Trata-se de uma pane literal, que o Narrador nos explica assim:

> [Swann] não pôde aprofundar tal idéia pois um acesso de preguiça mental, que era nele congênito, intermitente e providencial, veio, nesse momento, apagar toda a luz de sua inteligência, tão bruscamente quanto, mais tarde, depois de instalada a luz elétrica por toda parte, se poderia cortar a eletricidade numa casa. Seu pensamento apalpou por um instante a obscuridade, ele tirou os óculos, limpou as lentes, esfregou os olhos e só voltou a enxergar quando se viu diante de uma idéia bem outra, a de que tinha que pensar em mandar uns seis mil francos a Odette, no mês seguinte, em vez de cinco, pela surpresa e pela alegria que isso lhe causaria[32].

René Girard sugeriu que víssemos uma marca da literatura moderna nesse tipo de situação, em que a personagem engana a si mesma, sem precisar de nenhum apoio externo. Lembrou-nos que esse já era o caso de Dom Quixote, instigado pelo seu próprio imaginário, de Madame Bovary, intoxicada por suas leituras, de Dostoiévski, cujos heróis são sempre perseguidos por demônios interiores, e dos duplos de Proust. Nesse sentido, notou que o próprio esnobismo proustiano nos remete à temática da duplicidade, já que o esnobe vive eternamente assombrado por um modelo fantasmático a cujo prestígio aspira e que traz dentro de si[33].

Na narração desse inferno em que o perseguidor e o perseguido se confundem, "Um amor de Swann" vai da *bile negra* ao riso escancarado.

Relembremos alguns dos melhores golpes de cena desse romance dentro do romance.

Desde o início as coisas já são duplas. Assim, recapitulando as muitas aventuras passageiras de Swann com mulheres dos mais diferentes estratos sociais, que ele escolhia, habitualmente, pelo aspecto físico, como quem aplica a arte às coisas do amor, e lhe ocorria levar às casas de suas amigas importantes, que não o impediam de fazê-lo, porque sabiam que ele não as levava a sério, o Narrador nota como, por ocasião de seu encontro com Odette, certa noite, num teatro, ele nada viu nela de interessante, esteticamente falando.

O texto diz:

> Mas enquanto cada um de seus flertes ou ligações havia sido para ele a realização mais ou menos completa de um sonho nascido da visão de um rosto ou de um corpo que havia espontaneamente, sem fazer esforço, achado atraente, quando, um dia, no teatro, foi apresentado a Odette de Crécy por um de seus amigos de outrora, que lhe

---

32. Idem, p. 268-269.
33. René Girard, *Mensonge romantique et vérité romanesque*, p. 100.

havia falado dela como de uma bela mulher, com quem poderia vir a ter alguma coisa, mas dando-a por mais difícil do que era na realidade, para parecer estar fazendo algo de realmente amável, ela afigurou-se a Swann, não por certo sem beleza, mas de um tipo de beleza que lhe era indiferente, que não lhe inspirava nenhum desejo, que lhe causava até mesmo uma espécie de repulsão física, dessas que todo mundo tem por algum tipo de mulher[34].

Aproximemos mais essa primeira imagem. Insistindo na maneira como Odette contraria a natural inclinação de Swann por belezas mais regulares e voltando a essa primeira impressão, o texto diz ainda:

para lhe agradar, ela tinha o perfil muito incisivo, uma pele muito frágil, as maçãs do rosto muito salientes e os traços muito retesados. Seus olhos eram belos, mas tão grandes que, deixando-se vencer por sua massa, fatigavam o resto do rosto e davam a impressão de que ela estava cansada ou de mau humor[35].

Avancemos ainda mais sobre esse rosto. Ao voltar a encontrá-la, depois, por insistência dela, Swann se decepciona novamente. O texto diz:

Odette de Crécy voltou a procurar Swann, depois amiudou as visitas, e sem dúvida, cada uma delas renovava para ele a decepção que lhe causava esse rosto, cujas particularidades havia esquecido no intervalo e que não recordava tão expressivo nem, apesar de sua juventude, tão desmaiado [*fané*]; ele lamentava, enquanto conversavam, que a grande beleza que tinha não fosse do tipo que teria espontaneamente preferido[36].

Isso antecipa muito das experiências estéticas perturbadoras que se recolhem numa frase famosa do Narrador: "Deixemos as mulheres bonitas para os homens sem imaginação"[37]. Na *petite bande* da praia de Balbec, Albertine, com seu perfil de caricatura leonardesca, por quem ele termina perdidamente apaixonado, não é a mais bela, a mais bela é Andrée, pela qual ele só se interessa momentaneamente. Mas antes de Albertine, a lei das mulheres feias para os homens com imaginação já valia para a duquesa de Guermantes, que o muito jovem Narrador descobre fisicamente vulgar quando a vê pela primeira vez:

Era ela! Minha decepção era grande [...]. Nunca teria imaginado que pudesse ter um rosto vermelho, trazer uma gravata malva como a Sra. Sazerat, e o oval de sua face tanto me recordou o de pessoas que já tinha avistado em casa, que tive um começo de suspeita, logo dissipada, de que aquela dama, em seu princípio gerador, em todas as suas moléculas, talvez não fosse substancialmente a duquesa de Guermantes, e que seu corpo, ignorando o nome que era atribuído, pertencia a um certo tipo feminino que compreendia também as mulheres de médicos e de comerciantes[38].

---

34. BTP, I, p. 195-196.
35. Idem, ibidem.
36. Idem, p. 197.
37. BTP, III, p. 440.
38. BTP, I, p. 175.

Num artigo dos anos de 1970 sobre Proust para a revista *Poétique*, Jean-Bellemin Noël é de opinião que esses rostos assim repudiados, porque repudiados, estão, no fundo, interditados, devem encerrar alguma lembrança do rosto materno[39]. No caso de Odette, essa hipótese psicanalítica encontra reforço no fato de que, ao entrar na vida de Swann, ela já está com uma certa idade, ou está *fanée*, como ele não deixa de perceber. Mas esse não é o único índice de um rosto materno que os olhos do amante apreendem. Um outro é a associação um tanto ou quanto forçada que ele faz entre Odette e a Séfora de Botticelli, que é a filha de Jetro dada a Moisés, logo a mulher do patriarca, a mulher do grande pai bíblico:

> Uma outra visita que ele lhe fez teve mais importância talvez. Dirigindo-se a sua casa, naquele dia, como fazia cada vez que devia vê-la, ele a representava para si mesmo, de antemão; e a necessidade que tinha, para achar seu rosto bonito, de limitar unicamente às bochechas, rosadas e frescas, a face, que tão freqüentemente se apresentava amarela e cansada, salpicada, às vezes, de manchinhas vermelhas, o afligia como uma prova de que o ideal é inacessível e a felicidade medíocre [...]. Mas dessa vez, adoentada e desalinhada, ela impressionou Swann pela semelhança com a figura de Séfora, a filha de Jetro, que vemos num afresco da Capela Sistina [...]. Ele felicitou-se pelo fato de que o prazer que tinha em ver Odette encontrava justificativa em sua cultura estética. Colocou sobre a sua mesa de trabalho, como uma fotografia de Odette, uma reprodução da filha de Jetro[40].

Edmund Wilson viu, com razão, nessa maneira de Swann referir-se, por um momento, a seus próprios conhecimentos artísticos, o sinal da "subjetividade trágica do amor", e não isentou essa tragédia de ser uma comédia. Trata-se para ele de uma associação "trágica e ridícula"[41].

Mas uma outra pista da mãe a considerar, ainda, já que Odette tem pela frente um passado de prostituta em Nice, é aquela a que nos levam os embaralhamentos da linha terna e da linha sensual freudianas. Os homens tendem a desejar as mulheres que não idealizam e a idealizar as mulheres que não desejam, nos diz Freud num de seus mais duros textos sobre as ilusões do amor. Há um complexo familiar que se projeta nessas escolhas[42]. Nessa trama em que o objeto nunca entra verdadeiramente, Odette está principalmente contemplada na primeira hipótese. Para Swann, era preciso que ela fosse o avesso da mulher respeitável: uma *cocotte*. Prova disso é o alívio que ele sente em pagá-la, ainda que também se diga que o que faz não é pagá-la. O

---

39. Jean-Bellemin Noël, Psychanalyser le rêve de Swann, *Revue Poétique*, 8, 1971. Retomado em *L'Inconscient du texte*.

40. BTP, I, p. 223-225.

41. Edmund Wilson, *O Castelo de Axel*, p. 149.

42. Referência às três *Contribuições à Psicologia do Amor* de Freud: Um Tipo Especial de Escolha de Objeto Feita pelo Homem; Sobre a Tendência Universal à Depreciação na Esfera do Amor e O Tabu da Virgindade.

Narrador observa: "Ele abençoava [...] sua situação, sua fortuna, de que ela precisava demais para não recuar diante de uma ruptura"[43].

Outra confirmação desse amor construído fora da corrente afetiva está no fato de que o desejo de Swann precisa do ciúme, isto é, da presunção da traição, para existir. Neste quadro depreciado da mulher-prostituta, os ciúmes estão dados, de saída. É, aliás, isso que tira Swann de circulação, transformando seu mundanismo em misantropia. "Como não ser um misantropo quando em todo homem vive um possível amante de Odette?", pergunta o Narrador[44]. Completando seu pensamento, poderíamos, mesmo, nos perguntar como não ocorre a Swann a idéia de trancar Odette, como faz o Narrador com Albertine, que termina ocupando um quarto em sua casa, bem ao lado dos aposentos da Mãe, feita assim de objeto parcial, afeto ao corpo dela, como bem notou Deleuze[45].

Sem descartar (nem desenvolver) nenhuma dessas leituras possíveis, aqui nos contentaremos apenas em assinalar alguns dos pontos altos do furor amoroso de Swann, despertado de sua indiferença *blasée* por essa contra-imagem de Odette a caminho da maturidade e da maternidade, notando que ela nos distancia do padrão da cortesia amorosa, cujo emblema é o *Werther* de Goethe, não por acaso tão citado nos *Fragmentos de um Discurso Amoroso* de Barthes. Em Goethe, olha-se de outro modo, o olhar que pousa sobre Charlotte não a desintegra nem a denigre, mas a consagra. O quadro imaginário é mais benigno. Barthes escreve: "Descendo da carruagem, Werther vê pela primeira vez Charlotte (de que se enamora) enquadrada pela porta de sua casa (ela corta pão para as crianças, cena célebre, sempre comentada): o que amamos primeiro é um quadro"[46].

Embora se morra de paixão em Goethe, é em Proust que o amor tira pedaço. No enquadramento proustiano, troca-se o arrebatamento do sujeito amoroso pela imagem inteira e boa do outro (e a velha história do cômputo das afinidades eletivas, que faz Barthes dizer ainda que o encontro entre Bouvard et Pécuchet é uma história de amor[47]) por uma outra versão da *cara-metade*. Já não estamos mais no âmbito das projeções idealizantes em que o sujeito se reconhece em seu objeto, mas no movimento fragmentário de uma mirada que esquadrinha e retalha[48]. O objeto é convertido na imagem de sonho ou pesadelo

---

43. BTP, I, p. 354.
44. Idem, ibidem.
45. Gilles Deleuze, Série et groupe, *Proust et les signes*, p. 97.
46. R. Barthes, Ravissement, *Fragments d'un discours amoureux*, p. 227.
47. Idem, p. 235.
48. Mais contemporâneo, um outro exemplo disso é o olhar do herói de *Vertigo* de Hitchcock. "O filme de Hitchcock é uma peça de ourivesaria, porque a mulher que o herói-artesão assim entalha [roupa, jóias, cabelo, penteado, sobrancelhas, maquiagem... e mais o quê?], à imagem e semelhança de uma outra que o cativara e que

sob a qual pode ser amada: os traços muito acentuados, a pele sem frescor, as bochechas rosadas, o tipo de perfil de Odette.

Tudo isso é uma cruel fotografação. Como perseguidor de um retrato da duquesa de Guermantes, depois de um outro de Albertine, o Narrador é herdeiro do modelo desse amor agressivo por fotos. De algum modo perturbado, ele sabe que deter a fotografia de quem se ama tem parte com uma revanche amorosa contra aquela que faz sofrer. A ansiedade em relação à posse da fotografia assemelha-se aqui à ânsia de tirar fotografias, para Susan Sontag, "a mais delicada de todas as atividades predatórias"[49].

CLOSE READING

A agitação de Swann em torno de uma Odette que escapa – que só interessa porque escapa – pode assumir ares de comédia burlesca.

Tudo isso passa pelo *petit noyau* – expressão recorrente em "Um Amor de Swann", que Mário Quintana e Fernando Py traduzem por "pequeno núcleo", mas que também poderia ser traduzida, menos fiel e mais eficientemente, por "pequena roda" ou, simplesmente, por "roda" ou "rodinha" – em que se constitui, para Swann, o salão dos Verdurin, onde ele a persegue.

Repetem-se aqui, nesta outra sociedade, todos os mal-entendidos de Combray. Assim, vemos toda essa roda burguesa e, até prova em contrário, ressentida subir em sua consideração, quando as coisas vão bem com ela, e decair, comicamente, quando elas não vão. Os exemplos não faltam. Os "fiéis" dão parte a Swann de seu desprezo pelos "maçantes" (os *ennuyeux*) dos Guermantes, e Swann aquiesce, como se não pertencesse ao mundo Guermantes. Alguém lhe diz que a princesa de Sagan, sua amiga, é "grotesca"[50], e ele concorda, como já concordava com a Tia Céline em que não valia a pena conhecer princesa nenhuma. Daí também ele adotar o gosto do meio, trocando o *esprit* dos Guermantes pelos gracejos pesados do Dr. Cottard, e tomando por sincera a afetação da "Patroa", que leva sua melomania ao ponto de passar mal ao ouvir o pianista tocar. O Narrador ironiza essas rudes maneiras: "Se o pianista quisesse tocar a 'Cavalgada' da *Walkíria* ou o 'Prelúdio' de Tristão ela protestava: 'Como, então fazem questão de que fique com enxaqueca?'" E fazendo o coro, nos dá a medida da conivência de Swann: "E como as qualidades que acreditava intrínsecas aos Verdurin nada mais eram que o reflexo sobre eles dos prazeres que lhe havia dado em casa deles seu amor por Odette,

---

ele crê morta já era o tempo todo a própria morta [...]". Cf. Ricardo Goldenberg, O Ameaçado, *Sobre o Desejo Masculino*, São Paulo: Ágalma, 1995, p. 22.

49. Susan Sontag, Objetos de Melancolia, *Sobre Fotografia,* p. 69.
50. BTP, I, p. 188.

tais qualidades tornavam-se mais profundas, mais vitais quando com esses prazeres acontecia o mesmo". Assim, podemos surpreender Swann dizendo para si mesmo, quando deixa essa roda para dirigir-se a algum jantar com algum príncipe: "Prefiro mil vezes os Verdurin". E repetindo: "Como é verdadeira, no fundo, a vida que ali se leva. Como se é mais inteligente, mais artista ali que na alta sociedade! Que amor sincero à pintura e à música tem a Sra. Verdurin, apesar de seus pequenos exageros um tanto ridículos"[51].

Sabendo que a crítica moderna nasce nos rodapés dos jornais do século XIX para interpretar as obras de arte, de modo a torná-las compreensíveis para o público burguês, e que os Verdurin são mecenas que representam, justamente, essa burguesia ilustrada pela freqüentação das artes, que é capaz de cultivar os artistas mais difíceis e enigmáticos, num período que está cheio deles, a apologia do salão Verdurin, embora se constitua em mais um erro de Swann, talvez não seja assim tão infundada. Mas, na prática, isso gera uma situação duplamente cômica. Primeiro, porque temos, nesse caso, um erro de mira que, no fim das contas, é um acerto. Segundo, porque, toda vez que se sente traído por Odette, Swann se dessolidariza, de imediato, do círculo dela, volta à primeira posição e, de súbito, passa a ver os Verdurin com as lentes reacionárias dos Guermantes.

De fato, tudo pode reorganizar-se em função de um flerte entre Odette e o marquês de Forcheville, que toma proporções. Aí, então, sentindo-se preterido, Swann enxerga de outro modo o espetáculo da sociedade com que passou a comungar. O texto diz: "Ele via o pianista preparar-se para tocar a sonata *Clair de lune* e as caretas da Sra. Verdurin, antevendo que a música faria mal a seus nervos: 'idiota, falsa!', pensava Swann consigo, 'e isso acha que sabe admirar a Arte'". É o oposto simétrico, e tanto mais cômico, da situação anterior, como se pode ver também aqui:

> Em suma, a vida que se levava em companhia dos Verdurin, e que ele havia tantas vezes chamado de "verdadeira vida" lhe parecia a pior de todas, e a pequena roda, o último dos patamares. "É verdadeiramente o que há de mais baixo na escala social, o último círculo do inferno de Dante"[52].

Para a prosperidade de tanto mal-entendido – e da incomunicabilidade no amor, que é um dos temas e um dos lemas de Proust –, a recíproca é verdadeira. Também aos olhos de Odette Swann decai. Assim, se ele lhe havia parecido, inicialmente, o mais inteligente, o mais culto, o mais artista dos homens, para não se falar no dinheiro e na sua ótima situação, ela agora o percebe como um intelectual inferior, incapaz de fazer frente a Forcheville, impressão para a qual ele é o primeiro a

---

51. Idem, p. 248.
52. Idem, ibidem.

contribuir, pois já sabemos que seu estilo Guermantes o impede de fazer alarde de seus dotes. Assim, por exemplo, quando, certa noite, em casa dos Verdurin, a conversa recai sobre a definição de inteligência, e Forcheville pergunta a Swann o que ele pensa do assunto, é ela quem responde: "Eis aí! eis aí as grandes coisas de que lhe peço que me fale, mas ele nunca me diz nada". A crítica deixa Swann ainda mais sem ação e dá margem a este trocadilho do Dr. Cottard: "quem nada é peixe"[53].

Bom comediógrafo, Proust sabe jogar, ao mesmo tempo, com o diálogo de surdos e com a figura caricata do médico na pele do mundano. Mas em matéria de drama burlesco, "Un amour de Swann" tem ainda coisas melhores.

Os ciúmes proustianos, que se alimentam, como vimos, da consagração de um rival que é um perseguidor interno, são sempre responsáveis, em BTP, por boas cenas cômicas. Acompanhemos dois momentos, nesse sentido exemplares, de Swann, às voltas com o fantasma de Forcheville. Eles são tão mais insólitos quanto invertem o mesmo princípio de funcionamento. Trata-se, no primeiro caso, de uma espécie de alucinação positiva, em que ele acredita estar tendo a prova do que suspeita, embora não esteja diante de nenhum fato concreto, e no segundo, de uma alucinação negativa, em que não toma consciência da prova que encontrou.

1. O Sujeito Vê o que não Há

1.1 Certa noite, Swann acompanha Odette até em casa. Mas não é convidado a entrar, Odette lhe diz que está indisposta. Ele aceita a explicação e vai embora. Mas ao chegar em casa, ocorre-lhe a idéia de que Odette mente, de que apenas simulara cansaço, de que devia estar esperando por alguém, Forcheville, na certa. Ele volta à casa dela, em plena noite. Confundido pelo sono e pelas sombras, e além do mais previamente convencido da traição que supõe, parece-lhe que vê pessoas que se movimentam por detrás da janela que julga ser a da casa de Odette. Enlouquecido, vai em frente, invade a entrada da casa, sobe até o peitoril da janela e se põe a bater. Dois estranhos aparecem. Não era a janela de Odette, mas a do vizinho.

Dono de um senso da peripécia que os leitores de seu tempo não estavam acostumados a encontrar nos romances *sérios*, Proust escreveu:

[Swann] sofria ao ver aquela luz, em cuja atmosfera de ouro se movia, por trás dos postigos, o par invisível e detestado; sofria ao ouvir aquele murmúrio que revelava a presença do homem que chegara depois de sua partida, a falsidade de Odette e o prazer que

---

53. Idem, p. 260. O *jeu de mot* de Cottard é intraduzível: "Cette blague", diz Odette, e ele responde: "blague à tabac". Assim, valho-me da solução de Mário Quintana, mantida por Fernando Py. Cf. *No Caminho de Swann* das edições Globo e Ediouro às p. 254 e 210, respectivamente.

ela ia ter com esse homem. [...] Prestes a bater nos postigos, teve pejo, por um momento, ao pensar que Odette ia saber que tivera suspeitas, que voltara, que se postara na rua. [...] Mas o desejo de conhecer a verdade era mais forte e pareceu-lhe mais nobre. [...] Ergueu-se na ponta dos pés, bateu. Não tinham ouvido, bateu de novo, a conversa parou. Uma voz de homem, que ele procurou descobrir a qual dos amigos de Odette pertencia, indagou: "Quem está aí?" Não tinha a certeza de conhecer essa voz. Foi aberta a janela, depois os postigos. [...] Olhou. Diante dele, à janela, achavam-se dois senhores idosos, um dos quais segurava um lampião, e então viu o quarto, um quarto desconhecido. Acostumado, quando ia à casa de Odette, em horas avançadas, a reconhecer sua janela por ser a única iluminada, entre as outras janelas idênticas, enganara-se e batera à janela da casa vizinha[54].

2. O Sujeito não Vê o que Há

2.2 Outra vez, Swann resolve passar pela casa de Odette numa hora em que nunca a visitava. O porteiro lhe diz que ela não está. Swann toca a sineta e, de fato, ninguém responde. Ele trata de espiar para dentro da casa através da janela, mas nada consegue ver. Vai embora, mas, como sempre fazia, resolve voltar. Toca novamente. Dessa vez, Odette abre. Ela lhe diz que estava dormindo, e o convida a entrar. Ele nota, então, que ela se esforça por ser gentil, mas que está estranha, e que há uma sombra dolorosa em seu rosto. Isso provoca nele uma enorme desconfiança. A situação prolonga-se insuportavelmente, até que se resolve da maneira, dramaticamente, menos esperada. A horas tantas, ouve-se o ruído de uma porta que se abre e se fecha, e o barulho de um carro que parte. Odette põe-se a falar, nervosamente, como para encobrir com sua voz todos esses sinais suspeitos.

Mas neste caso, em que os sinais são materiais e se acumulam surpreendentemente, a agitação de Swann reflui. O Narrador nos explica que o barulho ouvido denunciava, provavelmente, a chegada da pessoa que Odette estava esperando, e com a qual Swann não devia se encontrar; daí o porteiro ter-lhe dito, quando de sua primeira irrupção, que ela não estava em casa. A mesma explicação certamente fora dada ao outro, que chegou depois e acabou batendo em retirada. Diante de tudo isso, que é mais que suspeito, Swann torna-se subitamente compreensivo e se revela muito mais preocupado com Odette do que consigo mesmo. O Narrador pondera:

> Pensando [consigo] que bastava ter vindo numa hora diversa da habitual para estorvar tantas coisas que Odette não desejava que ele soubesse, experimentou um sentimento de desânimo, quase de desespero. Mas como amava Odette, como tinha o hábito de lhe dirigir todos os seus pensamentos, a compaixão que poderia ter por si mesmo foi por ela que a sentiu, e murmurou: "Pobre querida"[55].

Comprovada, a traição deixa de ser uma maquinação do sujeito, torna-se real demais e pode, assim, paradoxalmente, se desrealizar. A

---

54. Idem, p. 274-275.
55. Idem, p. 281.

energia delirante reflui diante de provas demasiadamente materiais. Ao sujeito perverso interessam apenas sinais, signos que o mantenham entretido nessa operação voltada contra ele mesmo que são os ciúmes.

Temos uma continuação disso em AD, onde o Narrador encarrega, seguidamente, seus amigos, Aimé e Saint-Loup, de levantarem provas a respeito das relações de Albertine com algumas moças de que também desconfia, e os resultados mais que positivos dessas expedições também o deixam frio. "O que o Sr. supunha é absolutamente certo", manda dizer Aimé. Como resposta, ele troca de espião, envia Saint-Loup no lugar de Aimé e termina por descrer do próprio Saint-Loup[56].

Falta dizer que, em sua queda, Swann termina falando a língua de Odette. De fato, muitos anos depois dos acontecimentos relacionados a Combray, o Narrador descobre, em Paris, ao visitar o casal, sua nova maneira de falar, pontuando as referências a pessoas de pequena projeção que visitam sua mulher, como se precisasse desses trunfos, e apegando-se às honrarias republicanas, quando, no passado, soubera desprezar as palacianas. Nessa sua nova e implausível situação, eis como ele lhe fala, por exemplo, de uma das amigas de Odette, cujo marido é Chefe de Gabinete de algum ministério: "Parece que é uma capacidade, um indivíduo de primeira ordem, ele é oficial da Legião de Honra"[57].

E isso nos prepara para terminar na velha cozinha proustiana.

Quando, numa outra oportunidade, o Narrador volta à residência de Swann e Odette, para ver Gilberte, a filha dos dois, por quem caiu apaixonado, a dona da casa não está. Ela demora a voltar de uma incursão à costureira e o marido se desculpa como pode: "Que fazer, minha pobre mulher nunca soube o que é a hora. Dez para a uma! A cada dia ela está mais atrasada. E você vai ver, ela vai chegar sem nenhuma pressa, pensando que está adiantada".

O Narrador arremata: "E como ele [Swann] agora padecesse de uma artrite e também do fato de ter-se tornado algo ridículo, ter uma mulher que se demorava no Bois-de-Boulogne e esquecia da vida na costureira era algo só suscetível de incomodá-lo *por causa de seu estômago*, mas que o lisonjeava em seu amor-próprio"[58].

Neste andamento, passamos da crise de ciúmes, e da enorme ansiedade que o ciúme traz consigo, ao desejo que se esfuma e ao riso amarelo que o comenta.

---

56. BTP, III, p. 511-520 e 434-448.
57. BTP, I, p. 512.
58. Idem, p. 527. Grifo meu.

Arremate

Neste trabalho tentou-se mostrar como Proust libertou-se das correntes de força da literatura francesa que, no momento de sua estréia, o imobilizavam dramaticamente, levando-o ao jogo dos pastiches e a descartar manuscritos, até chegar àquela saída tão sua que consistiria em fazer de seu livro uma soma dessas buscas e uma reflexão sobre o processo criador. Quis-se também sugerir que é menos aos laboratórios do romance francês da virada do século XIX e mais a uma linha de tradição baudelairiana que vai dar no grande simbolismo a que se liga essa suspensão do romance. Se nos simbolistas ela já assume uma feição assombrosa, no romance de Proust, essa crise, que Mallarmé chamou de *exquise*[1], envereda por uma comédia a que o salão e as *coteries* enlouquecidas que aí contracenam se prestam particularmente e que pode ser, às vezes, de um "cômico absoluto", como Baudelaire a preferia.

À guisa de conclusão, acrescentamos aqui uma nota suplementar sobre a mistura de gêneros, não só literários, em que todo esse riso toma pé.

Vimos o Narrador convocar Françoise a seu ateliê de trabalho, rebaixando a *imagerie* elevada da arquitetura gótica, da literatura de Bergotte, da música de Vinteuil e da pintura de Elstir. Voltamos aqui à cozinha de Françoise, para tentar uma última articulação entre o trabalho das mulheres e o do Narrador.

---

1. Stéphane Mallarmé, Crise de vers, *Oeuvres complètes*, p. 360.

SAINT-SIMON DE SAIAS

Sabemos que Proust, sexualmente ambíguo como suas personagens, chegou a apaixonar-se, seriamente, pelas mulheres que o receberam em seus salões, na virada do século retrasado, e admirou, em muitas delas, o talento de escritora. Independentemente de tê-la idealizado além da conta, já que foi uma poeta menor, de que não nos lembramos hoje não fosse o seu famoso admirador, a princesa Anna de Noailles foi uma dessas mulheres de letras por ele enaltecidas, tanto é que o escritor a pastichou. Madame Strauss, na companhia de quem ele descobriu o modelo de Françoise, numa noitada teatral decisiva, foi outra. Mas há muitas mais, de melhor conceito, que figuram ao lado dessa aristocrata versejadora e dessa *femme du monde*, na vida e na obra de Proust.

Desafiando os muitos pais-escritores aí em destaque, muitas artistas disseminam-se pelo romance proustiano. Citada nove vezes, George Sand é a querida autora dos romances campestres – *François le Champi*, *La Petite Fadette*, *Les Maîtres sonneurs* –, que o Narrador amava ganhar de presente da Mãe, na época do Ano Novo. Já por isso, ela pertence naturalmente a esse círculo letrado. Mas a impressão que deixa no Narrador vai além dessas primeiras leituras pueris. Há um longo comentário sobre esses romances, quase no final de BTP, em que ele revê a idéia que se disseminara, de que seriam ingênuos e *feminis*, e os considera, ao contrário, inesquecíveis porque são cheios de sensibilidade e mistério. Notando que eles passam longe do realismo, é bem nesse momento que ele chama de "miserável" a descrição realista das coisas[2].

Diante dessa reconfirmação de uma antiga preferência, assim *in extremis*, e ainda por cima nesses termos, poderíamos nos perguntar se Proust não teria algo a ver com essa memorialista em quem Céline percebeu um Saint-Simon de saias e que ele pôs junto com Saint-Simon na linha de mira de Proust. E não só pelo seu anti-realismo, que faz dela uma idealista e explica a sua conhecida revolta contra a sociedade patriarcal e a sua luta por um mundo melhor (tudo o que repercute, aliás, em George Eliot, a escritora inglesa traduzida por Andrée, também escondida atrás de um nome de homem). Nem só pela sua *Histoire de ma vie*, que a faz preceder Proust como *biografóloga* no século do romance. Mas porque tudo isso vai de encontro às idéias feitas de um século que, amparando a estética naturalista na ciência, a tomou por viril, dando a sensibilidade e o mistério por coisa feminina[3]. George Sand foi objeto de reservas, bem lembradas pelo Narrador, que envolveram seu sexo. São as mesmas que levaram Proust, tachado de efeminado, a bater-se em duelo.

2. BTP, III, p. 885.
3. Cf. Naom Schor, Un scandale d'anti-réalisme, em Denis Hollier (org.) *De la littérature française*, p. 617-618.

Reverenciada pela avó e pela mãe do Narrador (o que equivale, muito provavelmente, a dizer: pela avó e pela mãe de Proust), outra escritora a mencionar é Madame de Sévigné. Todas as boas histórias da literatura francesa nos dizem que esta marquesa é a expressão mesma do classicismo francês, o que deveria indispô-la com o herói de BTP, conforme ele vai se desfazendo de suas antigas admirações, e o que torna o seu prestígio inesperado. Mas ele se explica. Trata-se de uma estilista que surpreende pelo tom intimista, vertido numa rara coleção de cartas endereçadas a uma interlocutora privilegiada – sua própria filha –, que poderíamos ver também como uma sua personagem[4]. Entram aí temas os mais elevados e os mais baixos, ao sabor dos comentários da autora sobre o grande mundo que a cerca e de suas preocupações com os mais ínfimos problemas cotidianos daquela a quem se dirige. Essas ousadias levaram um certo tempo para se impor, assim, os primeiros admiradores de Sévigné, que se antecipam ao fervor das matriarcas proustianas, só apareceriam no século seguinte. Ao desafiar o rígido protocolo literário de seu tempo, Sévigné renovou uma tradição abandonada, a da epistolografia, que estava reduzida às cartas de amor, muito estimadas, neste século, pelas Preciosas, abriu caminho para os modernos registros da subjetividade e da psicologia fina e, dado o volume de sua correspondência, é uma precursora da autobiografia imaginária.

Isso explica porque a autora das *Lettres* é comparada pelo Narrador ao pintor Elstir, figurando entre aqueles mestres que o ensinaram a fazer passar a sensibilidade na frente da verdade, para ver o mundo como um pintor:

> Madame de Sévigné é uma grande artista da mesma família de um pintor que eu viria a conhecer em Balbec, que teve uma enorme influência sobre a minha visão das coisas, Elstir. Eu me dera conta em Balbec que é da mesma maneira que ele que Madame de Sévigné nos apresenta as coisas, na ordem de nossas percepções, ao invés de explicá-las por suas causas[5].

Dessa sociedade de mulheres que inspiram o Narrador faz parte ainda uma escritura de ficção – Xerazade –, equiparada pelo Narrador a Saint-Simon nas últimas páginas de BTP, quando ela rouba a cena, unindo-se a esse outro importante memorialista, para assumir a posição de derradeira inspiradora do romance do tempo perdido. Proust escreve: "Meu livro seria um livro como *As Mil e Uma Noites*, [...], os *Contos Árabes* ou as *Memórias de Saint-Simon*, de uma outra época"[6]. Narradora de uma obra também *en*

---

4. Como no caso da correspondência Kafka&Felice, tal como a viu recentemente Ricardo Piglia em *O Último Leitor*. Tradução de Heloisa Jan. São Paulo: Companhia das Letras, 2005, p. 39
5. BTP, I, p. 653.
6. BTP, III, p. 1044.

abîme, que também carrega consigo a sua própria gênese, Xerazade é, como Proust e seu Narrador, que trocaram a noite pelo dia, uma trabalhadora noturna. Conhecendo muitos poemas e histórias, ela vai salvar a própria pele desfiando esse cabedal. Assim, sua intervenção final em BTP, ao lado de Saint-Simon, compatibiliza ficção e memória – *As Mil e Uma Noites* e as *Mémoires* – e nos dá uma idéia do que seja a ânsia de Proust de fazer-se um nome como contador de sua própria história, salvando-se pela literatura.

Num outro plano de dignidade, temos ainda a Tia Léonie, que se fechou entre quatro paredes depois de enviuvar. É ela quem primeiro assume o confinamento que seria estrutural em BTP. Dentro dessa estrutura – a casa, a cama, o quarto –, é ela também quem inventa o quarto como lugar de trabalho e laboratório ficcional, tecendo todas aquelas histórias de que Françoise é a ouvinte privilegiada, assim como nós leitores somos os ouvintes das mil e uma histórias do Narrador. É ela também a fazer a conexão doença/literatura, vivendo trancafiada "num estado de incerta tristeza, debilidade física, moléstia, idéia fixa e devoção"[7]. Não se sabe ao certo se Proust, tão parecido com essa tia do romance, teve, em sua vida, alguma parenta igual à Tia Léonie. Mas a do romance é, visivelmente, uma das instigadoras do solilóquio entrecortado de diálogos do Narrador. Todas os pais mentores das artes em BTP – Bergotte, Elstir, Vinteuil – são idealizados e, por isso mesmo, feitos para decepcionar. Mas aqui temos uma espécie de Grande Mãe autista e ficcionista, talvez real, cujo exemplo perdura.

Anna de Noialles, Madame Strauss, George Sand, Madame de Sévigné, Xerazade, Tia Léonie: a alta conta em que são tidas todas essas mulheres que vêm desafiar, cada qual a seu modo, o padrão masculino nos sugerem algumas perguntas, que aqui mais formulamos que respondemos. Elas estão interligadas e envolvem uma questão tão insistente, na atualidade, como pouco elaborada, apesar de muito explorada pelos *cultural studies*. Trata-se da questão de saber se haveria uma escritura feminina, com marcas próprias. Isso nada tem a ver com temáticas femininas, nem com lutas feministas, nem mesmo com a presença mais expressiva das francesas na cena literária. Desde sempre, a literatura francesa *jogou-se* nos salões, que foram verdadeiros matriarcados (constituíram "*a room of one's own*", o quarto à prova de som que Virginia Woolf disse faltar às inglesas[8]), e Proust os conhece de perto para saber disso. Assim, por exemplo, ele nos lembra em CSB que Sainte-Beuve tinha tanto medo de Madame de Récamier, que jamais ousou tecer qualquer crítica a Chateaubriand,

---

7. BTP, I, p. 49.
8. "Teria sido impossível, completa e inteiramente, a qualquer mulher ter escrito as peças de Shakespeare [...] É necessário ter quinhentas libras por ano e um quarto com fechadura na porta para escrever ficção". Cf. Virginia Woolf, *Um Teto Todo Seu*, p. 137.

protegido dela, enquanto viveu esta outra grande *salonnière* que podemos relacionar, juntamente com Madame de Staël, sua contemporânea, às Madames de Guermantes e às Madames Verdurin[9].

O problema é de forma ou de uma certa articulação entre sensibilidade e estilo. Nesse sentido mais vertical, uma primeira pergunta que Proust talvez nos deixe começar a fazer é: será que todas essas escritoras admiráveis e admiradas não nos poderiam dar pistas sobre o que seja – se isso existir – um modo feminino de escrever? Uma segunda pergunta é: será que as dívidas da escritura proustiana para com todas essas mulheres, escritoras ou não, não poderiam, por sua vez, nos dar algumas outras pistas sobre uma certa orientação feminina da própria escritura de Proust? Inseparável destas duas primeiras perguntas, uma terceira poderia ser formulada assim: será que, quando faz o Narrador nos dizer que escreverá seu livro como quem costura ou cozinha, Proust não estaria definindo um certo princípio feminino de composição? Será que ele não estaria contemplando aquela "androginia" dos criadores que souberam "casar opostos" ou usar "os dois lados" ou usar "a totalidade da mente", como escreveu Virginia Woolf, exemplificando-a com o caso de Shakespeare e do próprio Proust[10]?

Para ajudar a respondê-la, há uma intrigante fala do Dr. Cottard que envolve o Narrador com o trabalho manual das tricoteiras. É o próprio Narrador quem a reporta, como quem aceita a sua predição. Ocorre o seguinte: achando-o um tanto ou quanto excitado demais, durante uma temporada de verão na casa de campo de Madame Verdurin, na altura de CG, o Dr. Cottard confidencia à princesa Cherbattof – nas palavras do Narrador – "que eu deveria tomar calmantes e fazer tricô"[11].

Crise pessoal e crise do romance talvez possam ser vistas como confluentes, sob essas luzes, e o tricô que cura o nervosismo talvez deva ser interpretado como aquilo que recobre a ansiedade que leva a escrever. Nenhum texto é mais "tecido" que o de Proust, escreveu Benjamin, pensando nessa "ansiedade"[12]. Juntando as palavras do Dr. Cottard às de Benjamin: será que Proust quis nos dizer que escrever é urdir em torno do vazio, na tentativa de conjurá-lo?

Sabemos o quanto Freud recorreu à distinção feita por Leonardo da Vinci entre o princípio da pintura e do da escultura – *via di por-*

---

9. CSB, p. 229.

10. "Devemos retornar a Shakespeare […], pois Shakespeare era andrógino; e também o eram Keats e Sterne e Cowper e Lamb e Coleridge. Assim como Wordsworth e Tolstoi. Proust foi totalmente andrógino, senão talvez um pouco demasiadamente feminino". V. Woolf, op. cit., p. 135.

11. BTP, II, p. 898.

12. "Se texto significava, para os romanos, aquilo que se tece, nenhum texto é mais tecido que o de Proust, e de forma mais densa. Para ele, nada era suficientemente denso e duradouro". Cf. Walter Benjamin, A Imagem de Proust, *Obras Escolhidas*, p. 37.

re e *via di levare* –, para definir a psicanálise como uma espécie de escavação de molde escultórico, que procede por desbaste de seus materiais. Se a aplicássemos à literatura, teríamos que pôr a escritura proustiana com sua obsessão do acréscimo, na linha da pintura. É a linha reivindicada por Bergotte, que reaparece efeminado, em sua última entrada em cena, diante do *colega* Vermeer, dono de uma demão mais poderosa, capaz de produzir uma textura de argamassa. Isso permitiria, ainda, envolvê-la com um eterno tramar e supor um vazio que nunca se fecha, em meio a uma operação de ordenação e vertigem, que dissemina espaços cheios e buracos, como uma ponte cria o abismo sob si mesma ou um vaso, o seu oco interior.

Quando enfatiza o caráter masculino da linguagem, relacionando a aquisição da função simbólica à internalização do complexo paterno, em sua leitura cruzada de Freud, Saussure e Lévi-Strauss, a psicanálise lacaniana põe as licenças poéticas que derrubam as regulações da Gramática, que é a extensão da Lei, fora dessa ordem. Assim, do mesmo golpe que nos permite definir como, no limite, cômicas as trapaças que o estilo impõe à linguagem, nos sugere também vê-las como não-masculinas. As relações de amor e ódio que Proust entretém com o estilo do discurso científico e se transferem para o estilo do realismo-naturalismo, estremecendo, como vimos, o *côté* do Dr. Adrien, e assinalando uma função paterna deficiente, talvez ganhem por serem vistas também desse ângulo. O Querer-escrever – disse Barthes – define-se por oposição ao discurso da Ciência porque é "uma ordem de saber em que o produto não se distingue da produção, a prática da pulsão"[13]. É a erótica dessa prática, sua fantasia de preenchimento, que a associa ao trabalho das mãos que tecem.

Sabemos que, fiel à idéia do "texto tecido", Benjamin aproveitou a pista do auto-retrato de Proust como Xerazade para nos lembrar, ainda, que Barrès o havia comparado a uma *concierge,* e para o comparar, por sua vez, a uma outra mantenedora da casa, personagem de uma épica da volta à casa – Penélope –, hesitando entre chamá-lo "Penélope da reminiscência" ou "Penélope do esquecimento", porque a recordação é a "trama" e o olvido a "urdidura"[14].

Com tanta referência feminina, perguntemos, então, para concluir, apenas provisoriamente: não é assim, sempre recomeçando a escrever, que o mais importante escritor francês do século XX termina por estender até a letra de seu texto tagarela a sua grande crise genérica... e a risada que a sublinha?

Como ousou dizer Baudelaire, a quem temos aqui que voltar, há um "país de cocanha onde a própria cozinha é poética"[15].

---

13. Roland Barthes, *La Préparation du roman*, aula de 2/12/1978, p. 3
14. W. Benjamin, A Imagem de Proust, op. cit., p. 37.
15. Charles Baudelaire, O Convite à Viagem, *Pequenos Poemas em Prosa – O Spleen de Paris*, p. 57.

Bibliografia

OBRAS DE PROUST

PROUST, Marcel. *À la recherhe du temps perdu*. Édition établie et présentée par Jean-Yves Tadié. Paris: Gallimard-Pléiade, 1987.
____. *À la recherche du temps perdu*. Édition établie et présentée par Pierre Clarac et André Ferré. Paris: Gallimard-Pléiade1954.
____. *Jean Santeuil précédé de Les Plaisirs et les jours*. Édition établie par Pierre Clarac avec la collaboration d'Yves Sandre. Paris: Gallimard-Pléiade, 1971.
____. *Contre Sainte-Beuve précédé de Pastiches et mélanges et suivi de Essais et articles*. Édition établie par Pierre Clarac avec la collaboration d'Yves Sandre. Paris: Gallimard-Pléiade, 1971.
____. *Albertine disparue*. Texte établi par Nathalie Mauriac. Paris: Grasset, 1987.
____. *Em Busca do Tempo Perdido*. Traduções de Mário Quintana, Carlos Drummond de Andrade, Lucia Miguel Pereira e Lourdes Sousa de Alencar. Posfácios de Olgária Matos e Leda Tenório da Motta. Rio de Janeiro: Globo, 1988.
____. *Em Busca do Tempo Perdido*. Tradução e Prefácios de Fernando Py. Rio de Janeiro: Ediouro, 2000.
____. *Les Hautes et fines enclaves du passé. Sur la lecture. Préface à* Sésame et les lys *de Ruskin*. Paris: Le temps singulier, 1979.

OBRAS SOBRE PROUST

ALBARET, Céleste. *Monsieur Proust – Propos Recueillis par Georges Belmont*. Paris: Laffont, 1973.
BARDECHE, Maurice. *Marcel Proust romancier*. Paris: Les sept couleurs, 1971.
BARTHES, Roland. Proust et les noms. *Nouveaux essais critiques, Le dégré zéro de l'écriture suivi de Nouveaux essais critiques*. Paris: Seuil, 1972. (Col. Points).
____. Longtemps je me suis couché de bonne heure, *Le Bruissement de la langue*. Paris: Seuil, 1984.
____. *La Préparation du roman. Cours et séminaires au Collège de France* (1978-1979 et 1979-1980). Sous la direction d'Éric Marty. Texte établi, annoté et présenté par Nathalie Léger. Paris: Seuil/Imec, 2003.
____. La fraisette. *Roland Barthes por Roland Barthes*. Tradução de Leyla Perrone-Moisés. São Paulo: Estação Liberdade, 2003.
BATAILLE, Georges. Marcel Proust et la mère profanée. *L'Arc*, Paris, n. *Revue Critique*, 47, 1990.
____. Proust, *La Littérature et le mal*. Paris: Gallimard, 1957. (Col. Folio Essais).
BECKETT, Samuel. *Proust*. Tradução de Arthur Nestrovski. Porto Alegre: LPM, 1986.
BELLEMIN-NOËL, Jean. Psychanalyser le rêve de Swann. *L'Inconsciente du texte*. Paris: PUF, 1979.
BENJAMIN, Walter. A Imagem de Proust. *Obras Escolhidas I, Magia e Técnica. Arte e Política*. Tradução de Sérgio Paulo Rouanet. S. Paulo: Brasiliense, 1987.
BIBESCO, Marthe. *Le Voyageur voilé*. Genève: La Palatine, 1947.
____. *Au jardin avec Marcel Proust*. Paris: Grasset, 1968.
____. *Au bal avec Marcel Proust*. Paris: Gallimard, 1970.
BILLY, Robert de. *Marcel Proust, lettres et conversations*. Paris: Portiques, 1930.
BLANCHOT, Maurice. L'Experience de Proust. *Le Livre à venir*. Paris: Gallimard, 1959.
BLOOM, Harold. *O Cânone Ocidental*. Tradução de Marcos Santarrita. Rio de Janeiro: Objetiva, 1995.
____. Uma Reflexão sobre a Desleitura. *Um Mapa da Desleitura*. Tradução de Thelma Médici Nóbrega. Rio de Janeiro: Imago, 1995.
BOUILLAGUET, Annick e ROGERS Brian (orgs.). *Dictionnaire Marcel Proust*. Paris: Honoré Champion, 2004.
BRASSAÏ, Gilberte. *Marcel Proust sous l'emprise de la photographie*. Paris: Gallimard, 1997.
____. *Proust e a Fotografia*. Tradução de André Telles. Rio de Janeiro: Zahar, 2005.
____. *Conversas com Picasso*. Tradução de Paulo Neves. São Paulo: Cosac Naify, 2000.
BRUCE, Lowery. *Marcel Proust et Henry James – Une confrontation*. Paris: Plon, 1964.
BUTOR, Michel. *Les Sept femmes de Gilbert le mauvais*. Montpelier: Fata Morgana, 1972.

____. Les oeuvres d'art imaginaires chez Proust. *Repertoire*. II. Paris: Minuit, 1963.

BRUNEL, Patrick, *Le Rire de Proust*. Paris: Honoré Champion Éditeur, 1997.

CAMUS, Albert. *A Inteligência e o Cadafalso e Outros Ensaios*. Tradução de Manuel da Costa Pinto e Cristina Murachco. Rio de Janeiro: Record, 1998.

CANDIDO, Antonio. *A Educação pela Noite e Outros Ensaios*. São Paulo: Ática, 1989.

CARTER, William. *Marcel Proust*. Yale: Yale University Press, 2000.

CHAMPIGNY, Robert. Proust, Bergson and Others Philosophers. GIRARD, René (org.). *Proust: A Collection of Critical Essays*. New Jersey: Prentice Hall, 1962.

CHAVES, Ernani. Walter Benjamin, Marcel Proust e a Questão do Sadismo, *Revista Latino-americana de Psicopatologia Fundamental*, v. II, n. 4, dezembro de 1999.

COELHO, Ruy. *Proust – Introdução ao Método Crítico*. São Paulo: Flama, 1944.

COMPAGNON, Antoine. *Proust entre deux siècles*. Paris: Seuil, 1989.

CREMIEUX, Benjamin. *Du côté de Marcel Proust*. Paris: Lemarget, 1929.

CURTIUS, Ernst. *Marcel Proust*. Paris: La Revue Nouvelle, 1928.

DELEUZE, Gilles. *Proust et les signes*. Paris: PUF, 1979.

DONZÉ, Roland. *Le Comique dans l'oeuvre de Marcel Proust*. Neuchâtel: Éditions Victor Attinger, 1955.

DOUBROVSKI, Serge. *La Place de la madeleine – Écriture et fantasme chez Proust*. Paris: Mercure de France, 1974.

ÉTIEMBLE, René. *Proust et la crise de l'intelligence*. Alexandria: Éditions du Scarabée, 1945.

FERNANDEZ, Dominique. *L'Arbre jusqu'aux racines*. Paris: Grasset, 1972.

FERNANDEZ, Ramon. *Proust et la généalogie du roman moderne*. Paris: Fasquelle, 1979.

FLORIVAL, Ghislaine. *Le Désir chez Proust. À la recherche du sens*. Paris: Nawelaerts, 1971.

FRAISSE, Luc. *L'Oeuvre cathédrale. Proust et l'architecture médievale*. Paris: José Coti, 1990.

GRAHAM, Victor. *Bibliographie des études sur Marcel Proust et son oeuvre*. Genève: Droz, 1976.

GENETTE, Gérard. Proust palimpseste. *Figures* I. Paris: Seuil, 1966.

____. Proust et le langage indirecte. *Figures* II. Paris: Seuil, 1969.

GONÇALVES, Aguinaldo José. *Museu Movente. O Signo da Arte em Marcel Proust*. São Paulo: Unesp, 2004.

HENRY, Anne. *La Tentation de Marcel Proust*. Paris: PUF, 2000.

HEUET, Stéphane. *À la recherche du temps perdu*. Paris: Delcourt, 2002.

HOLANDA, Sérgio Buarque de. Robert de Montesquiou e a Proustiana. *O Espírito e a Letra – Estudos de Crítica Literária*. São Paulo: Companhia das Letras, 1962. 2 v.

HOLLIER, Denis. (org.). *De La littérature française*. Paris: Bordas, 1993.

JACKSON, Elisabeth. *L'Évolution de la mémoire involuntaire dans l'oeuvre de Marcel Proust*. Paris: Nizet, 1966.

KOLB, Philip. *La Correspondance de Marcel Proust (1880-1922)*. Paris: Plon, 1976-1993. 21 v.

KRISTEVA, Julia. Proust. *Pouvoirs de l'horreur. Essai sur l'abjection.* Paris: Seuil, 1980.
____. *Le Temps sensible.* Paris: Gallimard, 1994. (Col. Folio Essais).
LATTRE, Alain de. *La Doctrine de la réalité chez Proust.* Paris: José Corti, 1978.
LEJEUNE, Philippe. Écriture et sexualité. *Revue Europe*, n. 502-503, février-mars, 1971.
LIMA, Jorge de. *Marcel Proust, Dois Ensaios.* Maceió: Casa Ramalho, 1929.
LINS, Álvaro. *A Técnica do Romance em Marcel Proust.* Rio de Janeiro: Livraria José Olympio Editora, 1956.
MACCHIA, Giovanni. *L'Ange de la nuit – Sur Proust.* Paris: Gallimard, 1993.
MALLARMÉ, Stéphane. *Oeuvres complètes.* Paris: Gallimard-Pléiade, 1945.
MAN, Paul de. *Alegrorias da Leitura. Linguagem Figurativa em Rousseau, Nietzsche, Rilke e Proust.* Tradução de Lenita R. Esteves. Rio de Janeiro: Imago, 1996.
MANNONI, Octave. Les allées feuries du Bois de Boulogne. *Clés pour l'imaginaire ou l'autre scène.* Paris: Seuil, 1969.
MANSFIELD, Lester. *Le Comique de Marcel Proust.* Paris: Hachette, 1960.
MARRUS, Michael. *Les Juifs de France à l époque de l'Affaire Dreyfus.* Paris: Calmman-Lévy, 1971.
MAURIAC, François. *Du côté de chez Proust.* Paris: La Table Ronde, 1947.
____. *Le Monde de Marcel Proust.* Paris: Hachette, 1960.
MAURIAC, Nathalie. *Albertine disparue.* Paris: Grasset, 1987.
MAUROIS, André. *À la recherche de Marcel Proust.* Paris: Grasset, 1949.
MEUNIER, Claude. *O Jardim de Inverno da Sra. Swann.* Tradução de Heloisa Jahn e Maria de Macedo Soares. São Paulo: Editora Mandarim, 1997.
MILLER, Milton. *Psychanalyse de Proust.* Paris: Fayard, 1977.
MILLY, Jean. *Proust et le style.* Paris: Lettres Modernes, 1970.
____. *La Phrase de Proust.* Paris: Larousse, 1975.
MONNING-HORNUNG, Juliette. *Proust et la peinture.* Genève-Lille: Droz-Girard, 1951.
MOTTA, Leda Tenório da. *Catedral em Obras.* São Paulo: Iluminuras, 1995.
____. *Proust. Lições de Literatura Francesa.* Rio de Janeiro: Imago, 1997.
____. Balzac em Proust – Notas sobre a Última Albertine Reencontrada. In: Prigent, Roman (org.), *Balzac, A Obra Mundo. O Colóquio de São Paulo.* São Paulo: Estação Liberdade, 1999.
MOUTON, Jean. *Le Style de Marcel Proust.* Paris: Nizet, 1968.
MULLER, Marcel. *Les Voix narratives dans À la recerheche du temps perdu.* Genève: Droz, 1965.
PAINTER, Georges. *Marcel Proust – Les Années de jeunesse – 1871-1903.* Paris: Mercure de France, 1966. T. I.
____. *Marcel Proust – Les Annés de maturité – 1904-1922.* Paris: Mercure de France, 1966. T. II.
____. *Marcel Proust:* uma biografia. Tradução de Fernando Py. Rio de Janeiro: Editora Guanabara, 1990.
PICON, Gaetan. *Lecture de Proust.* Paris: Gallimard, 1968.
PINTO, Julio Pimentel. *Três Outras Leituras: Proust, Bioy Casares, Camilleri., A Leitura e Seus Lugares.* São Paulo: Estação Liberdade, 2004.
PIERRE-QUINT, Lén. *Proust – Sa vie, son oeuvre.* Paris: Éditions du Sagitaire, 1925.

PIROUET, Georges. *Comment lire Proust*. Paris: Payot, 1971.
POULET, Georges. *Proust. Études sur le temps humain*. Paris: Éditions du Rocher, 1952. 4 v.
RECANATI, Jean. *Profils juifs de Marcel Proust*. Paris: Buchet-Chastel, 1979.
RICHARD, Jean-Pierre. *Proust et le monde sensible*. Paris: Seuil, 1974.
____. Proust et l'objet hermeneutique. *Revue Poétique*, Paris, n.13, 1975.
RICOEUR, Paul, À la recherche du temps perdu: le temps traversé. *Temps et récit*, II, *La Configuration dans le récit de fiction*. Paris: Seuil, 1984. (Col. Essais).
RIVANE, Georges. *L'Influence de l'asthme sur l'oeuvre de Marcel Proust*. Paris: La Nouvelle Édition, 1945.
ROBERT, Pierre E. Marcel Proust et Louis-Ferdinand Céline: un contrepoint. *Bulletins de la Société des Amis de Marcel Proust et des Amis de Combray*, Illiers-Combray-Paris, n. 29, 1979.
SALDANHA, Coelho (org.). *Proustiana Brasileira*. Rio de Janeiro: Revista Branca, 1950.
SAIKI, Shinishi. *Paris dans le roman de Proust*. Paris: Sedes, 1996.
SOLLERS, Philippe. Sur Proust. *L'Éloge de l'infini*. Paris: Gallimard, 2001.
SOUPAULT, Robert. *Marcel Proust du côté de la médecine*. Paris: Plon, 1967.
TADIÉ, Jean-Yves. *Proust et le roman*. Paris: Gallimard, 1971.
____. *Marcel Proust*. Paris: Gallimard, 1996, 2 v. (Col. Folio).
____. *Lectures de Proust*. Paris: Armand Coli, 1971.
VALLÉE, Claude. *La féerie de Marcel Proust*. Paris: Fasquelle, 1958.
VÁRIOS AUTORES. *Bulletins de la Société des Amis de Marcel Proust et des Amis de Combray*, 1950 e s.
VÁRIOS AUTORES. *Hommage à Marcel Proust*. *Nouvelle Revue Française*, Paris, janvier, 1923.
VIGNERON, Robert. *Études sur Stendhal e Proust*. Paris: Nizet, 1973.
WILLEMART, Philippe. *Proust poète et psychanalyste*. Paris: L'Harmattan, 1999.
____. *A Educação Sentimental em Proust*. Tradução de Claudia Berliner. São Paulo: Ateliê Editorial, 2002.
WILSON, Edmund. *O Castelo de Axel*. Tradução de José Paulo Paes. São Paulo: Companhia das Letras, 2004.
____. *Rumo à Estação Finlândia. Escritores e Atores da História*. Tradução de Paulo Henrique Britto. São Paulo: Companhia das Letras, 2006.
ZIMA, Pierre. *Le Désir du mythe – Une lecture sociologique de Marcel Proust*. Paris: Nizet, 1973.

BIBLIOGRAFIA GERAL

ADORNO, Theodor. *Notas de Literatura* I. Tradução de Jorge de Almeida. São Paulo: Editora 34, 2003.
ARENDT, Hannah. *Origens do Totalitarismo*. Tradução de Roberto Raposo. São Paulo: Companhia das Letras, 1998.
____. *Sur l'antissémitisme*. Paris: Calmann-Lévy, 1973.
AUERBACH, Eric. *Mimésis:* A Representação da realidade na literatura ocidental. 5. ed. São Paulo: Perpectiva, 2004.
BALTRUSAITIS, Jurgis. *Anamorphoses*. Paris: Olivier Perrin Éditeur, 1969.

BAUDELAIRE, Charles. *Poésie*. Paris: Gallimard-Pléiade, 1951.
____. *Oeuvres complètes*. Paris: Seuil, 1968. (Col. L'Intégrale).
____. *As Flores do Mal*. Tradução, introdução e notas de Ivan Junqueira. Rio de Janeiro: Nova Fronteira, 1985.
____. *Baudelaire, Poesia e Prosa*. BARROSO, Ivo (org.). Rio de Janeiro: Nova Aguilar, 1995.
BARTHES, Roland. *Oeuvres complètes*. Édition établie et présentée par Éric Marty. Paris: Seuil, 1991. 3 v.
____. *Mithologies*. Paris: Seuil, 1957.
____. *Leçon*. Paris: Seuil, 1978.
____. *Michelet*. Paris: Seuil, 1954. (Col. Écrivains de toujours).
____. *Fragments d'un discours amoureux*. Paris: Seuil, 1977.
BENJAMIN, Walter. *Obras Escolhidas I, Magia e Técnica. Arte e Política*. Tradução de Sérgio Paulo Rouanet. São Paulo: Brasiliense, 1987.
____. *A Origem do Drama Barroco Alemão*. Tradução, apresentação e notas de Sérgio Paulo Rouanet. São Paulo: Brasiliense, 1984.
____. *Obras Escolhidas III. Charles Baudelaire.Um Lírico no Auge do Capitalismo*. Tradução de Hermerson Alves Baptista. São Paulo: Brasiliense, 1989.
____. *Walter Benjamin I – Mythe et violence*. Paris: Denoël, 1971.
____. *Walter Benjamin II – Poésie et révolution*. Paris: Denoël, 1971.
BENVENISTE, Émile. *Problèmes de linguistique générale I*. Paris: Gallimard, 1966.
____. *Problèmes de linguistique générale II*. Paris: Gallimard, 1974.
BERGSON, Henri. *O Riso. Ensaio Sobre a Significação do Cômico*. Tradução de Nathanael C. Caixeiro. Rio de Janeiro: Zahar, 1980.
BIDENT, Christophe. *Maurice Blanchot, partenaire invisible. Essai biographique*. Seyssel: Champ Vallon, 1998.
BLANCHOT, Maurice. *Faux Pas*. Paris: Gallimard, 1943.
____. *L'Espace littéraire*. Paris: Gallimard, 1955.
____. *Le Livre à venir*. Paris: Gallimard, 1959.
____. *L'Entretien infini*. Paris: Gallimard, 1969.
____. Où va la littérature. *Nouvelle Revue Française*, Paris, n. 7, julho de 1953.
BLIN, Georges. *Stendhal, et les problèmes du roman*. Paris: José Corti, 1954.
BOURDIEU, Pierre. *As Regras da Arte*. Tradução de Maria Lucia Machado. São Paulo: Companhia das Letras, 1996.
BRETON, André. *Anthologie de l'humour noir, Oeuvres complètes*, II. Paris: Gallimard-Pléiade, 1992. 2 v.
____. *Manifeste du Surrealisme, Oeuvres complètes*, I. Paris: Gallimard-Pléiade, 1992. 2v.
CAMPOS, Augusto de. Eu Mordo o que Posso. *A Serpente e o Pensar*. São Paulo: Brasiliense, 1984.
CÉLINE, Louis-Ferdinand. *Romans*, Paris: Gallimard-Pléiade, 1981. 2 v.
CESAROTTO, Oscar (org.). *Idéias de Lacan*. São Paulo: Iluminuras, 1995.
CÉLINE, Louis-Ferdinand. *Romans*. 2 v. Paris: Gallimard-Pléiade, 1981.
____. *Viagem ao Fim da Noite*. Tradução de Rosa Freire d'Aguiar. São Paulo: Companhia das Letras, 1995.

CHARNEY, Leo; SCHAWRTZ, Vanessa (org.). *O Cinema e a Invenção da Vida Moderna*. Tradução de Regina Thompson. São Paulo: Cosac Naify, 2001.

COGNY, Pierre (org.). *Le Naturalisme – Colloque de Cerisy*. Paris: Union Générale d'Éditions, 1978.

COHEN, Jean. *Structure du langage poétique*. Paris: Flammarion, 1977.

CLARKE, Gerald. *Capote – Uma Biografia*. Tradução de Lya Luft. São Paulo: Globo, 2006.

DELUMEAU, Jean. Ambigüidade do Macabro. *O Pecado e o Medo – A Culpabilização no Ocidente* (Séculos XIII-XVIII). Trad. de Álvaro Lorencini. Bauru: EDUSC, 2003. I.

DELEUZE, Pilles. *Le Bergsonisme*. Paris: PUF, 1966.

____. *Présentation de Sacher Masoch*. Paris: Minuit, 1967.

____. *Logique du sens*. Paris: Minuit, 1969.

DERRIDA, Jacques. *Signéponge*. Paris: Seuil, 1988.

____. *Torres de Babel*. Tradução de Junia Barreto. Belo Horizonte: Editora da UFMG, 2002.

____. Le facteur de vérité. *La Carte postale*. Paris: Flammarion, 1980.

DOSSE, François. *A História*. Tradução de Maria Helena Ortiz Assumpção. Bauru: Edusc, 2003.

DUBOIS, Philippe. O Corpo e seus Fantasmas. *O Ato Fotográfico*. Tradução de Marina Appenzeller. Campinas: Papirus, 1994.

FLAUBERT, Gustave. *Oeuvres complètes*. Paris: Seuil, 1964. 2 v. (Col. L'Intégrale).

____. *Cartas Exemplares*. Tradução, prefácio e notas de Duda Machado. Rio de Janeiro: Imago, 1993.

FONTES, Joaquim Brasil. *Éros, Tecelão de Mitos*. São Paulo: Iluminuras, 2002.

FREUD, Sigmund. *Edição Standard Brasileira das Obras Psicológicas Completas*. Rio de Janeiro: Imago, [s.d.].

____. *Le Mot d'esprit et ses rapports avec l'inconscient*. Traduction de Marie Bonaparte. Paris: Petite Bibliothèque Payot, 1930.

____. La négation. *Nouvelle Française de Psychanalyse*, 2, v. 7, 1934.

____. *Psychopathologie de la vie quotidienne*. Paris: Petite Bibliothèque Payot, 1975.

GAY, Peter. *Freud – Uma Vida para o Nosso Tempo*. São Paulo: Companhia das Letras, 1989.

GENETTE, Gérard. *Figures*. Paris: Seuil, 1966, 1969, 1972. 3 v.

____. *Mimologiques. Voyage en Cratylie*. Paris: Seuil, 1976.

____. *Introduction à l'architexte*. Paris: Seuil, 1979.

____. *Palimpsestes – La Littérature au second dégré*. Paris: Seuil, 1982.

GIDE, André. *Journal*. Paris: Gallimard-Pléiade, 1939.

GIRARD, René. *Mensonge romantique et vérité romanesque*. Paris: Grasset, 1971.

____. *La Violence et le sacré*. Paris: Grasset, 1972.

____. *Dostoievski: du double à l'unité*. Paris: Plon, 1963.

GOTHOT-MERSCH, Claudene. *La Production du sens chez Flaubert – Entretiens*. Paris: Union Générale des éditions, 1975. Colloque de Cérisy-la-Salle du 21 au 28 jun 1974.

IRIGARAY, Luce. Approche d'une grammaire de l'énnonciation de l'hystérique et de l'obsessionnel. *Langages*, 5, mars, 1967.

JAKOBSON, Roman. *Essais de linguistique générale*. Paris: Minuit, 1963.

____. *Questions de poétique*. Paris: Seuil, 1973.
____. *Six leçons sur le sens et le son*. Paris: Minuit, 1976.
JAMES, Henry. *La Création littéraire*. Paris: Denoël-Gonthier, 1980.
JEANNE, Bem. *Désir et savoir dans l'oeuvre de Flaubert. Étude sur la tentation de Saint-Antoine*. Neuchâtel: Éditions de la Baconnière, 1979.
KRIS, Ernest. *Psychanalyse de l'art*. Paris: PUF, 1978.
KRISTEVA, Julia. *Le Texte du roman – Approche sémiologique d'une structure discursive transformationnelle*. La Haye: Mouton, 1970.
____. *Recherches pour une sémanalyse*. Paris: Seuil, 1974.
____. *La Révolution du langage poétique*. Paris: Seuil, 1974.
____. *Le Langage, cet inconnu. Une initiation à la linguistique*. Paris: Seuil, 1981.
____. *Polylogue*. Paris: Seuil, 1977.
____. *Pouvoirs de l'horreur- Essai sur l'abjection*. Paris: Seuil, 1980.
____. *Étrangers à nous-mêmes*. Paris: Gallimard, 1998. (Col. Essais).
LACAN, Jacques. *Escritos*. Tradução de Vera Ribeiro. Rio de Janeiro: Zahar, 1998.
____. O Amor Cortês em Anamorfose. *O Seminário, A Ética da Psicanálise*, 7. Tradução de Antonio Quinet. Rio de Janeiro: Zahar, 1988.
LÉVI-STRAUSS, Claude. *Olhar, Escutar, Ler*. Tradução de Beatriz Perrone. São Paulo: Companhia das Letras, 1997.
LAGES, Susana Kampff. *Walter Benjamin – Tradução e Melancolia*. São Paulo: Edusp, 2002.
LATTRE, Alain de. *La Bêtise d'Emma Bovary*. Paris: José Corti, 1980.
LEJEUNE, Philippe. *Le Pacte autobiographique*. Paris: Seuil, 1975.
____. *L'Autobiographie en France*. Paris: Seuil, 1971.
LUKÁCS, Georg. L'homme harmonieux, *Problèmes du réalisme*. Paris: L'Arche Éditeur, 1975.
MALLARMÉ, Stéphane. *Oeuvres Complètes*. Paris: Gallimard-Pléiade, 1945.
MALDINEY, Henry. *Regard, parole, espace*. Lausanne: Édition de l'Âge d'homme, 1973.
MARRUS, Michael. *Les Juifs de France à l'époque de l'Affaire Dreyfus*. Paris: Calmann-Lévy, 1972.
MARTIN, Claude. *Gide*. Paris: Seuil, 1995. (Col. Écrivains de toujours).
MAURIAC, François. *Le Roman*. Paris: L'Artisan du Livre, 1928.
MAURON, Charles. *Psychocritique du genre comique*. Paris: José Corti, 1964.
MELLO E SOUZA, Gilda de. *O Espírito das Roupas. A Moda no Século XIX*. São Paulo: Companhia das Letras, 1996.
MEZAN, Renato. Humor Judaico: sublimação ou defesa? *Interfaces da Psicanálise*. São Paulo: Companhia das Letras, 2002.
MIGNON, Paul Louis. *Le Théâtre au XX siècle*. Paris: Gallimard, 1978. (Col. Folio).
MILNER, Max. *La Fantasmagorie*. Paris: PUF, 1982.
MISKOLCI, Richard. *Thomas Mann, o Artista Mestiço*. São Paulo: Annablume, 2003.
MORETTO, Fulvia. La Nouvelle Revue Française – 1909/1925. *Letras Francesas – Estudos de Literatura*. São Paulo: Editora da UNESP, 1994.
NADEAU, Maurice. *Histoire du surréalisme*. Paris: Gallimard, 1964. (Col. Points).

PEYRE, Henry. *Le Classicisme français*. New York: Édition de la Maison Française, 1942.
PONGE, Francis. *Métodos*. Tradução de Leda Tenório da Motta. São Paulo: Iluminuras, 1997.
POULET, Georges. *Études sur le temps humain*, I, II, III, IV. Paris: Éditions du Rocher, 1952.
____. *Trois essais de mythologie romantique*. Paris: José Corti, 1966.
____. *La Conscience critique*. Paris: José Corti, 1971.
PROPP, Vladimir. *Comicidade e Riso*. Tradução de Aurora Bernardini e Homero Freitas de Andrade. São Paulo: Ática, 1992.
RAIMOND, Michel. *La Crise du roman. Des lendemains du naturalisme aux annés vingt*. Paris: José Corti, 1967.
RANK, Otto. *Don Juan et le double*. Paris: Petite Bibliothèque Payot, 1973.
RHÉDA, Jacques. Je et son autre. *La Sauvette*. Paris: Verdier, 1995.
RICHARD, Jean-Pierre. *Stendhal et Flaubert*. Paris: Seuil, 1954.
____. *L'Univers imaginaire de Mallarmé*. Paris: Seuil, 1961.
____. *Onze études sur la poésie moderne*. Paris: Seuil, 1964.
____. *Études sur le romantisme*. Paris: Seuil, 1971.
RIMBAUD, Arthur. *Une saison en enfer, Oeuvres complètes*. Paris: Gallimard, 1972.
ROUANET, Sérgio Paulo. Vida e Obra de Émile Zola e Vida e Obra de Anatole France. *Os Dez Amigos de Freud*. São Paulo: Cia das Letras, 2003.
ROBERT, Marthe. *Roman des origines, origines du roman*. Paris: Grasset, 1972.
RUWET, Nicolas. *Langage, musique, poésie*. Paris: Seuil, 1972.
SAINTE-BEUVE, Charles-Augustin. *Critiques et portraits littéraires*. Paris: Raymond Bocquet, 1841.
SARTRE, Jean-Paul. *Réflexions sur la question juive*. Paris: Gallimard, 1954. (Col. Idées).
____. *L'idiot de la famille*. Paris: Gallimard, 1971.
SCHOLEM, Gershom. *Les Grands courants de la mistique juive*. Paris: Payot, 1977.
____. *Fidélité et utopie. Essai sur le judaisme contemporain*. Paris: Calmann-Lévy, 1978.
SEVCENKO, Nicolau. As Senhoritas de Avinhão e a Arte Parada. *Orfeu Extático na Metrópole. São Paulo, Sociedade e Cultura nos Frementes Anos 20*. São Paulo: Companhia das Letras, 1992.
SHAKESPEARE, William. *Hamlet, The complete works of William Shakespeare*. Oxford: Oxford University Press, 1988. (Tradução brasileira de F. Carlos de Almeida C. Medeiros e Oscar Mendes. Rio de Janeiro: Nova Aguilar, 1989).
SLAVUTZKY, Abrão e KUPERMANN, Daniel (org.). *Seria Trágico se não Fosse Cómico. Humor e Psicanálise*. Rio de Janeiro: Civilização brasileira, 2005.
SPITZER, Léo. *Études de style*. Paris: Gallimard, 1970.
SONTAG, Susan. *Sobre Fotografia*. Tradução de Rubens Figueiredo. São Paulo: Companhia das Letras, 2004.
STAROBINSKI, Jean. *Les Mots sous les mots – Les Anagrammes de Ferdinand de Saussure*. Paris: Gallimard, 1968.

____. *La Mélancolie au miroir – Trois leçons sur Baudelaire*. Paris: Juliard, 1989.

____. *Para Quem Escrevemos então?. Montaigne em Movimento*. Tradução de Maria Lúcia Machado. São Paulo: Companhia das Letras, 1993.

TAINE, Hippolyte. *Histoire de la littérature anglaise*, I. Paris: Hachette, 1866.

____. *La Fontaine et ses fables*. Paris: Hachette, 1861.

____. La poésie moderne en Anglaterre. *Revue des deux mondes*, Paris, 15 de outubro de 1862.

____. *Philosophie de l'art*. Paris: Fayard, 1985.

THIBAUDET, Albert. *Gustave Flaubert*. Paris: Gallimard, 1935.

TOURNIER, Michel. *Le Vol du vampire – Notes de lecture*. Paris: Gallimard, 1981. (Col. Idées).

TYTECA, Lucie-Olbrechts. *Le Comique du discours*. Bruxelles: Éditions de l'Université de Bruxelles, 1974.

VALÉRY, Paul. *Oeuvres* I, II. Paris: Gallimard-Pléiade, 1960.

____. Existência do Simbolismo. *Variedades*. São Paulo: Iluminuras, 1991.

WOOLF, Virginia. *Um Teto Todo Seu*. Tradução de Vera Ribeiro. Rio de Janeiro: Nova Fronteira, 1985.

ZOLA, Émile. *Do Romance*. Tradução de Plínio Augusto Coelho. São Paulo: Edusp, 1995.

____. *Mélanges, préfaces et discours*, Collection des oeuvres complètes d'Émile Zola. Paris: François Bernouard, 1929.

____. *Mes haines, Le Roman expérimental, Les Romanciers naturalistes*, em *Oeuvres critiques* I. Paris: Fasquelle, 1906.

Índice Onomástico

Adorno, Theodor – 90
Albaret, Céleste – 43, 136
Alencar, Lourdes Sousa de – xiv, 24n
Amiel, Henri – 53
Andrade, Carlos Drummond de – xiv, 182
Auerbach, Erich – 23

Balzac, Honoré de – 7, 8, 16, 18, 19, 44, 45, 55n, 62, 64, 66, 67, 68, 145, 150, 151, 155, 159, 195
Bandeira, Manuel – xiv, 24n, 79n
Barthes, Roland – xiv, xvii, xx, xxivn, xxviin, xxvii, 8, 14n, 15n, 31, 37, 40, 44, 45, 46, 57n, 58, 60, 63, 66, 79n, 91, 92n, 98, 101, 102, 111, 112, 113, 118n, 122, 127, 161, 167, 184n, 187, 193, 200, 212
Barrès, Maurice – 2, 4, 12, 24, 31-36, 39, 52n, 111, 168, 169, 170, 212
Bataille, Georges – 156, 168, 177
Baudelaire, Charles – xviii, xix, xx, xxv, xxviii, 3, 7, 8, 9, 10n, 12, 17, 22n, 29, 32, 36, 38, 44, 47, 54, 56, 62, 75, 92, 93, 97, 98, 119n, 122, 125-127, 128, 129, 130, 131, 132, 133, 134, 135, 136, 137, 138, 139, 140, 141, 142, 143, 146, 148, 165, 168n, 170, 176, 177, 179, 182, 183, 207, 212
Blanchot, Maurice – xixn, xxivn, 14n, 42n, 45, 49, 116, 118, 126, 127n, 129, 168, 169
Bloom, Harold – 103, 104n, 134
Barroso, Ivo –16n, 138n
Beckett, Samuel – xxii, 74, 121
Benjamin, Walter – xxiv, 5, 24, 35, 36, 55, 58, 72n, 18-79n, 83, 94, 95, 100, 101, 102, 111, 112n, 115, 116, 127, 130, 148, 211, 212
Brassaï, Gilberte – xxvi, 51n, 183
Bertillon, Alphonse – 87, 149, 151, 152, 158
Bourdieu, Pierre –29n, 42n, 46n, 51n
Bourget, Paul – 2, 9, 15
Breton, André –xxn, 1, 9, 31, 41, 53, 60, 69, 70n, 99, 143
Brunel, Patrick – 83, 107
Buarque de Holanda, Sérgio – xxi, 9, 188n

Campos, Augusto – 53, 54n

Campos, Haroldo de – 123n
Camus, Albert – XXIII
Cattaui, Georges – 6
Capote, Truman – 91
Carter, William – 6
Céline, Louis-Ferdinand –36, 111, 177, 178, 208
Cesarotto, Oscar – 123n
Cioran, E. M. – 55, 56n
Claudel, Paul – 4, 36, 41, 45, 50-51, 120
Cocteau, Jean – XVII, XVIII, XIX, XXIV, 41, 42, 46-48, 50, 58, 107, 132
Combes, Émile – 33
Compagnon, Antoine – XXVIII, 7, 8
Copeau, Jacques – 41, 46, 99
Chateaubriand, François-René de – 63, 64, 65, 133, 210
Coelho, Ruy –XXI, 9, 10n, 136
Coulanges, Foustel de – 64
Curtius, Ernst – 93, 94, 117

Debussy, Claude – XXVI
Deleuze, Gilles –XXII, 90, 95, 104, 117, 200
Delumeau, Jean – XXIIIn
Diaghilev, Serge – 47
Doubrovski, Serge – XIII, 76, 99, 106, 192, 193
Dubois, Philippe – 87n
Duchamp, Marcel – 182
Dujardin, Édouard – 7, 57n

Eliot, T. S. –41, 46n

Faure, Antoinette –37n
Faure, Félix – 33, 37n, 153
Flaubert, Gustave – 7, 13, 14, 15, 18, 25, 37, 42, 45, 46, 60, 62, 68, 80, 81, 122, 145, 146, 147
Fortuny, Mariano – 32
France, Anatole – 2, 9, 11, 12, 14, 15, 27-31, 36, 37, 55, 150, 153, 165
Freud, Sigmund – XIX, 27, 76, 81, 86, 99, 104, 106, 123, 124, 125, 142, 151, 177, 180, 181, 196, 199, 211, 212

Galvão, Walnice Nogueira – XXI
Genette, Gérard – XIII, XXIV, 15, 17, 103
Gide, André – 2, 8, 9, 11, 17, 35, 36, 37, 38, 40, 41, 42, 43, 44, 45, 46, 47, 48, 49, 53, 55, 57-60, 66, 73, 84, 99, 120, 122, 132, 134, 168, 169, 170, 179, 189
Gonçalves, Aguinaldo José –XXVI, 37
Goncourt, Edmond – XX, XXVII, 2, 13, 17, 18, 19, 21-26, 61, 69, 71, 101, 145
Goncourt, Jules – XX, XXVII, 2, 13, 17, 18, 19, 21-26, 61, 69, 101, 145

Hahn, Reynaldo – 47, 48, 92n, 136
Henry, Anne – 25n
Heuet, Stéphane –XX
Huysmans, Joris-Karl –7, 8, 9, 83n
Hollier, Denis –29n, 33n, 40n, 51n, 117n, 151n, 208n

Jammes, Francis – 41, 51-52
Jarry, Alfred – XX, 46, 98
Joyce, James – 42, 49, 57n, 117
Junqueira, Ivan – 129n 131n

Kafka, Franz – 42n, 49
Kolb, Philip – 6, 50, 52, 54, 55n, 89, 92n, 98, 100, 110n, 127, 134n
Kristeva, Julia – XIII, XXII, XXIVn, XXVI, XXVII, 58n, 71, 72, 78, 95, 103, 149, 155, 160, 167, 173, 177n, 179, 192, 196

Larbaud, Valéry – 41, 48-49
Lapouge, Gilles – XXn
Loti, Pierre –2, 4, 12, 15, 36-41, 48
Lorrain, Jean –14n, 119, 128
Lukács, Georg – 21

Macchia, Giovanni – XXIVn, 65, 67, 72
Mallarmé, Stéphane – 7, 8, 9, 10n, 11, 13, 15, 32, 41, 42, 44, 45, 53, 55, 57n, 83, 85, 122, 135,145,170, 183, 207
Man, Paul de – XXIV
Marrus, Michael – 20n, 160, 161, 162, 163, 165, 169, 170
Martin, Claude – 41n, 44n, 170n
Mauriac, François – XX, XXI, 5, 156
Melhman, Jeffrey – 29n, 151
Mello e Souza, Gilda de – 41n, 80
Meunier, Claude – 26n, 66n, 74n, 136n, 189

Michelet, Jules – 18, 63, 64, 145
Milly, Jean – 94
Montesquiou-Fezensac, Robert de – 8, 9, 83n, 184
Moretto, Fulvia –39n, 65n

Nadeau, Maurice – 14n, 31n, 45, 53n, 169n
Nerval, Gérard de – 6, 60, 131
Noailles, Anna de – 143, 204

Painter, George – 3, 4, 5, 6, 8n, 9n, 14n, 19, 21, 26, 27, 39, 41n, 43, 44n, 46, 47n, 48n, 49, 52n, 77, 100, 112, 113, 115n, 116, 130n, 134n, 136, 145, 146n, 165n, 175n, 180n, 188n
Picon, Gaetan – 7, 8n
Poulet, Georges – 53n, 91, 120, 136n
Ponge, Francis – 3, 42n, 56n
Py, Fernando – XIV, 17n, 79n, 109n, 176n, 184n, 190, 191n, 194n, 201, 203

Quintana, Mário – XIV, 1n, 17n, 73n, 85n, 109n, 176n, 184n, 190, 194n, 201, 203n

Renan, Ernest – 1-2, 12, 18, 19-21, 27, 31, 37, 38, 39, 145
Richard, Jean-Pierre – 91
Ricoeur, Paul – XXI, XXIIIn, 120n
Rimbaud, Arthur – 16, 36, 38, 72, 108, 135, 183
Rivane, Georges – 81n, 88n, 94n, 136
Rouanet, Sergio Paulo – 27n, 153n
Roubaud, Jacques – 111n
Ruskin, John – 2, 3, 4, 33, 34, 86, 129, 145

Sand, George – 178, 208, 210
Sainte-Beuve, Charles-Augustin de – 5, 12, 13, 19, 44, 60, 61-64, 65, 91, 130, 145, 147, 210
Sartre, Jean-Paul – 13, 14n, 55n, 160, 162, 163, 164
Schlumberguer, Jean – 41
Scholem, Gershom – 83, 161n
Sévigné, Madame de – 7, 51, 102, 104, 135, 167, 209, 210
Shakespeare, William – XXVIIIn, XXIX, 2, 48, 58, 103, 104, 108, 142, 210n, 211
Sollers, Philippe – XXIVn, 53, 113, 180
Sontag, Susan – 33n, 201
Starobinski, Jean – 108n, 132, 142
Stendhal – XVIII, 55n, 69, 135

Taine, Hippolyte – 13, 19, 64, 65-67, 68
Tocqueville, Aléxis de – 64

Valéry, Paul – 7, 31, 41, 45, 52-56, 59, 120
Vidal-Naquet, Pierre –161, 162n
Vogt, Carlos – 4n

Willemart, Philippe – XXIn, XXIIn
Wilson, Edmund – 2, 7, 8n, 19, 30, 31, 128, 199

Zima, Pierre – XIXn, 23, 83n, 102, 165n, 168
Zola, Émile – XXVII, XXVIII, XXIX, 2, 13, 19, 21n, 22, 61, 62, 64, 67-70, 71, 72, 84, 91, 92, 135, 145n, 148, 153, 154, 155, 157, 158, 161, 171, 181

Impresso em São Paulo, em setembro de 2007,
nas oficinas da Gráfica Palas Athena,
para a Editora Perspectiva S.A.